Pädagoge mit Prinzipien

Rektor Ströhmer und die Nazis

Die Amtsrektoratschule Ibbenbüren und ihr Leiter

zwischen Demokratie, NS-Diktatur und

demokratischem Neubeginn

Norbert Ortgies

www.tredition.de

INHALTSVERZEICHNIS

„ […] so sind die Vorgänge und die Geschichte eines Dorfes und die eines Reiches im Wesentlichen die selben; und man kann am Einen, wie am Andern, die Menschheit studiren und kennen lernen."

Arthur Schopenhauer: Die Welt als Wille und Vorstellung

Nach: Erwin Strittmatter, Der Laden. Roman, Dritter Teil, 8. Aufl., Berlin 2009, S. 7.

© 2018 Norbert Ortgies
Umschlag: Norbert Ortgies

Verlag: tredition GmbH, Hamburg

ISBN
Paperback   ISBN 978-3-7469-3507-2
Hardcover   ISBN 978-3-7469-3508-9
e-Book   ISBN 978-3-7469-3509-6

Printed in Germany

Vorwort

Sie haben in Ihrem Leben schon viele Stürme aller Art überstanden. Wir sind überzeugt, daß Sie es auch diesmal wieder schaffen."[1] Mit diesen Worten sprach der Münsteraner Bischof Tenhumberg, dem päpstlichen Geheimkämmerer[2] August Ströhmer Mut zu, kurz bevor dieser 1971 im Alter von 88 Jahren verstarb.

Sturmerprobt – dieses Attribut passt zu dem katholischen Geistlichen und langjährigen Leiter der Ibbenbürener Amtsrektoratschule. Seinen Lebensweg nachzuverfolgen, schien und scheint mir ein lohnendes Ziel. Vor allen anderen Dingen natürlich, weil er als Schulleiter während der Nazizeit zu den wenigen Ibbenbürenern gehörte, die verfolgten Juden in Augenblicken höchster Bedrohung halfen. Wie er überhaupt nach Kräften versuchte, „seine" Schule vom Nationalsozialismus fernzuhalten. Von einem Schulleiter, einer Amtsperson mithin, wäre eher Gefügigkeit, wenn nicht vorauseilender Gehorsam gegenüber den Anordnungen des NS-Regimes und seinen Ortsgrößen zu erwarten gewesen. Der Einsatz eines katholischen Priesters, der Ströhmer ja auch war, für verfolgte jüdische Nachbarn überrascht ebenfalls. Angesichts der – vorsichtig ausgedrückt - Fremdheit und Distanz der damaligen katholischen Amtskirche gegenüber gläubigen Juden kam Hilfe von dieser Seite eher selten.

Welche geistigen Prägungen bestimmten, welche charakterlichen Eigenheiten ermöglichten Ströhmers Handeln, welche Motive standen hinter seinem Kurs? Solche Fragen beschäftigten mich, nachdem ich vor mehreren Jahren erstmals auf seinen Namen gestoßen war. Historisch besonders interessierte Schülerinnen und Schüler der beiden Ibbenbürener Gymnasien hatten 2008 unter Anleitung ihrer Lehrer eine Ausstellung über Ibbenbüren im Nationalsozialismus erarbeitet und präsentiert, die auch als Dokumentation veröffentlicht wurde.[3]

Als Pensionär fand ich Zeit zu einer vertiefenden Beschäftigung mit den Fragen an August Ströhmers Lebensweg. Dabei überraschte mich, dass dieser Weg schon vor der Nazizeit von schweren Konflikten überschattet wurde. Ebenso wenig erwartbar war, dass August Ströhmer sich nach dem Untergang des Nazireiches – nun schon im Ruhestand - auf verschiedene Weise für die politische Bildung in der jungen Bundesrepublik Deutschland einsetzte.

Mein Dank für die Hilfe bei der Anfertigung dieser Schrift gilt insbesondere den Mitarbeiterinnen und Mitarbeitern des Landesarchivs Nordrhein-Westfalen, Abteilung Westfalen, Münster und des Stadtarchivs Ibbenbüren. Meine Untersuchung fußt zu maßgeblichen Teilen auf den Beständen dieser beiden Archive.

Danken möchte ich auch den Mitarbeitern und Mitarbeiterinnen der folgenden Archive:

Landesarchiv Nordrhein-Westfalen, Abteilung Rheinland, Duisburg
Bistumsarchiv Münster
Universitätsarchiv der WWU Münster
Stadtarchiv Ibbenbüren
Stadtmuseum Ibbenbüren
„Ibbenbürener Volkszeitung"-IVD-Archiv
Pfarrarchiv St. Mauritius Ibbenbüren
Kreisarchiv Steinfurt
Stadtarchiv Lengerich
Pfarrarchiv St. Lamberti Gladbeck
Stadtarchiv Gladbeck
Archiv des ITS, Bad Arolsen
Bundesarchiv, Bildarchiv, Koblenz
Konrad-Adenauer-Stiftung e.V., Archiv für Christlich-Demokratische Politik, Sankt Augustin

Schließlich gilt es, all denen Dank zu sagen, die mich durch mündliche oder schriftliche Mitteilungen, Bereitstellung von eigenen Materialien oder auch durch sachdienliche Hinweise und Tipps unterstützt haben:

Gertrud Althoff
Hartmut Aschoff
Cornelia Balzer (Sammlung Balzer/Kiepker)
Dr. Wolfhart Beck
Hubert Bitter
Kai Bosecker (DraiflessenCollection, Mettingen)
Josef Bröker
Eckart Frieling
Robert Herkenhoff (Sammlung Stadtmuseum Ibbenbüren)
Günther Hilgemann (Sammlung Hilgemann)
Hermann Hinse
Hermann Jaspers (verst.) (Sammlung Jaspers)
Dr. Rudolf Koch (Sammlung Stadtmuseum Ibbenbüren)
Bernard Krause
Karl-Heinz Mönninghoff
Jürgen Mohrmann (verst.)
Marlis Ströhmer (Sammlung Ströhmer)
Sebastian Rolf
Werner Suer (Sammlung Stadtmuseum Ibbenbüren)
Erich Weichel
Irina Weinberger (Stadtarchiv Ibbenbüren)

Meiner Frau Barbara danke ich für ihre Geduld und die guten Gespräche.

Wer war August Ströhmer?

N ahezu fünfzig Jahre nach August Ströhmers Tod scheint der Name Ströhmers in Ibbenbüren zu verblassen. Die Zahl der Zeitzeugen, die sich aus persönlichem Erleben an August Ströhmer erinnern, nimmt zusehends ab. Immerhin aber existiert noch heute die Bezeichnung „Ströhmer'sches Haus" für den damaligen dienstlichen Wohnsitz des Rektors in der Roggenkampstraße 13.[4] Das ebenfalls an der Roggenkampstraße errichtete Schulgebäude wurde bereits 1967 abgerissen.[5] Als direkter Nachfolger der Amtsrektoratschule wurde das „Amtsgymnasium" im Mai 1950 zur sogenannten Vollanstalt mit Abiturprüfungsberechtigung erklärt. Aus diesem Anlass fand im Juni 1950 eine Feierstunde statt, zu der auch Rektor Ströhmer als geladener Gast erschien.[6] Den Aufstieg des Amtsgymnasiums, des späteren Goethe-Gymnasiums, zur ersten Lehranstalt Ibbenbürens, die zum Abitur führte, konnte er noch mitverfolgen.

Zu Ströhmers Tod erschienen in beiden Ibbenbürener Tageszeitungen Nachrufe.[7] Die Verfasser rühmten die Leistungen, die er im Laufe eines langen Lebens als „Pädagoge, Pfarrer und Politiker"[8] vollbracht habe. Diese Reihenfolge unterstreicht die unterschiedliche Bedeutung seiner Tätigkeiten. Hauptsächlich sollte „Hochwürden" Ströhmer als Lehrer und Schulleiter bekannt werden. Gleichzeitig erfüllte er die Pflichten seines geistlichen Amtes. Nach seiner endgültigen Pensionierung als Pädagoge nahm seine priesterliche Tätigkeit breiteren Raum ein. Als Lokalpolitiker der Zentrumspartei war er vor allem zur Zeit der Weimarer Republik (1919-1933) in Erscheinung getreten.

(1) Marktplatz von Burgsteinfurt mit den Häusern Nr. 6 und 10 (4. bzw. 2. von links)

In seinem Geburtsort Burgsteinfurt lebt der Name Ströhmer ebenfalls fort. Am Marktplatz der Kreisstadt stand August Ströhmers Elternhaus. Der Vater betrieb dort ein Möbelgeschäft, zunächst im Hause Markt 6, dann Markt 10.[9] Als er bald nach Ende des Ersten Weltkriegs verstorben war, scheiterte einer seiner Söhne - nach Rückkehr aus fünfjährigem Heeresdienst - mit der Fortführung des Burgsteinfurter Unternehmens.[10] Die Mutter, eine geborene von Hausen aus Albersloh (heute Ortsteil von Sendenhorst, Krs. Warendorf[11]), war eine glaubensfeste Katholikin. Sie hatte ihren Sohn August in mancherlei Hinsicht geprägt - mehr als ihr Gatte es vermocht hatte.

(2) Geburtshaus August Ströhmers an der Steinstraße - kurz vor dem Abriss. Hier befand sich zunächst das erste Krankenhaus der Stadt, danach war es für einige Jahre das Wohnhaus der Familie seines Vaters.

Er hatte das Gymnasium Arnoldinum in Burgsteinfurt besucht, wo er sich als Katholik in der Diaspora so manches Mal gegenüber seiner evangelischen Umwelt behaupten musste und sich zu behaupten wusste. Von seinen fast durchgängig mit „Genügend" beurteilten Leistungen im Abitur hob sich die Note „Gut" in Religionslehre positiv ab. Latein lag ihm ebenfalls mehr als die meisten anderen Fächer. Bereits in jungen Jahren war er 1905 in Münster zum Priester geweiht worden, nachdem er dort ein Jahr zuvor sein Studium der Katholischen Theologie mit der Staatsprüfung abgeschlossen hatte.[12] Auf seine Studien- und Berufswahl hatten die Eltern wesentlichen Einfluss ausgeübt.[13] Ein herausragendes Erweckungs- oder Bekehrungserlebnis lässt sich nicht nachweisen. Während seiner Priesterausbildung hatte er lediglich einmal ministriert.[14]

(3) Das Burgsteinfurter Gymnasium Arnoldinum im Jahre 1878

Der 1882 geborene Heinrich August Ströhmer (August war der Rufname) stand beim Tode seines Vaters wirtschaftlich-beruflich längst auf eigenen Füßen. Seit 1916 unterrichtete er als Studienrat in der aufstrebenden Ruhrgebietsstadt Gladbeck.[15] Seine oft kranke Mutter beherbergte er seit dem Tod seines Vaters bei sich.[16]

Ströhmer zog es in die Pädagogik. Von 1905 bis 1916 erteilte er an verschiedenen Schulen Unterricht - zunächst in Kempen, dann in Duisburg.[17] Erst mit dreißig Jahren legte Ströhmer 1912 die erste Lehramtsprüfung für höhere Schulen in den Fächern Hebräisch, Katholische Religion und Latein ab. Nur in Hebräisch erklomm er dabei die höhere Stufe I. Dieses Fach sollte er allerdings niemals in seinem langen Leben unterrichten. 1913 stockte er Katholische Religion auf Stufe I auf. Im selben Jahr trat er eine Stelle als Oberlehrer am katholischen Lyzeum Duisburg-Hamborn an. 1916 erwarb er die Lehrbefähigung für Deutsch (Stufe II) hinzu.[18]

Anfang 1916 wollte er nun - mitten im Ersten Weltkrieg - die Stelle wechseln, um als Religionslehrer am 1907 in Gladbeck eröffneten Lyzeum[19] zu unterrichten. Seine Bewerbung wurde abschlägig beschieden, da ihm die Unterrichtsbefähigung für das Französische als gesuchtes Beifach fehlte.[20] Doch ließ er nicht locker, weil auch andere Bewerber gescheitert waren. Mit Unterstützung des Münsteraner Provinzialschulkollegiums, an das er sich hilfesuchend gewandt hatte, wurde seine Bewerbung einer erneuten Prüfung unterzogen.[21] Bei dieser Gelegenheit stellte der Kandidat sich Dr. Kösters, dem Leiter des Lyzeums, vor. Der urteilte danach in einer Mitteilung an Amtmann Korte über ihn so: „Er scheint mir seiner ganzen Persönlichkeit nach für die Oberlehrerstelle am Lyzeum geeignet zu sein [...].“[22] Die Frage des fehlenden Französischen ließe sich später noch anders regeln. Und fügte hinzu: „Nicht unerwähnt mag bleiben, daß [...] Herr Ströhmer, wie ich gerade höre, in Hamborn politisch tätig gewesen sein soll.“[23]

Im Juli 1916 wählte ihn das Kuratorium auf die Oberlehrerstelle.[24] Allerdings war er nicht als Studienreferendar im Vorbereitungsdienst ausgebildet worden, hatte somit nicht die sonst übliche zweite, sogenannte Pädagogische Prüfung für das Lehramt an höheren Schulen abgelegt.

(4) Zentrum Gladbecks mit Rathaus

(5) Geschäftsstraße in Gladbeck mit Blick auf St. Lamberti

Das Gladbecker Lyzeum war eine städtische Einrichtung, die - anders als etwa katholische Privatschulen - für Ströhmers Einstellung als ordentliche Lehrkraft nicht auf das Pädagogische Examen verzichten konnte. Folglich musste er eine Sondergenehmigung beantragen. Mit Blick auf seine fast zehnjährige erfolgreiche Unterrichtstätigkeit wurde ihm aber ohne Umschweife die

Anstellungsfähigkeit als Studienassessor bzw. Studienrat ministeriell bescheinigt.[25] Schwester M. Leandra Leggewie, die Leiterin des Lyzeums Duisburg-Hamborn, sah „ihn nur mit Bedauern scheiden", denn Ströhmer sei durch sein „zurückhaltendes und taktvolles Benehmen den Schülerinnen gegenüber ... für den Unterricht an Mädchenschulen besonders geeignet". Lehrer Ströhmer könne „wegen seiner Persönlichkeit, seines dienstlichen und außerdienstlichen Verhaltens sehr empfohlen werden".[26] Dem Bischof zu Münster erschien Ströhmer ebenfalls als geeignet als „Oberlehrer" in Gladbeck zu unterrichten, ohne bisher die Anstellungsfähigkeit für höhere Lehranstalten zu besitzen.[27] Zudem hatte das Lyzeum Gladbeck trotz mehrerer Ausschreibungen keinen geeigneten Bewerber für die freigewordene Religionslehrerstelle finden können.[28] Lehrkräfte wurden händeringend gesucht, da immer mehr Lehrer wie Lehramtsanwärter zum Kriegsdienst einberufen wurden. Ströhmer selbst war laut Bescheinigung als Landsturmmann lediglich zum Dienst ohne Waffe eingeteilt worden.[29]

Zusammenstöße: Hochwürden Studienrat Ströhmer, Oberstudiendirektor Dr. Kösters und das Lyzeum Gladbeck (1916-1925)

1. Das Kriegsbeil wird ausgegraben (1916-1918)

August Ströhmer war mit Mitte Dreißig ein Mann in den besten Jahren und mit guten Aussichten für sein weiteres Fortkommen, als er seinen Dienst als Studienrat[30] am Lyzeum Gladbeck antrat. Dessen Leiter, Studiendirektor Dr. Johann Joseph Kösters, diente damals als Leutnant im Heer. Vor seiner Zeit in Gladbeck hatte er ein Ausbildungsseminar für katholische Volksschullehrerinnen in Jülich geleitet.[31] Als sein Stellvertreter fungierte während des Ersten Weltkrieges Dr. Paul Erfurth.[32]

Einer der Heimaturlaube Dr. Kösters' in Gladbeck im Frühjahr 1917 sollte seine bis dahin nur flüchtige Bekanntschaft mit dem Lehrer Ströhmer vertiefen – in einer Weise jedoch, dass man zweifeln muss, ob einer der beiden Beteiligten jemals danach noch das Bedürfnis verspürte, mit dem anderen zu einem auskömmlichen Umgang zu gelangen. Stattdessen wurde hier der Grundstein zu einem innerschulischen Machtkampf gelegt, der erst acht Jahre später entschieden wurde. Beide Seiten – Ströhmer wie Dr. Kösters – schenkten dem Gegner nichts, wobei Dr. Kösters – anscheinend im Unterschied zu Hochwürden Ströhmer – seit jenem denkwürdigen Tag im März 1917 genauestens Buch über tatsächliche bzw. vermeintliche Fehltritte Ströhmers führte.

Die Szene, die nicht nur Dr. Kösters zur Weißglut brachte, sondern auch Dr. Erfurth empörte, fand im Lehrerzimmer, vor dem Direktorenzimmer und auf den Fluren des Lyzeums Gladbeck statt. Dr. Kösters befand sich eigentlich zur ambulanten Behandlung auf Heimaturlaub. Die Rekonvaleszenzzeit nutzte er an dem bewussten Tage zum Besuch „seines" Lyzeums. Dabei ließ er es sich nicht nehmen, in Leutnantsuniform im Lehrerzimmer zu erscheinen. So unverhofft erblickte ihn dort August Ströhmer, den Dr. Kösters vor dem anwesenden Lehrerkollegium kurz und bündig wissen ließ, dass er ihn im Unterricht besuchen werde, sowie er – Dr. Kösters - Zeit hätte. An die Replik Ströhmers erinnern sich die beiden durchaus unterschiedlich. Laut Ströhmer fragte er Dr. Kösters daraufhin „ruhig" und „freundlich": „Herr Direktor, haben Sie d.[ie] Leitung über die Anstalt wieder übernommen?" Zu Dr. Kösters' Auskunft, er sei in der Nähe im Lazarett, will Ströhmer dann gesagt haben, er müsse wissen, ob Dr. Kösters als Schulleiter oder als sein Gast im Unterricht erscheinen wolle. Demgegenüber will Dr. Kösters vernommen haben, „daß ich als Direktor zur Zeit nichts bei ihm zu tun hätte".[33] Ganz unrecht hatte Dr. Kösters mit seiner Interpretation der Frage Ströhmers nicht. Dieser wollte ihn offensichtlich darauf hinweisen, dass nach Recht und Gesetz allein Dr. Erfurth Schulleiter sein könne, Dr. Kösters aber aktuell trotz vergangener Verdienste um die Schule und Leutnantsrang keinerlei Weisungsbefugnis habe.

Nunmehr befahl ihn Dr. Kösters mit erhobener Stimme in das Direktorenzimmer, in „sein" Arbeitszimmer. Oberlehrer Ströhmer weigerte sich, der Weisung nachzukommen, weil Dr. Kösters eben nicht der aktuelle Schulleiter sei. Zudem habe es gerade geschellt. Die Kontrahenten stritten sich mittlerweile auf dem Flur vor dem Lehrerzimmer weiter. Höchstwahrscheinlich wurden Schülerinnen Ohrenzeuginnen der heftigen Auseinandersetzung, wie Ströhmer später selbst einräumte.[34]

Man fühlt sich stellenweise an Szenen aus Carl Zuckmayers Theaterstück „Der Hauptmann von Köpenick" bzw. dessen historische Vorlage des Hochstaplers Voigt erinnert. Im Kaiserreich galt ein Uniformträger gar manchem als von vornherein legitimiert, Zivilisten nach Gutdünken seine Befehlsgewalt spüren zu lassen. Nicht vergessen werden sollte, dass hier zwei studierte, nahezu gleichaltrige Pädagogen aufeinandertrafen, die sich ansonsten in Vielem unterschieden. Hier der „gediente", aus dem Felde kurzfristig in Uniform heimgekehrte Schulleiter mit Doktortitel, der bereits zuvor als Lehrerseminarleiter eine herausragende Stellung bekleidet hatte. Zudem war Dr. Kösters als Autor mehrerer Lehrbücher in den Fächern Geschichte und Geographie hervorgetreten. Schon Vater und Großvater waren Lehrer gewesen.[35] Dort der gerade erst in den Staatsdienst berufene – „ungediente" - Neuling, der trotz jahrelanger pädagogischer Tätigkeit kein zweites Staatsexamen aufzuweisen hatte. Dennoch nahm er sich heraus, gegenüber seinem Direktor auf Recht und Gesetz gemäß eigener Auslegung zu bestehen, zudem noch vor den Ohren und unter den Augen der schulischen Öffentlichkeit

Per Postkarte an das Münsteraner Provinzialschulkollegium schilderte der beurlaubte Schulleiter kurz die Vorgänge und erkundigte sich nach seiner Rechtsposition in der Hospitationsfrage.[36] Die postwendende Antwort bescheinigte ihm, er habe „natürlich" das Recht, Lehrkräfte im Unterricht zu besuchen. Er solle nun „amtliche Mitteilung" machen.[37] Am 26. März 1917 ließ Dr. Kösters ein Protokoll einer Besprechung mit Dr. Erfurth und Ströhmer aufsetzen, in der er Ströhmers Umgangston als „völlig disziplinlos" beklagt und Ströhmers Verhalten ihm gegenüber in bemerkenswerter Weise zusammenfasst, indem er erklärt: die Stellungnahme des Oberlehrers Ströhmers sei gar nicht gegen ihn, Dr. Kösters, persönlich gerichtet, sondern aufzufassen als eine „Gesinnungstat" - was wohl bedeuten sollte, dass Ströhmer aus grundsätzlichen, ideologischen Erwägungen den Gehorsam verweigere. Dr. Erfurth, der amtierende Schulleiter, habe nämlich zu verstehen gegeben, Oberlehrer Ströhmer hätte sowieso jedwede Hospitation in seinem Unterricht verweigert, auch „wenn ich zur Zeit die Geschäfte geführt hätte".[38]

Oberstudiendirektor Dr. Kösters
* 6. Februar 1882 · † 25. November 1950

*(6) Dr. Joseph Kösters: langjähriger
Schulleiter des Gladbecker Lyzeums*

*(7) Dr. Jovy: Amtmann, später
Oberbürgermeister Gladbecks
(1918-1932)*

In einem beigefügten Gutachten aus der Feder Dr. Erfurths über die bisherige - gerade einmal einjährige - Lehrtätigkeit August Ströhmers wurde noch deutlicher herausgestrichen, wie sehr dieser prinzipiell die Grundlagen des Schullebens in Frage stelle: Er mache den „Eindruck eines herrischen Menschen, der durchaus seinen Willen durchsetzen will und keine Autorität über sich dulden will".[39] Ein respektloser oder gar– um es in der Wortwahl der 60-er Jahre des vergangenen Jahrhunderts zu formulieren - „antiautoritärer" Lehrer im Kaiserreich, mitten im Ersten Weltkrieg? Wie auch immer die Antwort lautet - in der Gutachtensprache jener und späterer Zeiten kam die unverblümte Feststellung Dr. Erfurths einer Verhinderung jeglicher Karriere gleich.

Der Vorwurf der „antiautoritären" Grundhaltung Ströhmers erstaunt umso mehr, als Dr. Erfurth anscheinend nicht einmal in Betracht zieht, der widerspenstige geistliche Lehrer könnte zumindest seinen Bischof, den Papst und Gott als Herren über sich anerkennen.

In seinem Gutachten erlaubte sich Dr. Erfurth einen betrüblichen Blick in Ströhmers berufliche Zukunft: „Oberlehrer Ströhmer macht sich Hoffnung darauf, die Leitung der Anstalt bei eventueller Vakanz zu erhalten. Ich halte Oberlehrer Ströhmer … für die Leitung der Anstalt durchaus ungeeignet, weil unter seiner Leitung an ein ersprießliches Zusammenarbeiten des Kollegiums überhaupt nicht zu denken wäre."[40]

Hiermit war ein schulischer Führungsanspruch Ströhmers aktenkundig geworden. Fürs Erste gab er nun jedoch nach. Der Schulaufsicht in Münster teilte er Ende März 1917 „gehorsamst" mit, er habe mit Dr. Kösters ein Einvernehmen erzielt. Er wolle „weiterhin alles tun ..., [um] Herrn Direktor Dr. Kösters zufrieden zu stellen". Man möge ihm Vertrauen schenken und von weiteren Maßnahmen gegen ihn absehen. Er sei eben „empfindlich, vielleicht überempfindlich, vielleicht auch voreingenommen gewesen".[41] Dieses Selbstbild skizzierte er übrigens nach einem langen Leben zwar in anderen Worten, aber im Kern ähnlich: „Ich fahre sogleich hoch und werde laut und zornig, wenn jemand eine Meinung äussert, die meine Meinung kontrastiert und wenn ich ehrlich eine begründete andere Überzeugung habe. Wir Ströhmers sind alle keine Diplomaten."[42]

In Münster nahm man zufrieden Kenntnis und schloss die Akte, nicht ohne Dr. Kösters noch einmal darin zu bestärken, während seines Lazarettaufenthalts weitere Unterrichtsbesuche vorzunehmen.[43] Bei August Ströhmer ließ er sich trotzdem bis Kriegsende nicht mehr blicken.

Aus einem ähnlich gelagerten - jedoch nicht öffentlich ausgetragenen - Zusammenstoß von Dr. Kösters mit Dr. Jovy, dem damaligen Amtmann und späteren ersten Oberbürgermeister von Gladbeck, geht hervor, dass Direktor Dr. Kösters sich wohl wie einer der vielen „kleinen Kaiser" im Reiche fühlte. In der Auseinandersetzung mit Dr. Jovy zog Dr. Kösters jedoch den Kürzeren, nachdem das Gladbecker Stadtoberhaupt sich beim Schulkollegium in Münster über den Schulleiter beschwert hatte.[44]

Ohnehin kehrte Dr. Joseph Kösters erst nach Kriegsende wieder auf seinen angestammten Gladbecker Posten zurück. Sein Stellvertreter Dr. Erfurth war noch zu Kriegszeiten zum Schulleiter in Halle a.d. Saale avanciert.[45] Für kurze Zeit hatte gar August Ströhmer selbst notgedrungen als kommissarischer Schulleiter amtiert, bevor die Studienrätin Dr. Johanna Meuskens die Amtsgeschäfte stellvertretend bis zur Rückkehr Dr. Kösters' übernahm. Wäre es nach dem Münsteraner Schulkollegium gegangen, hätte er schon damals wieder in Gladbeck amtiert. Das kaiserliche Heer wollte ihn jedoch nicht freigeben.[46]

2. Die Grenzen von Demokratie und Anstand (1918-1925)

(8) Die „Rote Ruhrarmee" bei der Waffenausgabe, 20. März 1920

Die Niederlage des Kaiserreiches und seiner Verbündeten gegen die alliierten Siegermächte und die Novemberrevolution 1918 gegen die Monarchie, für einen sofortigen Waffenstillstand und baldigen Frieden hatten Deutschland nachhaltig erschüttert. Diese Erschütterungen waren in den Folgejahren gerade auch im Ruhrgebiet zu spüren, an dessen östlichem Rand Gladbeck liegt. Der Widerstand des „roten" Ruhrgebiets gegen den antidemokratischen, rechtsgerichteten Kapp-Putsch 1920, der Kampf der linken „Roten Ruhrarmee" gegen die demokratisch gewählte Reichsregierung, der Widerstand von rechts und links gegen die „Politik der produktiven Pfänder" der Siegermächte von Versailles kennzeichneten die Lage im industriellen Herzen Deutschlands. Zeitweilig hatten revolutionäre „Spartakisten" , also KPD-Anhänger, das Gladbecker Rathaus überrannt. Die Gattin des damaligen Oberbürgermeisters Dr. Jovy erinnert sich: „Mein Mann, der seine Familie nicht gefährden wollte, zog deshalb zu unserem treuen Freund, Herrn Pastor Effing. Doch zum Zeichen, daß die Spartakisten wußten, wo er sich aufhielt, warfen sie eines Abends eine Handgranate vor das Fenster des Pfarrhauses. Der Kaplan, der auch anwesend war, bekam einen solchen Schreck, daß er im Moment unter dem Tisch verschwand. […] Die Befreier nahmen das Rathaus und die Stadt. Es gab Schießerei und auch Tote. In unserem Garten wurden zwei Leute erschossen."[47]

(9) Französische Alpenjäger in den Straßen von (Gelsenkirchen-)Buer, März 1923

Gladbeck wurde drei Jahre danach in den wilden Inflationsjahren Anfang 1923 von belgischen Truppen besetzt. Die Besatzungsmacht verhaftete Dr. Jovy Ende Februar morgens in seinem Schlafzimmer, bedrohte ihn und setzte den Oberbürgermeister schließlich in Wesel aus. Danach hielt er sich in Münster auf. Fast alle Beigeordneten Gladbecks waren ausgewiesen oder in Haft.[48] Teile des Lyzeums (Schulhof, Turnhalle) dienten als Unterkunft für die belgischen Besatzer, was den Schulbetrieb nachhaltig erschwerte.[49] Ein junger Lehrer befand sich monatelang auf der Flucht vor den Belgiern, nachdem diese bei einer Durchsuchung seiner Wohnung ein Gewehr gefunden hatten.[50] Vor diesem bedrohlichen Hintergrund erscheinen die zeitgleichen innerschulischen Auseinandersetzungen rund um das Gladbecker Lyzeum umso bizarrer: Schulleiter Dr. Kösters ergriff nach seiner Entlassung aus dem Heer wieder das Ruder, das er aus der Hand hatte geben müssen. Er wollte das Schulschiff auf altem Kurs halten.

(10) „Ruhrkampf" in Gelsenkirchen-)Buer, Januar 1923

Zwar war die Novemberrevolution des Jahres 1918 nach einigen wesentlichen Anfangserfolgen im Sande verlaufen, doch verhandelte die Weimarer Republik weiterhin den Reformbedarf, den das Kaiserreich hinterlassen hatte, auf vielerlei Ebenen. Wie so oft bei gesellschaftlichen Veränderungen stand auch das Thema Schule, nicht zuletzt die innere Verfasstheit von Schule, auf der Tagesordnung. Schon in den letzten Jahren des Kaiserreiches waren erste Reformschritte unternommen worden – so zum Beispiel mit der Bildung von Elternbeiräten seit 1917.

Nach der Novemberrevolution forcierte Volksbildungsminister Haenisch die Überwindung der hergebrachten Verhältnisse.[51] „Alle Schüler von Obertertia [Klasse 9] sollten in gleicher, freier und geheimer Wahl zusammen mit den Lehrern eine Schulgemeinde wählen, die regelmäßig tagen und in völlig freier Aussprache über alle Unterrichts- und Disziplinarfragen beraten sollte; lediglich die Anordnungsbefugnis [des Direktors] blieb der Schulgemeinde vorenthalten."[52] Minister Haenisch erhoffte sich von seinem Programm die Verwirklichung der Selbstbestimmung der jungen Staatsbürgerinnen und Staatsbürger. Er ließ den Schulen aber einigen Spielraum bei der Umsetzung, nachdem er auf massiven Widerstand nicht nur von Lehrkräften, sondern auch von Elternseite gestoßen war. Nur wenige Schulen verwirklichten tatsächlich das Schulgemeinde-Konzept.[53]

Auch am Gladbecker Lyzeum der Nachkriegsjahre wurde über den richtigen Umgang zwischen Lehrerinnen, Lehrern und Schülerinnen diskutiert und debattiert. Hier profilierte sich der 1917 heftig kritisierte Religionslehrer Ströhmer als Vorkämpfer für eine weitere Demokratisierung seiner Schule.[54]

*(11) „Arbeiterkinder!" Zeitgenössische Kritik von
linksgerichteter Seite an prügelnden Lehrern
insbesondere an den Grund- und Volksschulen,
1923*

Schon 1919 gab es Klassenversammlungen, sogenannte Klassentage, bei denen unter dem Vorsitz der Klassenlehrerin bzw. des Klassenlehrers Themen besprochen wurden, die die Klasse als Ganzes betrafen. Diese demokratische Neuerung stieß – wenig verwunderlich – auf das Missfallen manch altgedienter Lehrkraft, da sie befürchten musste, in solchen Versammlungen von Seiten der Schülerinnen öffentlich kritisiert zu werden. Eine Erfahrung, die den Betroffenen ebenso neu wie unangenehm war. In diesem Sinne beschwerte sich auf einer Konferenz im August 1919 eine Lehrerin in reiferem Alter indirekt über die Praxis solcher Klassenversammlungen. Direktor Kösters griff ihre Kritik dankbar auf, um seine Auffassung von einem gedeihlichen schulischen Zusammenleben dem gesamten Lehrerkollegium ins Stammbuch zu schreiben: Klassenversammlungen dürften auf keinen Fall in „Gerichtssitzungen" über Lehrpersonen ausarten. Stattdessen müssten die Schülerinnen „mit einer gewissen Festigkeit behandelt werden". Überhaupt sollten die Lehrkräfte mehr Distanz gegenüber den Schülerinnen wahren.[55]

Diese Auffassung bzw. Anweisung brachte mehrere Lyzeumspädagogen auf die Barrikaden. Als „Wortführer" der Protestler machte der Direktor August Ströhmer aus.[56] Ihr Protest erbrachte zwei Tage später eine Fortsetzung der Konferenz zum selben Thema. Als Beschlussvorlage wurde ein Text bei nur einer Gegenstimme – Ströhmers – angenommen, der den Geist der alten kaiserlichen Gesellschaft atmete, also ganz auf Dr. Kösters' Linie lag: „Die Erziehung muß auf einheitlicher Grundlage aufgebaut werden. Die Wahrung der Autorität muß oberstes Prinzip sein. Werden

Klassentage eingerichtet, so werden Beschwerden über Strafen [gemeint: Bestrafung durch andere Lehrer oder Lehrerinnen] von der Behandlung ausgeschlossen."[57] Die offenen Unterstützer Ströhmers von vor zwei Tagen beließen es nun bei Stimmenthaltungen. Fernerhin wurde festgelegt, dass im Regelfall Beschwerden von Schülerinnen unmittelbar über den Klassenlehrer bzw. die Klassenlehrerin an den Direktor gehen sollten, ohne dass die Klasse selbst mit solchen Beschwerden befasst würde.[58] An der Oberfläche herrschte nun Ruhe im Kollegium und unter der Schülerschaft.

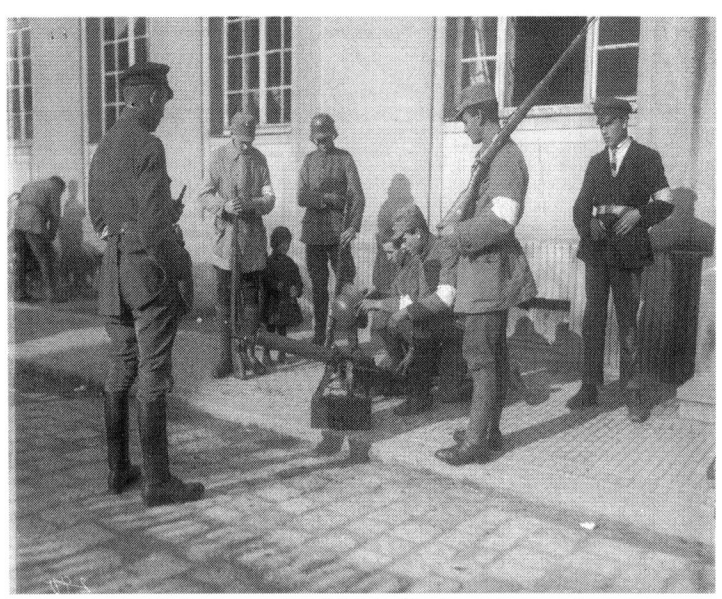

(12) Krisenjahr 1923: Vorbereitung des
Hitler-Ludendorff- Putsches im November –
Hauptquartier der Brigade „Ehrhardt" in Neustadt bei Coburg

Die Ruhe sollte nicht all zulange währen. Ende 1923, als ganz Deutschland wirtschaftlich wie politisch am Boden lag, kam es zu einem neuerlichen schulpolitischen Zusammenstoß zwischen Ströhmer und Schulleiter Dr. Kösters. Die Lehrerkonferenz des Gladbecker Lyzeums debattierte die Frage der Umsetzung des Grundsatzes der „Schulselbstverwaltung". Ähnlich wie schon vier Jahre vorher lehnte sich Studienrat Ströhmer mit einem eigenen Antrag weit aus dem Fenster: Die Rechte und damit auch das Verantwortlichkeitsgefühl wie die Arbeitsfreudigkeit der Lehrkräfte litten wesentlich unter der bisherigen bzw. vorgeschlagenen – gedacht: direktorialen – Konferenzordnung. Daher solle der Satz „Die Konferenz ist die oberste Instanz der 'Schulselbstverwaltung'" in die Konferenzordnung aufgenommen werden. Außerdem sollten die jeweiligen Klassenkonferenzen und nicht der Direktor über die Aufnahme von Schülerinnen entscheiden. Zwar wurden beide Anträge abgelehnt[59], doch findet sich auf einem Blatt in den Akten ein Vermerk von unbekannter Hand, der Gegner und Befürworter Ströhmers im schulischen Dauerstreit auflistete. Demzufolge kämpfte Dr. Kösters nahezu allein gegen das Gladbecker Kollegium, sieht man einmal von Dr.

Meuskens ab, seiner zeitweiligen Stellvertreterin in Kriegszeiten.[60] Er selbst empfand das durchaus anders. Nach einem der Konferenz vorausgegangenen Zusammenstoß mit Ströhmer wegen seiner angeblich unmöglichen Erziehungsgrundsätze sah der Schulleiter den Religionslehrer im Frühjahr 1923 als nahezu isoliert an. Gegenüber der Schulbehörde in Münster charakterisierte er Ströhmer im März 1923 so: „... daß Studienrat Ströhmer den erzieherischen Aufgaben nicht immer gerecht wird, liegt weniger am mangelhaften Können als an seiner Gesamtveranlagung, die es ihm schwer macht, sich einer Leitung unter- und einer Erziehungsgemeinschaft einzuordnen".[61]

Ströhmer blieb aber anderweitig umtriebig. Seit 1920 engagierte er sich in der Lokalpolitik als Vorsitzender der Zentrumspartei Gladbeck-Mitte. Die katholisch geprägte Zentrumspartei gehörte zusammen mit der Sozialdemokratischen Partei Deutschlands und der deutschen Demokratischen Partei zur sogenannten Weimarer Koalition, d.h. den Parteien, die das Gebäude der ersten Demokratie auf deutschem Boden – der Weimarer Republik - stützten. Ebenfalls 1920 gründete Ströhmer eine Ortsgruppe des „Windhorstbundes" - einer zentrumsnahen Jugendorganisation, deren Vorsitzender er wurde.[62] Insbesondere in den Jahren 1924-1925 engagierte er sich zusätzlich als Wahlkampfredner in Gladbeck und Bottrop. So unterstützte er beispielsweise im Präsidentschaftswahlkampf 1925 den Zentrumskandidaten Marx.[63]

Offen bleibt, warum der aufmüpfige Studienrat Ströhmer dem Gladbecker Lyzeum nicht längst den Rücken gekehrt hatte. Direktor Dr. Kösters saß letztlich am längeren Hebel und hätte ihm noch lange Zeit als Vorgesetzter seine Grenzen aufzeigen können. (Erst 1945 - nach dem Ende von Drittem Reich und Zweitem Weltkrieg - ging der Direktor in Pension, nicht ohne die Weichen für den Neustart des Lyzeums gestellt zu haben. Das heutige Riesener-Gymnasium Gladbeck betont die besonderen Verdienste Dr. Kösters', der diese Schule drei Jahrzehnte lang geprägt hatte.

War August Ströhmer wirklich privat, beruflich oder gesellschaftlich so sehr in Gladbeck verwurzelt, dass er den Ort bzw. die Schule nicht mehr verlassen mochte? Seine Mutter wohnte bei ihm, die Kontakte zur Verwandtschaft waren wichtig. Ein Ortswechsel wäre aus dieser Perspektive machbar gewesen. Zur Gladbecker Pfarrgemeinde St. Lamberti bestanden Beziehungen, die eventuell über rein Dienstliches hinausgingen, deren Intensität aber nicht unbedingt hoch gewesen sein muss. In seiner Freizeit engagierte er sich als Leiter der Gladbecker Jugendorganisation des 1877 gegründeten „Katholischen Kaufmännischen Vereins (KKV)". Der KKV ist heutzutage ein katholischer Sozialverband mit knapp 80 Ortsgemeinschaften in fast allen deutschen Bistümern. Grundlage seiner Arbeit war und ist die katholische Soziallehre. Die Geselligkeit soll ebenso gepflegt werden wie gegenseitige Unterstützung in beruflichen oder privaten Angelegenheiten geleistet werden. Auch Bildung und Weiterbildung, nicht zuletzt durch Fahrten und Ausflüge, sollen nicht zu kurz kommen.[64]

(13) Im Präsidentschaftswahlkampf 1925. Ganz rechts: Dr. Marx von der Zentrumspartei, gemeinsamer Kandidat der demokratischen Parteien des „Volksblocks". Dr. Marx unterlag Generalfeldmarschall Paul von Hindenburg, dem Kandidaten der Rechten für das Amt des Reichspräsidenten.

Die Zentrumspartei nominierte ihren Ortsvorsitzenden Ströhmer nach kommunalen Neuwahlen 1924 als Kandidaten für das Kuratorium des Gladbecker Lyzeums.[65] Dieses Gremium, dessen Vorsitz der Amtmann bzw. Oberbürgermeister von Gladbeck innehatte, bestand aus Ratsmitgliedern und sachkundigen Bürgern sowie dem amtierenden Schulleiter.[66] Als Schulleiter Kösters im Vorfeld der Wahl von diesem Vorhaben des Zentrums erfahren hatte, drängte er Pfarrer Effing von der Sankt-Lamberti-Pfarrgemeinde, Ströhmers Nominierung über seine Drähte zur Partei zu hintertreiben, worauf sich der Pfarrer jedoch nicht einließ.[67]

Vielleicht war die Hartnäckigkeit Pfarrer Effings auch dem Umstand geschuldet, dass das Verhältnis des katholischen Klerus zum Schulleiter schon länger belastet war. Dr. Kösters beklagte sich bereits Anfang 1914, er sei schon vor seinem Dienstantritt als Schulleiter 1913 von den katholischen Geistlichen der Umgebung „mit Mißtrauen betrachtet" worden. Die Abwehrhaltung ihm gegenüber resultiere aus der Unzufriedenheit der Pfarrer, Vikare und Kapläne damit, dass das Lyzeum, das den Typus einer öffentlichen, paritätischen[68] Schule repräsentierte, eine private, rein katholische Vorgängerschule abgelöst habe.[69] Dennoch bezeichnete Dr. Kösters sich später als zeitweiligen Zentrumsanhänger, der nach dem Kriegsende 1918 die Zentrumspartei durch Beiträge unterstützt habe.[70]

(14) Franz Effing: Pfarrer an Sankt Lamberti in Gladbeck (1919 -1947), Vertrauter von Oberbürgermeister Dr. Jovy

So kam es, wie es kommen musste: Am 30. Juli 1924 wählte der Gladbecker Stadtrat unter Punkt 2 (Neuwahl städtischer Ausschüsse) August Ströhmer über die Zentrumsliste zum Kuratoriumsmitglied. Unter Punkt 3 (Neuwahl des Direktors der Deutschen Oberschule) wurde Dr. Kösters zum Schulleiter einer noch zu errichtenden „Deutschen Oberschule" Gladbeck gewählt, die zum Abitur führen sollte. De facto wurde das Lyzeum um eine gymnasiale Oberstufe erweitert und änderte seinen Namen.[71] Punkt 3 hätte der gesundheitlich schwer angeschlagene Dr. Kösters, der bis zu den Herbstferien ausfiel[72], sicherlich ohne Einschränkung genießen können, wenn eben nicht Punkt 2 gewesen wäre.

Schon am nächsten Tag wandte er sich schriftlich aus seinem Kurort im Schwarzwald an das Schulkollegium in Münster. Nach Ströhmers dienstlicher Stellung als Lehrer und Erzieher am Lyzeum halte er die Wahl für „bedenklich". Studienrat Ströhmer gefährde den Schulfrieden, könne nicht als Vertreter des Lehrkörpers angesehen werden. Hätten die Lehrer und Lehrerinnen des Lyzeums selbst wählen dürfen, so hätten sie „ohne Zweifel eine Dame gewählt ..., zumal eine solche im Kuratorium bisher fehlte".[73] Dabei dachte der entrüstete Direktor sicher an Frau Dr. Meuskens, die er schon zu Kriegszeiten als Nachfolgerin seines Stellvertreters Dr. Erfurth vorgeschlagen und durchgesetzt hatte.[74] Abschließend forderte er das Schulkollegium auf, die Zustimmung zu Ströhmers Wahl zu verweigern. Über diese Forderung habe er mit dem Oberbürgermeister Dr. Jovy und Prof. Dr. Bause, dem Leiter des ersten und ältesten Gymnasium Gladbecks, Einvernehmen erzielt.[75] Letzterer war in den Sommerferien 1924 auch kommissarischer Schulleiter des Lyzeums. In dieser Eigenschaft leitete er Studiendirektor Kösters' Brandbrief nach Münster weiter. Dort ließ man sich etwas Zeit, wollte noch das Ergebnis einer eingehenden Besprechung zwischen Oberbürgermeister, Schulleiter und dem Vorsitzenden des Schulausschusses abwarten, bevor man selber Ströhmers Wahl bestätigte oder ablehnte.[76] Dr. Jovy jedoch wusste von nichts. Nachdem das Schulkollegium Münster ihn an seinem Urlaubsort Norderney schriftlich erreicht hatte, bekundete er sein Erstaunen.

Er könne keine Stellungnahme zu dem Einspruch des Dr. Kösters abgeben, da er die Einspruchsgründe nicht kenne. Bis zum 10. September verbleibe er noch im Urlaub.[77]

Nun nahm der Fall eine unerwartete Wende. Wie aus dem Nichts tauchte am 16. September 1924 die zwanzigjährige Gladbecker Verkäuferin L.- sie arbeitete bei der Kaufhauskette Althoff - im Lyzeum auf. Sie ließ die an diesem Tage als Stellvertreterin des Direktors fungierende Dr. Meuskens schwerwiegende Vorwürfe der wiederholten sexuellen Belästigung (damals „tätliche Beleidigung" genannt) gegen August Ströhmer protokollieren. Die geschilderten Vorfälle sollten vor zwei bis drei Jahren stattgefunden haben.[78]

Paula L. war allerdings nie Schülerin des Lyzeums gewesen. Ihre Freizeit verbrachte sie mit anderen jungen Frauen im „Kaufmännischen Verein". Auf diesem Wege hatten sie und ihre Freundinnen Studienrat Ströhmer kennengelernt, als er mit ihnen in seiner Wohnung z.B. den Vortrag von Gedichten probte. Als Zeuginnen für einige, nicht alle Übergriffe benannte Paula L. drei Freundinnen. Außerdem hätten Pfarrer Effing und Vikar Lösing von der Lamberti-Gemeinde durch sie Kenntnis von der Angelegenheit erhalten. Als Pfarrer Effing gemeint habe, die „Sache" müßte zum Bischof, hätten sie und ihre Freundinnen nicht mehr viel sagen wollen, weil sie genau das nicht gewollt hätten. Außerdem sei der Pfarrer sehr aufgeregt gewesen, weil eine ihrer Freundinnen schon Dritten davon erzählt hätte.[79]

Allem Anschein nach war Ströhmers „Sache" gar nicht bis zum Bischof gedrungen oder eventuell seitens der geistlichen Behörden anderweitig erledigt worden. Dr. Kösters glaubte von Exerzitien zu wissen, die – laut Mitteilung von Oberbürgermeister Dr. Jovy - Pfarrer Effing dem reuigen Sünder Ströhmer auferlegt habe, den er ansonsten verdächtigte, die Vorwürfe nach ihrem Bekanntwerden unter den Tisch gekehrt zu haben.[80]

Wie dem auch sei – in den folgenden Wochen und Monaten gaben sich diverse Belastungszeuginnen und Belastungszeugen, gebeten oder ungebeten, die Klinke des Direktorenzimmers in die Hand. Elternvertreter, Erziehungsberechtigte von Schülerinnen, ehemalige und aktuelle – jüngere - Kolleginnen erweiterten die Tatbestände durch ihre Aussagen gegen den Pädagogen und Priester Ströhmer. Teils gaben sie wieder, was ihnen angeblich selbst widerfahren war, teils was sie von anderen glaubhaft gehört haben wollten.[81]

Dr. Kösters teilte angesichts dieser Flut von Beschuldigungen dem Schulkollegium mit, dass große Aufregung in der Elternschaft über den Studienrat und Religionslehrer herrsche. Schülerinnen des Lyzeums würden Ströhmer nur noch „unser Schwein" nennen.[82] Ende November 1924 schiebt der Schulleiter ein 1917 beginnendes Sündenregister Ströhmers nach: Widersetzlichkeit, Aufwiegelung des Lehrerkollegiums, Untergrabung der Stellung des Direktors, Unpünktlichkeit, Unhöflichkeit, ungehörige Ausdrucksweise und Zeigen unangemessener Bilder im Unterricht, auch schon einmal ungehörige Prüfung einer Schülerin in der Privatwohnung, unschickliches Verhalten bei einem Klassenausflug, mehrfache tätliche Beleidigung Paula L.s sowie verbale und teilweise auch tätliche Belästigung von Kolleginnen.[83]

Münster musste handeln. Der Bischof überließ der Schulaufsicht den Vortritt. Die disziplinarrechtliche Voruntersuchung führte Regierungsassessor Heinemann, einer der Justitiare des Schulkollegiums.[84] Nach Durcharbeitung aller Protokolle lud er zwanzig Zeugen für den 13. und 14. Januar 1925 zur Einvernahme in das Gladbecker Lyzeum. Nur Schulleiter Dr. Kösters wurde nicht geladen. Doch sollte sogar der Gladbecker Oberbürgermeister Dr. Jovy vor dem Untersuchungsführer erscheinen. Dr. Jovy wurde immerhin die Ausnahme eines telefonischen Rückrufes statt persönlichen Erscheinens zugestanden.[85] Die meisten Zeuginnen und Zeugen erschienen zwar tatsächlich, doch eine wichtige Belastungszeugin, eine ehemalige junge Kollegin Ströhmers, entzog sich offenkundig ihrer Vernehmung, auf die der Untersuchungsführer dann selbst anscheinend keinen Wert mehr legte.[86] Manch andere, weniger wichtige Zeugen kamen ebenfalls nicht zu Wort. Auch der Oberbürgermeister musste sich nicht mehr zu den Vorwürfen äußern. Viele Einlassungen der Zeugen fielen in sich zusammen oder entpuppten sich als ungeprüfte oder unüberprüfbare Berichte aus zweiter Hand. Einige vorher erhobene Beschuldigungen tauchten überhaupt nicht mehr im Verfahren auf, wurden auch von Justizassessor Heinemann nicht weiter verfolgt.

Der als Erster vernommene Beschuldigte August Ströhmer ging bezeichnenderweise eingangs seiner Stellungnahme überhaupt nicht auf die diversen Vorwürfe sexueller Belästigung ein:„Mein Verhältnis zum Dir. Dr. Kösters leidet darunter, daß Dir. K. keinen Mitarbeiter mit selbständigen Ansichten neben sich duldet."[87] Diesen Schlüsselsatz notierte Assessor Heinemann als erklärende Einleitung Ströhmers. Zudem verzeihe Dr. Kösters ihm nicht den Zusammenstoß aus dem Jahre 1917. Weiter leide Dr. Kösters darunter, dass die bischöfliche Behörde in einem Streit über die schulische Erstkommunion Ströhmer den Rücken gestärkt habe. Schließlich könne er nicht die Wahl Ströhmers in das Kuratorium verwinden, weil er – Ströhmer – dort als Vertrauensmann der Zentrumspartei sitze, nicht als Vertreter des Lyzeums. „Ich genieße das Vertrauen der gesamten Geistlichkeit der Mark [Gebiet um Recklinghausen], vor allem aber auch des gesamten Kollegiums – jedenfalls ist mir nichts Gegenteiliges bekannt, mit Ausnahme vielleicht der StRätin Meuskens, die stellvertr. Direktorin ist. ... Ich bestreite mit großer Entschiedenheit alle auf sittlichem Gebiet mir vorgeworfenen Verfehlungen."[88]

An Selbstbewusstsein mangelte es August Ströhmer jedenfalls nicht - und das in einem Moment höchster Gefahr: der durchaus möglichen Entfernung aus dem Dienst.

Die konkreten Vorwürfe sexueller Belästigung der Paula L. erklärte er mit eventuell unachtsamen, nichtssagenden Berührungen seinerseits. Die Mädchen des „Kaufmännischen Vereins" seien beim Üben der Auftritte in seiner Wohnung eben genauso fröhlich wie er selbst bei der Sache gewesen. Und bei einem beengten Nebeneinandersitzen oder Nebeneinanderstehen könne es während des Einübens von Texten schon mal zu unabsichtlichen harmlosen Körperkontakten kommen.[89]

Die Hauptbelastungszeugin Paula L. hingegen wiederholte im Großen und Ganzen ihre belastende Aussage. Studienrat Ströhmer sei ihr mehrmals absichtlich auf den Leib gerückt.[90] Sie war mit einiger Wahrscheinlichkeit in ihren Mentor bei der Jugendorganisation verliebt, wie sich aus den Bekundungen ihrer Freundinnen ergibt, die diese Konstellation besonders interessant fanden.[91] Gleichzeitig fand sie im Elternhaus, in dem sie auch 1924 noch wohnte, kein Ventil zur Erzählung ihrer - tatsächlichen oder eingebildeten - Erlebnisse. Selbst bei ihrer Vernehmung durch Assessor Heinemann bat sie eindringlich um Geheimhaltung gegenüber ihren Eltern, während sie zum Beispiel schon frühzeitig eine ältere Arbeitskollegin eingeweiht hatte.[92]

Wie genau Ströhmer zu ihr stand, ist nicht auszumachen. Er charakterisierte sie bei seiner Vorladung als eine junge Frau, die ebenso empfindlich wie empfindsam sei. Daher habe sie vermutlich unabsichtliche Berührungen falsch eingeordnet.[93] Ströhmers Version hatte einiges für sich: Auch weil die Freundinnen Paula L.s als angebliche Augen- und Ohrenzeuginnen „umfielen" oder eben selbst nur wenig Konkretes vorzutragen hatten. Seltsam war zudem, dass Paula L. eine von ihr im ersten Protokoll ausgemalte Szene mit Ströhmer und einer namentlich genannten Freundin nun nicht mehr wiederholte: „... im Laufe desselben Abends warf er mich aufs Chaiselongue u. forderte das zweite junge Mädchen auf, mich zu schlagen. Dieses ... lehnte das ab, u. ich ging fort."[94]

Untersuchungsführer Heinemann hätte eigentlich nachhaken müssen. Hatte Paula L. die reichlich bizarre Szene nun einfach vergessen? Die ebenfalls vorgeladene Freundin erzählte als Zeugin nichts über den Ströhmer sehr belastenden Vorfall, wenn er denn überhaupt stattgefunden hatte. Ihre Aussage gipfelte stattdessen in der Feststellung: „ Ich bin niemals ... irgendwie ungehörig behandelt worden, sondern wenn StRt Strö. wirklich einmal, in gemeinsamer fröhlicher Stimmung mit uns scherzte, hat er mir gegenüber die Grenzen des schicklichen Taktes ... eingehalten."[95]

Für die Behauptungen Paula L.s fehlte es insgesamt an belastbaren Beobachtungen Dritter, die ihre Version hätten stützen können. Andererseits ging aus einigen Aussagen hervor, dass August Ströhmer eine große Nähe und Vertraulichkeit im Umgang mit Schülerinnen, jungen Frauen von außerhalb des Lyzeums und zu Kolleginnen suchte und pflegte. Er galt – vorsichtig gesprochen – als jemand, der sich unkonventionell benahm.[96]

(15) Eine Oberstufenklasse des Gladbecker Lyzeums, Ende der 1920er-Jahre

Als Priester wie Pädagoge vollführte Ströhmer damit allemal einen gefährlichen Drahtseilakt. Angesichts des Dauerkonflikts mit dem Direktor wirkt sein Verhalten wie eine Mischung aus kaum fassbarer Naivität und Selbstüberschätzung. Die Gerüchteküche wegen seines angeblichen sittlichen Fehlverhaltens begann – auffällig genug - erst im Sommer 1924 zu kochen, gerade nachdem er seinen Schulleiter bis aufs Blut gereizt hatte. Die Anschuldigungen aus dem außerschulischen Raum waren zunächst dank Pfarrer Effing ins Leere gelaufen. Wer oder was hatte eine Paula L. bewogen, Jahre danach einer ihr nicht vertrauten schulischen Amtsperson wie Frau Dr. Meuskens ihre Geschichte in die Feder zu diktieren?

Allemal war die Frage, welches Verhalten von Lehrern wie Schülerinnen den Normen der Schicklichkeit und Sittlichkeit entsprach, ein in jenen Jahren besonders strittiges Thema, das von Schulleiter Dr. Kösters öfter mahnend aufgegriffen wurde: Die Lehrkräfte des Lyzeums sollten Schülerinnen weder zu Nachprüfungen noch aus anderen Anlässen privat einladen, die im Unterricht gelesene Literatur sollte jugendfrei sein, die Schülerinnen sollten nicht „unschickliche" Theateraufführungen besuchen können, nur weil ihre verhinderten Eltern ihnen ihre nicht genutzten Abo-Karten überließen. Umgekehrt war Dr. Kösters – noch vor dem Ersten Weltkrieg - Kritik von kirchlichen Kreisen ausgesetzt gewesen, weil er nicht die Teilnahme von Schülerinnen an einem Schwimmfest verhindert hatte. Die Atmosphäre war aufgeheizt.[97]

Trotz aller Ungereimtheiten schien Untersuchungsführer Heinemann Ende Januar 1925 das Ergebnis der Voruntersuchung als ausreichend, um ein förmliches Disziplinarverfahren zu eröffnen.

Die Zielvorgabe hätte eigentlich lauten müssen: Entfernung Ströhmers aus dem Schuldienst. Allerdings gab Heinemann selbst zu bedenken, dass die „schwerwiegendsten Verfehlungen" bereits Jahre zurücklägen. Der bischöflichen Behörde in Münster empfahl er eine Versetzung des Störenfrieds in einen anderen Amtsbezirk, wobei nur noch eine „Knabenanstalt" in Frage käme. Dann wurde er konkreter: „Gesprächsweise wurde von Pfr. Effing die Verwendung an der Rektoratschule in Ibbenbüren für möglich gehalten."[98]

Mit anderen Worten war auch die kirchliche Seite nicht ganz untätig geblieben. Denn nun eilte es allen sehr, die Angelegenheit vom Tisch zu bekommen. In der Lamberti-Gemeinde Gladbeck hatten allerlei Gerüchte um sich gegriffen[99], ein ehemaliger Vorsitzender des Elternbeirats am Lyzeum drohte mit einer Besprechung der Sache Ströhmer in der nächsten Versammlung.[100] Bis zum Beginn des neuen Schuljahres Ostern 1925 – so Heinemann – müsse die Personalsache in trockenen Tüchern sein, falls man das förmliche Disziplinarverfahren mit allen seinen Folgen vermeiden wolle.[101]

Jetzt ging es Schlag auf Schlag: Am 12. Februar bewarb sich „Hochwürden" Ströhmer schriftlich bei „Hochwohlgeboren" Dr. Müller, dem Amtmann des zuständigen Amtes Ibbenbüren. Dieser schlug schon am 28. Februar der Schulaufsicht die Ernennung Studienrat Ströhmers zum neuen Leiter der Rektoratschule vor. Ströhmers Vorgänger - Rektor Potthoff – sei zum 1. April gekündigt worden.[102] Am 7. März 1925 erstattete die Regierung Münster dem Provinzialschulkollegium Münster Meldung über August Ströhmers Bewerbung auf die freigewordene Rektorenstelle an der Rektoratschule Ibbenbüren. Und schon drei Tage später vermeldete die bischöfliche Behörde die erfolgreiche Wahl des Bewerbers zum Schulleiter in Ibbenbüren.[103]

Übrigens kannte der frischgebackene Rektor schon seit seiner Münsteraner Studienzeit einen alteingesessenen Ibbenbürener: Kaplan Clemens Konermann, der nicht nur sein Mentor gewesen war, sondern mit dem er auch Wanderungen im Münsterland unternommen hatte. Beide waren zudem eingeschworene Liebhaber der Werke Fritz Reuters, überhaupt des Plattdeutschen.[104] So dürfte Ströhmer eigentlich schon das eine oder andere über Ibbenbüren und das Tecklenburger Land erfahren haben, bevor es ihn selbst dorthin verschlug.

Lässt man die wenig erfreulichen Umstände seines Wegganges außer acht, war August Ströhmer Ostern 1925 mit tätiger Mithilfe seiner Widersacher als Rektor auf einer Stufe der Karriereleiter gelandet, auf der sie ihn eigentlich nicht hatten sehen wollen. Rückblickend beklagte sich der fortgelobte Studienrat allerdings darüber, dass er durch den Wechsel in die Rektoren -Besoldungsgruppe finanzielle Nachteile erlitten habe.[105] Für den Münsteraner Untersuchungsführer Heinemann scheint sich das Ergebnis seiner Ermittlungen ausgezahlt zu haben. In den drei Jahren seiner Tätigkeit als Assessor für das Provinzialschulkollegium dürfte die Akte Ströhmer einer seiner letzten Fälle, wenn nicht gar der letzte erledigte Fall gewesen sein. Man war wohl sehr mit ihm zufrieden, denn noch 1926 wechselte er, zum Regierungsrat befördert, in die Reichshauptstadt Berlin an das dortige Schulkollegium.[106]

Als Persönlichkeit verkörperte Ströhmer insbesondere im Vergleich mit vielen seiner Standesgenossen als Lehrer oder Geistlicher ein recht seltenes Phänomen. Er stand fest auf dem Boden demokratisch-rechtsstaatlicher Prinzipien in den Zeiten einer von Anfang an bedrohten Republik. Er engagierte sich politisch wie gesellschaftlich-kulturell im lokalen Rahmen. Gemessen an vielen seiner Zeitgenossen war er geradezu weltgewandt. Noch vor dem Ersten Weltkrieg führte ihn seine erste Auslandsreise „für einige Wochen" nach Großbritannien, „um Sprache und Land kennen zu lernen". In den Zwanziger und frühen Dreißiger Jahren unternahm er fast jedes Jahr ausgedehnte Studien-, Erholungs- oder auch Besuchsreisen nach Italien, Großbritannien, Frankreich, Österreich und in die Schweiz. „Zur Not" sprach er Englisch, Italienisch und Französisch.[107]

In seinem Verhalten gegenüber seinen direkten schulischen Vorgesetzten wie den Schülerinnen nahm er Züge vorweg, die eher bei Vertretern der antiautoritären Studentenbewegung der Sechziger Jahre ihren Platz gehabt hätten. Mehr als einmal – der Zusammenstoß mit Dr. Kösters im Frühjahr 1917 blieb trotz anderslautender Versprechen Ströhmers nicht der letzte – ließ er den Gladbecker Direktor vor Publikum so geschickt auflaufen, dass dieser ihm nicht unmittelbar Paroli bieten konnte. Man fühlt sich bei der Beschreibung solcher Szenen an Gestalten wie Till Eulenspiegel oder gar Fritz Teufel erinnert. Der Schalk saß Ströhmer öfter im Nacken, was bei seinen „Opfern" als beißende Ironie ankam, schlimmstenfalls jedoch gänzlich missverstanden wurde. Gut möglich, dass diese Züge seines Wesens sich erst in den Gladbecker Jahren voll ausgebildet hatten.

Schülerinnen, die sich bei der Vorbereitung seiner Schulgottesdienste unwillig gezeigt hatten, beschied er, dann könnten sie gleich ganz bei den Gottesdiensten [üblicherweise als Schulstunden gerechnet] wegbleiben. Die jungen Damen ließen sich das nicht zweimal sagen. Pfarrer Ströhmer ließ sie gewähren, ohne weiter Notiz von der Angelegenheit zu nehmen. Bis das „gentleman's and ladies' aggreement" nach seiner Entdeckung durch die Klassenlehrerin aufflog.[108]

Ströhmer konnte lässig, aber auch schroff sein. Unübersehbar zeichneten ihn Hartnäckigkeit und Sturheit aus, die ja in seiner Heimat Westfalen häufiger vorkommen sollen. In vielem wirkte er modern, der Mehrheit seiner Zeitgenossen voraus. Gleichwohl trat er noch in den „Wilden Zwanzigern" als Verfechter des Tragens von Korsetts im Turnunterricht auf. Die Lehrerinnen wie Schülerinnen vorgeschriebene korsettfreie Turnkleidung sei „unsittlich". Eine derart kritisierte Turnlehrerin verstand diese Worte jedoch als Beleg für „Anmache" (damals sagte man

„Anschwärmen") durch ihren Kollegen. Er habe nämlich argumentiert, jeder jüngere Mann – also auch er selbst – müsse bei diesem Anblick „in Wallung gerate(n)". Umso mehr, wenn er Lehrerinnen in solch einem Aufzug sehe.[109] Abschließend stellt sich die Frage, ob August Ströhmers Beharren auf demokratisch - rechtlichen Prinzipien nicht großenteils nur Ausdruck seiner persönlichen Rivalität mit Direktor Dr. Kösters war - also mehr aufgesetzte Haltung denn Überzeugung. So interpretierte nämlich einer der Gladbecker Honoratioren Ströhmers Vorgehen.[110] Auf Dauer ließen sich persönliche Aversionen und gegensätzliche Grundeinstellungen der Kontrahenten wohl kaum sauber voneinander trennen. Dr. Kösters sah sich erst am Ziel, als Ströhmers Privatleben in schlechten Ruf kam und es nicht mehr um schulpolitische Gegensätze ging. Genauso entschieden war Ströhmer von Anfang an gegen Kösters' „Regierungsstil" vorgegangen - zu einem Zeitpunkt, als von persönlich motivierter Feindschaft noch keinerlei Rede sein konnte. Dr. Kösters wiederum trat eben gerade 1924 in die weit rechts stehende, protestantisch geprägte Deutschnationale Volkspartei (DNVP) ein. Dort blieb er Mitglied bis zur Parteiauflösung 1933.[111] Mit dem Zentrum war er fertig.

Gelungene Bewährungsprobe: Rektor Ströhmer und die Amtsrektoratschule Ibbenbüren zur Zeit der Weimarer Republik (1925-1933)

(16) Zeitgenössische Ansicht Ibbenbürens

Z wischen Ströhmers neuem Dienstort Ibbenbüren und Gladbeck lagen mehr als hundert Kilometer, was vor neunzig Jahren eine wesentliche Ortsveränderung bedeutete. Immerhin kam er so seinem Geburtsort Burgsteinfurt wieder näher. Gladbeck und Ibbenbüren wiesen einige Gemeinsamkeiten auf. Beide waren Teil Westfalens, schon längere Zeit preußisch geprägt. Sie hatten infolge der Industriellen Revolution einen unverkennbaren Aufschwung genommen, der nicht zuletzt auf dem Bergbau und seinen Folgeindustrien beruhte. Gladbecks Entwicklung hatte allerdings später eingesetzt und war stürmischer verlaufen. Erst nach dem Ersten Weltkrieg erhielt Gladbeck jedoch Stadtrechte, nun aber als kreisfreie Stadt gleich mit einem Oberbürgermeister.[112] In beiden Städten gab es ein intaktes katholisches Milieu, die Zentrumspartei war der wichtigste Faktor im politischen Kräftefeld. Gleichzeitig achtete man gerade in der Schulpolitik auf den konfessionellen Proporz – etwa bei Stellenbesetzungen. Gemessen an den Zahlen der Kinder und Jugendlichen, die die Volksschulen besuchten, waren die

31

Schülerzahlen der weiterführenden Schulen noch niedrig. Dementsprechend waren es auch nur relativ wenige Lehrer, die an solchen Schulen Dienst taten. Das Abitur blieb einer nicht allzu großen Minderheit eines Schülerjahrgangs vorbehalten.

(17) Rektor Potthoff, Ströhmers Vorgänger in Ibbenbüren (1921-1925)

Die städtische Schullandschaft konzentrierte sich in dem überschaubaren Raum zwischen evangelischer Christuskirche und katholischer Mauritiuskirche. In der Nachbarschaft befanden sich die beiden konfessionell geprägten Krankenhäuser wie auch die städtischen Volksschulen sowie die privaten Mädchenschulen. Nur ein paar Schritte entfernt war die Synagoge zu finden. Das Schulgebäude der Rektoratschule stand in der Roggenkampstraße, wo in einem der gegenüberliegenden Häuser der Rektor seine Dienstwohnung bezog. Im Schuljahr 1928/29 besuchten 589 Schülerinnen und Schüler die katholische Volksschule in Ibbenbüren-Stadt. Für 1930/31 wurden 693 prognostiziert.[113]

Die evangelische Volksschule in Ibbenbüren-Stadt wurde im Schuljahr 1931/32 von 440 Schülerinnen und Schülern besucht.[114] Insgesamt waren es also über tausend Volksschülerinnen und Volksschüler. Eine Lehrkraft unterrichtete durchschnittlich mehr als 40 Schüler und Schülerinnen. Die Amtsrektoratschule besuchten demgegenüber in den Jahren 1918-1933 nur zwischen 108 und 133 Jungen. 1933 standen fünf festangestellten Lehrkräften lediglich 108 Schüler gegenüber.[115] Die Lehrer-Schüler-Relation war deutlich besser als an den Volksschulen. Die weiterführenden - nach Konfession getrennten - privaten Mädchenschulen Ibbenbürens kamen 1938/39 zusammen auf ca. 140 Schülerinnen - mit einer ähnlich günstigen Relation Lehrkraft-Schülerin wie die Amtsrektoratschule.[116] Das noch neue Lyzeum Gladbeck und die bereits länger bestehende Rektoratschule bzw. Amtsrektoratschule Ibbenbüren vermittelten zwar die Anfänge gymnasialer Bildung, führten aber ihre Schülerinnen bzw. Schüler nicht selbst zum Abitur. Beide Schulen erhoben Schulgeld. Die Amtsrektoratschule beschulte Jungen ab der Sexta (fünfte Klasse nach heutiger Zählweise). Ihre Zöglinge konnten nach erfolgreichem Gymnasial-Abschluss der Obertertia (der neunten Klasse nach heutiger Zählweise) zum Beispiel im Rahmen einer Kooperation auf das - heutige - Dionysianum in Rheine wechseln und dort die Hochschulreife erlangen. Die 1859 gegründete traditionsreiche Rektoratschule – die Gründung ihrer Vorgängerin datiert von 1819[117] -, stand bei einigen im Rufe einer „Standesschule" oder „Eliteschule".[118] Ursprünglich war sie eine Privatinitiative namhafter - nicht nur katholischer - Ibbenbürener, die Unterstützung von der bischöflichen Behörde in Münster erfuhr. Die Stellen des Rektors, des

Konrektors und des Kreisvikars – für den katholischen Religionsunterricht - wurden vom Bistum besetzt. Das Rektorenamt versah ein Geistlicher, der zusätzlich die erforderlichen Lehrerprüfungen absolviert hatte.[119] Als Träger dieser privaten Schule fungierte in den Zwanzigern der sogenannte Verein der Schulfreunde. Seine Mitglieder waren hauptsächlich Honoratioren. Den Vorsitz führte der katholische Pfarrer Pricking.[120] Mit dem damaligen - nur kurz amtierenden - Schulleiter Potthoff war man allerdings ausgesprochen unzufrieden. Man warf ihm „Interesselosigkeit" und „unterrichtliche Vernachlässigung" vor.[121] Hinzu kam, dass 1923 in der Kreisstadt Tecklenburg mit der Graf-Adolf-Schule ein zum Abitur führendes Aufbaugymnasium seine Pforten geöffnet hatte. Der neu erwachsenen Konkurrenz war man sich in Ibbenbüren voll bewusst.[122]

(18) Die Amtsrektoratschule an der Roggenkampstraße

Zur Jahreswende 1924/25 stellte man Rektor Potthoff ein Ultimatum: Entweder er räume freiwillig seinen Posten zum Ende des Schuljahres [Ostern 1925] oder ihm werde gekündigt.[123] Rektor Potthoff ging nur widerwillig, strengte einen Prozess gegen das Amt Ibbenbüren an, schloss aber anscheinend im Frühjahr 1926 einen Vergleich mit der Amtsverwaltung ab.[124] Mit August Ströhmer war Studienassessor Dr. Gottlieb Stephan zu Ostern 1925 an die Anstalt gewechselt.[125] 1926 stieß Dr. Deiting, 1927 stießen Wilhelm Grimme und Anton Rosen zum immer noch sehr überschaubaren Kollegium dazu.[126] Mittlerweile war eine Konrektorenstelle geschaffen worden, die zunächst der „gefürchtete"[127] Lehrer Mersmann[128], nach dessen vorzeitiger Pensionierung Dr. Stephan besetzte.[129]

Fast alle Mitglieder des neuen Kollegiums unterstützten seit 1928 Rudolf Dolle, den Mitbegründer des Ibbenbürener Heimatvereins in der sogenannten Heimatpflege.[130] Offensichtlich wollte man den schulischen Neuanfang auch inhaltlich dokumentieren, indem man sich in die örtliche Kulturarbeit einbrachte. Aus Anton Rosens 1959 erschienener Beschreibung der Amtsrektoratschule geht hervor, wie unangefochten die Autorität des Lehrerkollegiums trotz aller politischen Veränderungen nach dem Ersten Weltkrieg war und auf welchen Grundlagen die Rektoratschule nach wie vor fußte: „In jeder Klasse hing an der Stirnwand ein Kruzifix, an der freien Wand ein schwarz eingerahmtes Bild mit einem religiösen Motiv. Lange, mittelalterliche Bänke standen in allen Klassenräumen. Auch die Lehrerpulte stammten aus den vergangenen Jahrhunderten. Zwei oder drei hohe Stufen führten zum Pult des Lehrers … . Das Lehrerzimmer war für Schüler ein Heiligtum. Keiner wagte es, hier unaufgefordert einzutreten. Im Angesicht Vater Jahns, dessen Bildnis an der Wand gegenüber der Tür hing, erhielten die Schüler der unteren Klassen wegen Rohheiten gegen Mitschüler manchmal Stockhiebe."[131]

(19) Lehrerkollegium und Schüler der Amtsrektoratschule 1927

Die Verehrung „Turnvater" Jahns, des Begründers der deutschen Turnerbewegung, konnte allerdings nicht verhindern, dass die auswärtigen Schüler vom Turnunterricht befreit blieben, weil dieser erst nachmittags stattfinden konnte.[132]Nach dem Zeugnis der Schulchronik jener Jahre verlief das Schulleben trotz einiger Reibereien in geordneten Bahnen. Alljährlicher Höhepunkt des Schullebens waren die Abschlussprüfungen unter Vorsitz der Rheinenser Oberstudiendirektoren Professor Wibbe bzw. Dr. Humborg und die „Elternabende", eine Art Schulfest mit 200-300 Teilnehmern.[133] Auch die „Elternabende" gingen auf das neue Kollegium um August Ströhmer zurück. Sie sollten wohl den Zusammenhalt zwischen Kollegium, Kommune und Elternschaft bekräftigen und festigen. Den „Volkswille[n]" - eine kritisch eingestellte sozialdemokratische Zeitung aus Münster - störte allerdings die zu konservative, militaristische Gestaltung der Schulfeier des Jahres 1927.[134]

(20) Rektor Ströhmer mit einer Quinta im Jahre 1934

Hingegen ließ es sich Amtsbürgermeister Dr. Müller nicht nehmen, die Leistungen der rundum erneuerten Rektoratschule öffentlich herauszustreichen. Laut Oberstudiendirektor Dr. Wibbe gehöre sie zu den am besten geleiteten in seinem Amtsbezirk.[135] Ebenfalls 1926/1927 war es allerdings zu einer Reihe von kurzen Zusammenstößen zwischen Schulleiter Ströhmer und dem Bürgermeister gekommen. Diese Vorkommnisse veranlassten Dr. Müller, sich hilfesuchend an den Tecklenburger Landrat Schultz zu wenden. Im Kern war der Konflikt ein Kompetenzgerangel. Wie schon in Gladbeck ließ sich Ströhmer nur ungern etwas von Amtspersonen sagen, denen er sich im Großen und Ganzen ebenbürtig fühlte. Konkret bemühte Dr. Müller zwei von vielen Beispielen.

Der Rektor weigere sich erstens auf Anforderung eine Statistik über die soziale Herkunft der Schüler anzufertigen, mit der der Bürgermeister den Nachweis führen wollte, dass die

Amtsrektoratschule keine Standesschule sei. Zweitens weigere sich der Schulleiter, den Bürgermeister als Vorsitzenden des Kuratoriums der Amtsrektoratschule über die schulischen Leistungen eines bestimmten Schülers zu informieren. Dessen Vater habe Schulgeldermäßigung beantragt. Und da müsse und wolle er das Kuratorium über den Fall aufklären. Stattdessen strebe Ströhmer an, das Kuratorium unter Umgehung des Bürgermeisters direkt über die Leistungen des fraglichen Schülers in Kenntnis zu setzen. Landrat Schultz stärkte Dr. Müller den Rücken.[136] Zumindest die Statistik wurde geliefert.

Das Verhältnis zwischen Bürgermeister und Schulleiter war in jenen Jahren nicht durchgängig schlecht oder angespannt. Ganz im Gegenteil. Ein Privatbrief Ströhmers an Dr. Müller zeugt von engeren sozialen Kontakten, politischem Austausch über die Lage in der Ibbenbürener Zentrumspartei und beinhaltet auch Dienstliches. Ströhmers Ton ist dabei vertraulich-ironisch.[137]

Seit 1930 unterstand die Amtsrektoratschule schulrechtlich nicht nur dem Regierungspräsidenten in Münster, sondern auch dem Landrat des Kreises Tecklenburg.[138] Schulfachlich blieb der Direktor des Rheinenser Gymnasiums Aufsichtsbeamter.[139] Nach seinen Hospitationen vom Juli und Dezember 1932 war Kreisschulrat Kemmerich voll des Lobes über die Schule, die nun schon sieben Jahre lang unter August Ströhmers Leitung stand: „Der Gesamteindruck der Schule hat mich befriedigt. … Der Rektor August Ströhmer ist ein tatkräftiger Leiter mit gutem Lehrgeschick und guten Klassenleistungen." Die Rektoratschule werde „gut geleitet."[140] Anton Rosen, der nach 1945 für seine Publikationen mit dem Bundesverdienstkreuz ausgezeichnete Heimathistoriker, erfuhr besonderes Lob: „Er ist ein eifriger neuzeitlich eingestellter Pädagoge, dessen Lehrgeschick und Klassenleistungen voll befriedigen."[141] Dr. Deiting und Wilhelm Grimme konnten mit ihren Beurteilungen zufrieden sein, ebenso die nebenberuflichen Lehrkräfte. Einzig Pfarrer Dr. Georg Höcker setzte sich mit einem nur „genügenden" Urteil nach unten ab.[142] Der Ibbenbürener Amtsbürgermeister versuchte ohnehin ihn loszuwerden, was ihm bald darauf auch gelang.[143] Allgemein bescheinigte Kreisschulrat Kemmerich der Amtsrektoratschule: „Bei Lehrern und Schülern herrscht durchschnittlich ein frischer froher Arbeitsgeist."[144] Selbstbewusst-konservativ schottete sich die Amtsrektoratschule allerdings gegenüber weiblichen Lehrkräften ab.

Nach der Entlassung von Reichskanzler Brüning durch Reichspräsident Hindenburg brachten die zwei Reichstagswahlen des Jahres 1932 keine stabile, geschweige denn demokratisch legitimierte Regierung hervor. Die radikale Linke, viel mehr aber noch die radikalen Rechten erhielten immer mehr Zuspruch, während sich der politische Kampf vom Parlament auf die Straße und in die Wirtshaussäle verlagerte. Vor diesem Hintergrund nimmt es nicht wunder, dass in Ibbenbüren Überlegungen aufkamen, wegen der „angespannte[n] Finanzlage" des Amtes die oberste [nach heutiger Zählweise: neunte] Klasse einfach abzubauen.[145] Letztlich hätte das den Bestand der ganzen Einrichtung gefährden können. Aber Schulrat, Amtsverwaltung und Amtsvertretung waren sich einig in ihrer Überzeugung von der Notwendigkeit, diese Schule erhalten zu müssen. Für den 1932 nach dreijähriger Unterrichtstätigkeit ausscheidenden Dr. Höcker wurde mit Studienassessor Utsch Ersatz gefunden.[146]

(21) Wahlplakat des Zentrums mit seinen maßgeblichen Köpfen in der Endphase der Weimarer Republik: Der Münsteraner Dr. Heinrich Brüning (links) und Prälat Ludwig Kaas (rechts)

Schulleiter Ströhmer hatte die Schule wieder nach vorn gebracht. Nichts findet sich in den Unterlagen dazu, dass sich der Rebell von einst in seiner Amtsführung auffällig von anderen Direktoren unterschieden hätte. Schon 1925 hatte er sich Amtmann Dr. Müller bzw. dem Kuratorium als arbeitsfreudiger, vielseitig erfahrener Lehrer und Erzieher empfohlen, der Wert auf eine „gute Grundordnung der Schuldisziplin" lege und „Sinn für Ordnung und Verantwortung " habe.[147] Der Konflikt mit seinem ehemaligen Vorgesetzten Dr. Kösters war zwar nicht nur persönlich, sondern auch prinzipiell begründet.[148] Doch nun hatte Ströhmer die Rolle gewechselt.

Eine Initiative des Schulleiters selbst, der er ja nun einmal seit 1925 war, etwa das Kollegium statt des Direktors als höchste schulische Instanz anzurufen, hätte wohl einiges Aufsehen verursacht. Und dieses vermied der neue Direktor.

Die Atmosphäre im Lehrerzimmer als Herzkammer der Schule ist nur für die Jahre seit 1933 dokumentiert. Welche privaten Beziehungen der Schulleiter zu den einzelnen Lehrkräften unterhielt, lässt sich anhand der vorhandenen Akten detaillierter nur im Falle von Ludwig Utsch ausmachen, der erst seit 1932 in Ibbenbüren unterrichtete. Ströhmers Stellung als katholischer Geistlicher in Ibbenbüren kann insbesondere für die Zeit bis 1945 kaum näher erhellt werden.[149] Keinerlei Beschwerden sind in jenen Jahren aktenkundig geworden. Poltisch engagierte er sich weiterhin für das Zentrum, den Windhorstbund und im Katholischen kaufmännischen Verein. Zumindest im Jahre 1929 amtierte er als Vorsitzender der Ibbenbürener Zentrumspartei.[150] Auch gründete er 1928 in Ibbenbüren den „Altwindhorstbund" und leitete bis 1931 dessen Zusammenkünfte ebenso wie die des Windhorstbundes.[151] Zudem engagierte er sich im „Volksverein für das katholische Deutschland".[152] Schließlich unterstützte er als Dekanatsgeschäftsführer den – wohl von ihm selbst – wiederbelebten „Albertus-Magnus-Verein" zur Förderung bedürftiger katholischer Akademiker. Er scheint sich seit 1925 größerer Vorsicht in mancherlei Hinsicht befleißigt zu haben. Denkbar wäre eine vorausgegangene Ermahnung durch den Bischof im Zusammenhang mit seinem Stellenwechsel. Letzten Endes kam seine Tätigkeit an der Rektoratschule anfangs einer Bewährungsprobe gleich. Außerdem ließ die Rolle des Schulleiters ohnehin weniger Spielraum für Vertraulichkeiten. Allemal gehörte er mittlerweile zu den Ibbenbürener Honoratioren.

Sein sonstiger gesellschaftlicher Umgang lässt sich nicht näher erschließen, sieht man von der Familie im weiteren Sinne ab. Außer seiner Mutter beherbergte er im Laufe der Jahre drei seiner Neffen (August, Ernst und Viktor Ströhmer - alle waren Absolventen der Rektoratschule) im Rektorenhaus.[153] Auch anderen externen Schülern bot er gegen entsprechende Zahlung Unterkunft und Verpflegung sowie Hausaufgabenaufsicht.[154] August Ströhmer jr. und sein Bruder Ernst standen bis 1933 als Fußballer im Aufgebot der ersten Mannschaft der DJK Ibbenbüren.[155] Der Verein war fest im katholischen Milieu verwurzelt.[156]

*(22) Erste Fußballmannschaft der DJK Ibbenbüren mit Ströhmers Neffen:
Ströhmer I und II (2. und 4. von links hinten)*

Zerreißproben: Schulleiter, Kollegium und Schülerschaft der Amtsrektoratschule in den Jahren der Diktatur (1933-1945)

1. Braune Flecken auf weißer Weste: Die Einflussnahme der NSDAP auf die Amtsrektoratschule (1933-1938)

In der politischen Öffentlichkeit exponierte August Ströhmer sich in dem für lange Zeit letzten – anfangs noch halbwegs demokratischen - Reichstagswahlkampf, der Hitlers Ernennung zum Kanzler eines „Kabinettes der nationalen Konzentration" am 30. Januar 1933 folgte. Im Februar 1933 sprach er vor größeren Zuhörerschaften in Dreierwalde und Halverde zum Thema „Soll ein Katholik Zentrum oder Hitler wählen?"[157] Schon die Fragestellung seines Vortrags verwies allerdings auf die Defensive, in die die demokratischen Parteien – hier das Zentrum - gegenüber der NSDAP geraten waren.

(23) Verhaftung des Schriftleiters August Plake
(2. von links) in Ibbenbüren
(Datierung unklar: evtl. 1933 oder 1939)

Der Brandanschlag auf das Berliner Reichstagsgebäude in der Nacht vom 27. auf den 28. Februar 1933 lieferte der Regierung Hitler den Vorwand, um mitten in der Endphase des Reichstagswahlkampfes Kommunisten, Sozialdemokraten und andere missliebige Personen unnachgiebig zu verfolgen. In einem Klima massivster Einschüchterung fanden nun die Wahlen statt. Das Wahlergebnis vom 5. März 1933 erlaubte der NSDAP zwar, im Bund mit der viel kleineren DNVP mit parlamentarischer Mehrheit zu regieren. Doch dies reichte Hitler und seinen Spießgesellen noch nicht. Sie pressten dem neugewählten Reichstag unter Drohungen, mit falschen Versprechungen und Verfahrenstricks die notwendige Zweidrittelmehrheit der Stimmen ab – für das landläufig so genannte Ermächtigungsgesetz. Damit konnte die Hitler-Regierung ohne vorherige Zustimmung des Parlaments Gesetze verabschieden, vorgeblich zur Behebung der großen Not im Lande und zur Gefahrenabwehr. Das Sterbeglöckchen für die Demokratie in Deutschland hatte geläutet. Bis auf die anwesenden Vertreter der SPD – die gewählten Abgeordneten der KPD wie auch einige der SPD waren wegen der Verfolgungsmaßnahmen nicht erschienen bzw. konnten nicht erscheinen – stimmten die anwesenden Abgeordneten der übrigen demokratischen Parteien für die verfassungsändernde Gesetzesvorlage.

Als die NSDAP unter Führung Hitlers – zunächst im Bund mit der deutsch-nationalen DNVP und parteilosen Rechten – Deutschland gemäß ihrem antidemokratischen, rassistischen Ideologie und Programmatik zusehends radikaler umwälzte, brachen auch in Ibbenbüren andere Zeiten an. Als die wahren Herren etablierten sich die Kreisleitung der NSDAP und ihre Ortsgruppen auf Ibbenbürener Gebiet. Das Gebäude der NSDAP-Kreisleitung mitten in der Stadt unterstrich in seinen äußeren und inneren Details den Machtanspruch der Provinzfürsten der herrschenden Partei. Sie residierten in einer „repräsentativen Zwingburg im Reichskanzlei-Stil provinzieller Art ... Ein großer Adler mit Hakenkreuz prangte über dem Eingang. Die breiten, nackten Flure waren mit Solnhofer Platten ausgelegt, so dass der Klang der durch Eisen verstärkten Stiefelschritte weithin hallte, ebenso wie das Zusammenknallen der Stiefelabsätze, wenn Kommandos angenommen wurden".[158]

Personell veränderte sich das Lehrerkollegium der Amtsrektoratschule nach dem 30. Januar 1933, der propagandistisch so genannten Machtergreifung, zunächst nicht. Ströhmer, Dr. Deiting, Grimme, Rosen, seit 1932 Utsch – diese Lehrer prägten die Schule bis zum Kriegsende und zur Zerschlagung des NS-Regimes. Zum Stammpersonal gesellten sich später als festangestellte Lehrkräfte Fritz Heemann und Dr. Raimund Scharlach hinzu.[159] Kurzfristig waren die Studienassessoren Walter Brandt und Kurt Wilhelm hauptamtlich beschäftigt.[160] Schulhausmeister war in jener Zeit Josef Liedmeyer.[161]

Der Schein großer Kontinuität trog jedoch. Hinter den Kulissen war noch im Frühjahr 1933 ein Machtkampf um die Person des Rektors der Amtsrektoratschule ausgebrochen. Der in Ibbenbüren wohnende, seit den Märzwahlen 1933 in der Amtsvertretung sowie dem Schulbeirat sitzende NSDAP-Kreisleiter Knolle[162] schlug zu. In einem parteiamtlichen Schreiben an die Münsteraner Schulbehörden beklagte er Ströhmers feindselige Einstellung gegenüber den Nationalsozialisten und drang auf die Ablösung des Schulleiters: „ [August Ströhmer hat] in den letzten Jahren stets gegen Nationalsozialisten gehetzt. Nach dem 21. März hat er seinen Schülern verboten mit einem Hakenkreuzwimpel am Rade zu fahren. ... [Er] glaubt in seinem linksgerichteten Zentrumsgeiste noch weiter arbeiten zu können. ... St. ist ... als Rektor nicht geeignet."[163] Hetze betrieb hier Kreisleiter Knolle. Insofern charakterisiert seine Wortwahl eher ihn selbst als Rektor Ströhmer. Interpretationsspielraum bietet der bekrittelte „linke Zentrumsgeist". Sah Knolle den Rektor als

Vertreter des linken Flügels des Zentrums oder war für ihn gleich die ganze Zentrumspartei „links"? Für letztere Lesart spricht, dass gerade Kreise der NSDAP im Tecklenburger Land in den letzten Jahren der Weimarer Republik auf Stimmenfang bei konservativen Katholiken gingen.

Der Tenor dieser Propaganda lautete: Das Zentrum hat u.a. lange mit der SPD zusammengearbeitet und so der Entchristlichung der Massen Vorschub geleistet. Damit und wegen seiner ungenügenden nationalen Grundeinstellung ist es linksgerichtet. Letzteres konnte man ernsthaft nicht behaupten. Zwar gab es tatsächlich einen linken Flügel, der die Gemeinsamkeiten mit den anderen demokratischen Parteien betonte und den Ausbau des Sozialstaates vorantrieb. Demgegenüber vertrat der rechte Flügel einen konservativ-nationalen Kurs mit autoritären Tendenzen. Diese Richtung dominierte in der Spätphase der Weimarer Republik. Die Annahme des „Ermächtigungsgesetzes" durch den Reichstag am 23. März 1933 hatte den scheinlegalen Übergang von der Demokratie zur Diktatur Hitlers abgesegnet - mit den Stimmen der Zentrumsabgeordneten. Ohne sie wäre die notwendige parlamentarische Zweidrittelmehrheit verfehlt worden. Diese Haltung ließ sich kaum noch als linksgerichtet werten. Doch war Kreisleiter Knolle nicht immer ein Mann der feinen Töne und der differenzierenden Wortwahl.

(24) Prof. Dr. Georg Schreiber, MdR, Zentrum, Münster, ca. 1924. Nach dem 2. Weltkrieg erster Rektor der Münsteraner Universität.

Tatsächlich scheint Ströhmer innerhalb des Zentrums eher links gestanden zu haben. Als Theologiestudent hatte er - kurz vor der Priesterweihe - zwei katholische Zeitungen („Allgemeine Rundschau" und „Westdeutsche Arbeiterzeitung") bezogen, deren Fokus auf sozialen Fragen und der gebotenen Toleranz gegenüber anderen christlichen Konfessionen lag. Jahrzehnte später schließlich kam die Bekämpfung des Nationalsozialismus als weiterer Schwerpunkt hinzu.[164] Die ersten beiden Schwerpunkte interessierten den angehenden Priester seinen Tagebuchnotizen zufolge in besonderem Maße.[165] Zweimal hatte er einen Anlauf zur Erlangung der Doktorwürde unternommen - bei damals hoch angesehenen Professoren, deren Namen auch heute noch einen guten Klang in Münster haben: Franz Hitze, Pionier der Katholischen Arbeitnehmerbewegung[166], und Georg Schreiber, der 1945 der erste Nachkriegsrektor der Universität Münster werden sollte.[167] „Prof. Dr. Hitze, der grosse Sozial-Politiker, mein Freund und Gönner [gab] mir das Thema für die Doktorarbeit …

(Die Versicherungsgesetzgebung und ihre Beziehungen zur Sittenlehre).“[168] Professor Georg Schreiber – wie Franz Hitze langjährig als Zentrumsabgeordneter im Reichstag politisch aktiv – setzte ihn auf das Thema der „Juden im Urteil der katholischen Kirche“[169] an. Nicht mehr nachvollziehbar ist, aus welchen Gründen Ströhmer nie eine fertige Doktorarbeit vorlegte.

Trotz allen Bemühens um Diplomatie, mochte oder konnte Ströhmer nicht verhehlen, wie feindselig er dem Nationalsozialismus grundsätzlich gegenüberstand. Rückblickend attestierte er sich und seiner Mutter eine unüberwindbare Abneigung gegen Hitler („Feind der Katholiken, Verfolger der Juden“[170]) und seine Mannschaft von allem Anfang an: „Ich bin felsenfest davon überzeugt, dass nicht viele Deutsche einen grösseren Widerwillen gegen Hitler hatten, als ich ihn beinah körperlich fühlte. Wenn meine Mutter den Namen Hitler hörte, sprach sie wie im Gebet vor sich hin: Hitler verreck!“[171] Den Jubel der Anhängerschaft der NSDAP am sogenannten Tag der Machtergreifung ertrug er nur mit Mühe:„ Am 30. Januar 1933, als Hitler zur Macht kam, hatte ich am Bahnhof zu tun [im Original zusammengeschrieben] und als ich die Tür zum Gebäude öffnete, wedelte mein lieber alter Nero freudig mit dem Schwanz. Im selben Augenblick kamen zwei SA-Leute aus dem Gebäude, sahen das freudige Wedeln des Hundes, einer sagte: 'Guck mal [im Original zusammengeschrieben], selbst der Hund hat Spass.' Daraufhin hätte ich beinah [erwidert] und hatte es auf der Zunge: 'Alle Hunde haben heute Spass.' Hätte ich es gesagt, wäre ich wahrscheinlich nicht mehr unter den Lebenden.“[172]

Ortsgruppenleiter Ehlers, Gelsenkirchen-Schalke, der erste Nationalsozialist im Kreise Tecklenburg (Privataufnahme)

(25) Pionier der NSDAP – der Ibbenbürener Ortsgruppenleiter Otto Ehlers:„Der erste Nationalsozialist im Kreise Tecklenburg. “

(26) NSDAP- Kreisleiter Knolle (1933-1945)

Knolles Vorstoß gegen Ströhmer stützte sich auf ein bewährtes Mittel zur Machtsicherung der Nationalsozialisten und ihrer Verbündeten, das berühmt-berüchtigte „Gesetz zur Wiederherstellung des Berufsbeamtentums“ vom 7. April 1933. Dessen Paragraphen boten großen Spielraum, um

„rassisch", politisch oder sonst wie missliebige Beamte rasch aus dem Dienst zu entfernen. Im Falle Ströhmers hätte sich hierfür insbesondere § 4 angeboten: „ Beamte, die nach ihrer bisherigen politischen Betätigung nicht die Gewähr dafür bieten, daß sie jederzeit rückhaltlos für den nationalen Staat eintreten, können aus dem Dienst entlassen werden. Auf die Dauer von drei Monaten nach der Entlassung werden ihnen ihre bisherigen Bezüge belassen. Von dieser Zeit an erhalten sie drei Viertel des Ruhegeldes (§ 8) und entsprechende Hinterbliebenenversorgung."[173]

Die Attacke des NSDAP-Kreisleiters, die vom Betroffenen womöglich gar nicht bemerkt wurde, verfehlte dennoch ihr Ziel. In Münster fanden sich noch Beamte, die Rückgrat – mit leichten Verbiegungen - zeigten. Eine Untersuchungskommission tagte. Sie gelangte gegenüber dem Ministerium in Berlin zu dem Ergebnis, dass Rektor Ströhmer wohl belastet sei. Nur reichten die Tatsachen zum Einschreiten gegen den Beschuldigten nicht aus.[174] Danach hielt sogar Kreisleiter Knolle still, obwohl er mit dem Ergebnis nicht zufrieden sein konnte. Diese Reaktion erstaunt. Jahre später vertrat Knolle gerade mit Blick auf die Amtsrektoratschule klar seine Auffassung, jede Schule könne ideologisch-politisch nur so gut wie ihr Leiter sein.[175]

Vielleicht aber gab es für Kreisleiter Knolle im Juli 1933 Wichtigeres zu tun, als ehemaligen Zentrumsmitgliedern nachzustellen, selbst wenn sie im Staatsdienst verblieben waren. Eine präzise politische Aussage gegen die Nazis wurde August Ströhmer ja weder für die Zeit vor noch nach dem 30. Januar 1933 zum Vorwurf gemacht. Nach der Selbstauflösung des Zentrums im Juli 1933 sahen sich zentrumsnahe Amtsträger zumeist auf sich allein gestellt. Am schmerzlichsten musste dies von allen Ibbenbürener Pädagogen Karl Pöpel erfahren. Der Rektor der katholischen Volksschule Ibbenbüren-Stadt war mitsamt Ströhmer vom Ortsgruppenführer des Ibbenbürener „Stahlhelms" denunziert worden. Der „Stahlhelm" war eine stark rechtsgerichtete Vereinigung ehemaliger Soldaten des Ersten Weltkriegs. Als Kampfverband stand er der DNVP nahe, die im Januar 1933 zusammen mit der NSDAP das erste Kabinett Hitler aus der Taufe gehoben hatte.

Die im April 1933 verfasste Beschwerde über die nationale Unzuverlässigkeit der beiden Rektoren landete auf dem Umweg über die Osnabrücker Stahlhelmgruppe und das Berliner Schulministerium in Münster. Der Beschwerdeführer kritisierte, dass die Schulleiter Ströhmer und Pöpel nicht unterrichtsfrei gegeben hätten, als auf dem Ibbenbürener Bahnhof Marinetruppen verladen wurden. Die Schülerinnen und Schüler der evangelischen Volksschulen hingegen hätten dieses seltene Schauspiel während der Unterrichtszeit verfolgen können.[176]

In einem Atemzuge warf der Ibbenbürener Stahlhelmführer Rektor Pöpel vor, den Reichskanzler Adolf Hitler auf einem Elternabend – einer größeren Schulveranstaltung wie an der Amtsrektoratschule - im Februar 1933 in nicht hinnehmbarer Weise beleidigt zu haben. Pöpel habe vor der versammelten Schulgemeinde u.a. erklärt: „Wir lassen uns unsere nationale Gesinnung nicht von landfremden Elementen vorschreiben, die in der Jugend nicht wussten, wo ihr Vaterland ist und ob sie deutsch sind."[177] Dies hätten Zuhörer sofort als unmissverständliche Herabwürdigung des neuen Reichskanzlers Adolf Hitler verstanden.[178]

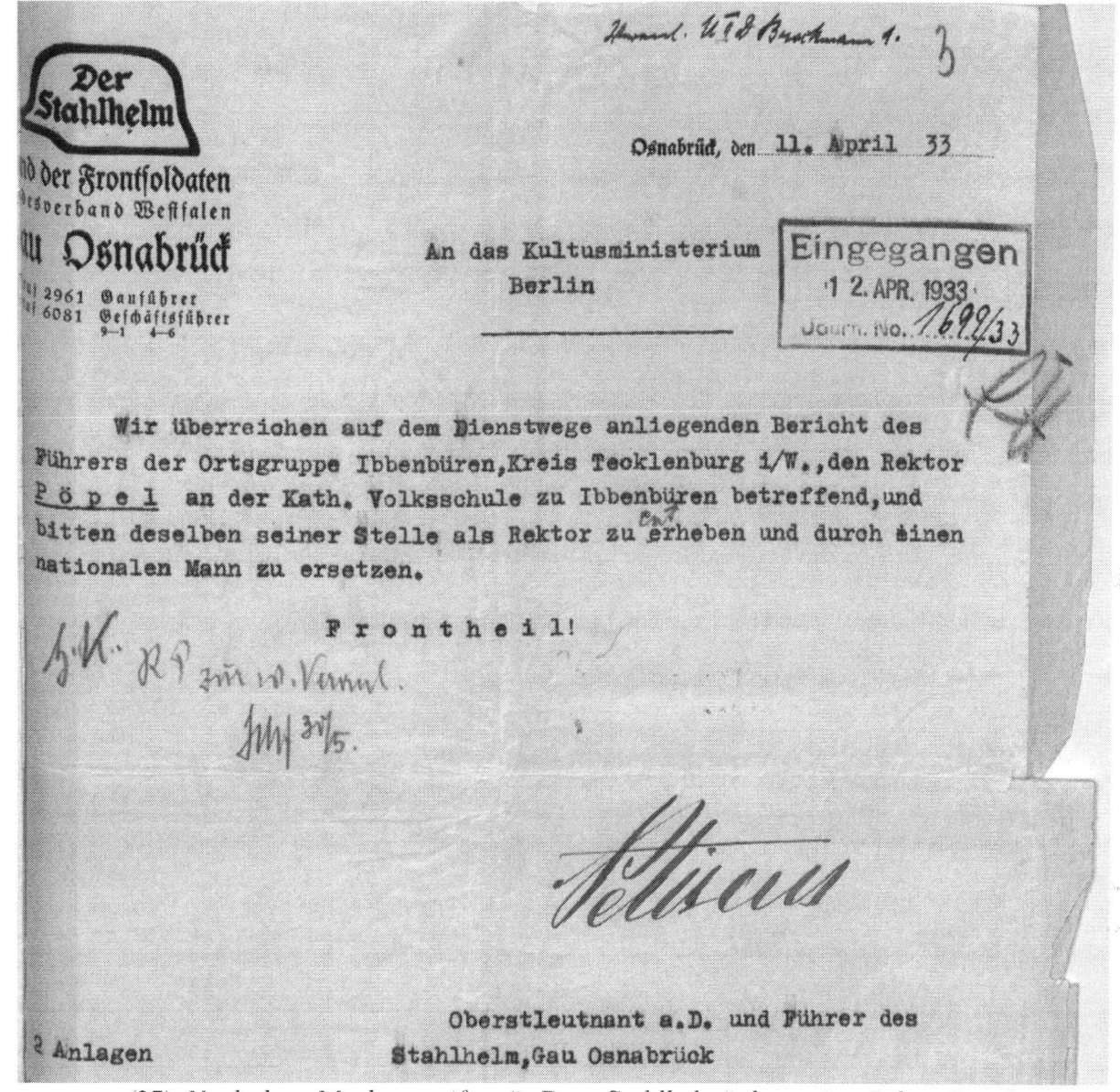

(27) Nach der „Machtergreifung": Der „Stahlhelm" denunziert Rektor Pöpel.

Ende August 1933 urteilte die Münsteraner Schulaufsicht nach einigem Hin und Her, der Volksschulrektor Pöpel habe aufgrund seiner antinationalen Einstellung das Recht verwirkt, „Führer" zu sein.[179] Zeitgleich hatte sich sogar der Tecklenburger Landrat Dr. Schultz in Münster für ihn verwendet, nachdem der Ibbenbürener Pfarrer Pricking ihn auf Pöpels Fall hingewiesen hatte.[180] Alle Interventionen zugunsten eines Verbleibs von Pöpel in Amt und Würden blieben jedoch vergeblich. Am 19. September 1933 versetzte der preußische Schulminister den Rektor zurück in das Amt eines Volksschullehrers.[181] Da der fünfzigjährige Pöpel eine sofortige Pensionierung wegen der untragbaren finanziellen Einbußen nicht akzeptierte, wurde er zur Verwaltung einer Lehrerstelle nach Vreden versetzt. Den Titel eines Rektors behielt er immerhin.[182]

Es hätte für ihn noch schlimmer kommen können: Im Regierungsbezirk Münster sollen 1933 insgesamt etwa 30 Lehrkräfte gemäß „Gesetz zur Wiederherstellung des Berufsbeamtentums" aus dem Dienst entlassen worden sein.[183] Eine Liste der bis zum 13. April 1934 Entlassenen beinhaltet 25 Personen, von denen 19 aus explizit politischen Gründen ($ 4) gehen mussten[184], darunter ein Regierungs- und Schulrat aus Münster sowie mehrere Rektoren bzw. Konrektoren und zwei Studienräte. Hauptsächlich traf die Maßnahme Volksschullehrer aus dem zum Regierungsbezirk gehörenden östlichen Ruhrgebiet.

Aktive Pädagoginnen und Pädagogen aus der Stadt Münster oder dem Münsterland finden sich nur wenige: Bockum-Hövel (2), Vreden (1), Ahlen (1) Greven (1) und aus dem ganzen Kreis Tecklenburg der Volksschullehrer Hohendorff aus Hopsten-Schale (1).[185] Zumindest zwei Lehrkräfte aus dem Regierungsbezirk Münster erreichten später noch ihre Wiedereinstellung, darunter der Fall aus Greven.[186] Als dritten „Störenfried" an Ibbenbürener Schulen hatten die neuen Machthaber neben Ströhmer und Pöpel den Lehrer Wilhelm Stake von der katholischen Volksschule Ibbenbüren-Stadt ausgemacht.[187] Er findet sich neben Carl Dyckhoff, dem führenden Kopf der Ibbenbürener Zentrumspartei, Dr. Müller und weiteren Personen wie Institutionen auf einer von der NSDAP zusammengestellten Liste. Sie wurden vor den Ibbenbürenern „Volksgenossen" an den Pranger gestellt, weil sie noch „beim Juden" kauften.[188] Wilhelm Stake wurde Jahre später - 1939 - gegen Friedrich Scholmeyer von der evangelischen Stadtschule „ausgetauscht".[189] Scholmeyer unterrichtete nebenamtlich auch an der Amtsrektoratschule. Nach Bekunden seines Sohnes lief die hinter dieser „Strafversetzung" stehende Absicht der NS-Behörden ins Leere: „Er [Friedrich Scholmeyer] ist an die katholische Volksschule versetzt worden und damit wollte man ihm als bewußt evangelischen Menschen eine ganz schwere Strafe auferlegen; er sollte in ein fremdes Kollegium hinein, und er kam in ein Kollegium, das ihn ganz und gar verstand und sich ganz und gar mit ihm solidarisierte. Und er hat sich in diesem Kollegium außerordentlich wohl gefühlt."[190]

Nach dem Sturz des nationalsozialistischen Regimes kehrte Karl Pöpel aus Vreden an die katholische Volksschule Ibbenbüren-Stadt als Schulleiter zurück.[191] Stake und Scholmeyer avancierten in der Nachkriegszeit ebenfalls zu Rektoren in Ibbenbüren-Laggenbeck bzw. Ibbenbüren. Alle drei Ibbenbürener Lehrer, die 1933 – soweit überschaubar - das besondere Missfallen der Kreis-NSDAP erregt hatten, waren katholischer Konfession.

(28) Allein auf weiter Flur: Lehrer Ludwig Bitter

In der näheren Umgebung Ibbenbürens hatte der Bannstrahl der Nazis August Lenfort getroffen.[192] Ihm hatte man den Inhalt eines Flugblattes zum Vorwurf gemacht. Der schon seit 1919 an der katholischen Volksschule Bevergern unterrichtende, im sozialen Leben der Gemeinde herausragend engagierte Pädagoge[193] musste zum 1. April 1934 aus politischen Gründen nach Datteln im Kreis Recklinghausen wechseln.[194]

Wie es jenen erging, die gegen den Strom schwammen oder im Verdacht standen, grundsätzlich gegen die NS-Herrschaft zu opponieren, erfuhr das Lehrerkollegium der Amtsrektoratschule besonders eindringlich am Beispiel eines Absolventen der eigenen Anstalt: Der ehemalige Ibbenbürener Rektoratschüler Ludwig Bitter hatte 1929 das Abitur am Rheinenser Dionysianum bestanden. Ursprünglich hatte er Volkswirtschaft studieren wollen.[195] Noch im selben Jahr gründete er gemeinsam mit Dr. Heinrich Bernds und Rudolf Dannenbaum den „Freien Sozialistischen Studentenbund" an der Universität Münster. Diese Studentenvereinigung stand dem linken Flügel der SPD nahe. Bitter allerdings scheint schon im Folgejahr nicht mehr Mitglied gewesen zu sein.[196] Er dürfte sich zeitweilig politisch noch weiter nach links orientiert haben.

(29) KZ Esterwegen im Emsland bei Papenburg, Dezember 1933: SS-Standartenführer Rudolf Diels, der Inspekteur der Geheimen Staatspolizei [Gestapo], spricht vor Häftlingen. Einige von ihnen sollten zu Weihnachten aufgrund einer Amnestie entlassen werden.

Ende März 1933 war ihm trotz der Verfolgung von Kommunisten und Sozialisten noch ein Unterrichtserlaubnisschein erteilt worden. Er konnte damit an der Ibbenbürener Amtsrektoratschule als Junglehrer hospitieren.[197] Doch im Juli 1933 wurde Bitter verhaftet und in sogenannte Schutzhaft genommen. Er biete, so urteilte etwas später die Schulabteilung beim Regierungspräsidenten, „nicht die Gewähr dafür[...], dass er jederzeit für den nationalen Staat eintritt".[198]

Erst saß er im Emsland-KZ Neu-Sustrum[199], dann im KZ Esterwegen[200] – ebenfalls im Emsland. Am 1. November 1933 wurde er von dort nach Ibbenbüren entlassen.[201] Selbst danach ließ sich Bitter nicht entmutigen. Den Unterrichtserlaubnisschein, der ihm an bzw. von der Rektoratschule entzogen worden war, beantragte er erneut zum Jahresende 1933 – diesmal anscheinend beim Schulrat in Rheine. Die Aufsichtsbehörde in Münster erteilte ihm ohne Angabe von Gründen einen abschlägigen Bescheid.[202] Ludwig Bitter fiel 1942 als Obergefreiter der Wehrmacht bei Kursk im Krieg gegen die Sowjetunion.[203]

(30) Rektor Adam Schrull (2. von links) im Kreis seiner Ibbenbürener Kollegen Mersmann, Dr. Hertkens und Kreisvikar Wähning (von links), 1919

Die meisten Instanzen, von denen noch politischer Widerstand zu erwarten gewesen wäre, waren „gleichgeschaltet" oder verboten bzw. aufgelöst worden. Anpassung lautete die Devise der Stunde. Beamte und Angestellte im Staatsdienst, staatsnahen Unternehmen und Organisationen traten der NSDAP und/oder einer ihrer Untergliederungen bei. Auch Amtsbürgermeister Dr. Müller, bis 1933 Angehöriger des Zentrums, trat später in die NSDAP ein, allerdings erst 1938 und wohl nur als Anwärter.[204] Carl Dyckhoff, dem ehemaligen Vorsitzenden der Ibbenbürener Zentrumspartei – Nachbar und guter Bekannter Dr. Müllers – setzten die Nazis besonders zu, weil er keinen Schritt in Richtung Kooperation unternahm.[205]

Wer politisch widerständig blieb, musste mit harten Sanktionen rechnen. Dies erfuhr beispielshalber Adam Schrull, einst von 1900 bis 1921 langjähriger Schulleiter der Ibbenbürener Rektoratschule, später Pfarrer, Dechant, schließlich - seit 1927 - Propst in Telgte. Im Sommer 1935 verurteilte ihn ein Schnellgericht in Münster zu drei Monaten Gefängnis. Grund seiner Haftstrafe war der Vorwurf, er habe ein Propagandaplakat gegen den politischen Katholizismus von einem Baum abgerissen. Die Gestapo hatte sich nun an seine Fersen geheftet. Sie lud seinen Verteidiger zum Verhör vor. Dieser musste sich nun selbst verteidigen, wie er dazu käme, als NSDAP-Mitglied einen treulosen Priester wie Schrull in Schutz zu nehmen. Zur Zeit seiner Verurteilung 1935 hatte der tatkräftige Propst die Sechzig längst überschritten. Er starb schon zwei Jahre danach. Zur

Beerdigungsfeier in Telgte erschienen außerordentlich viele Gemeindemitglieder, Mitglieder des Klerus und nicht zuletzt Rektor Ströhmer und andere dankbare Bürger Ibbenbürens.

Zur Zeit der Weimarer Republik hatten die katholischen Lehrkräfte im hiesigen Raum zum katholisch dominierten Zentrum geneigt, die evangelischen zur Deutschen Volkspartei (DVP), später auch zur „Deutschen Staatspartei". Die DVP war eine rechtsliberale, nationale Partei, die mit Gustav Stresemann eine der wesentlichen Stützen der Weimarer Republik stellte.

Ein sozialistischer Lehrer oder Lehramtsanwärter wie Ludwig Bitter war im Tecklenburger Land eine ausgesprochene Seltenheit. Mit dem Machtwechsel 1933 verschoben sich die Gewichte weiter nach rechts. Franz Mersmann, der pensionierte Konrektor, kandidierte im März 1933 auf der NSDAP-Liste für die Wahl zur Ibbenbürener Stadtvertretung.[206]

Der erst 1932 an die Amtsrektoratschule übernommene Ludwig Utsch war durch seinen Parteieintritt am 1. Mai 1933[207] das erste NSDAP-Mitglied im fünfköpfigen Lehrerkollegium. Mit Abiturprüfung in Mannheim und Studienaufenthalten u.a. in Genf und London brachte er, der ursprünglich eine Kaufmannslehre begonnen hatte, etwas Weltläufigkeit in das Kollegium.[208] Laut eigenem – späteren - Bekunden hatte er noch bei den Reichstagswahlen im November 1932 der DVP seine Stimme gegeben.[209]

Neben Utsch sticht der später übernommene Lienener Fritz Heemann hervor, der vor seiner Bewerbung 1937 an die Amtsrektoratschule u.a. in Hopsten-Schale, danach in Lengerich-Hohne unterrichtet hatte. Hier wie dort diente er in der SA, der er 1933 beigetreten war, als Scharführer bzw. Oberscharführer. In Schale wirkte er zudem zeitweilig als Geschäftsführer der NSDAP. An der dortigen evangelischen Volksschule ersetzte er seit April 1934 er den einzigen 1933 im Kreis Tecklenburg aus politischen Gründen entlassenen Lehrer.[210]

In Lengerich amtierte Heemann als Leiter der weltanschaulichen Schulung des SA-Sturmes „Hans Rickmers". In seinem Bewerbungsschreiben empfahl er sich so: „Ich trete jederzeit und rückhaltlos für die Belange der Partei ein."[211] Wenige Tage danach nahm ihn die NSDAP zum 1. Mai 1937 in ihre Reihen auf.[212]

Utsch wie Heemann hatten der evangelischen Kirche den Rücken gekehrt und waren „gottgläubig" geworden.[213] Gottgläubig war, wer sich von den anerkannten christlichen Religionsgemeinschaften abgewandt hatte, jedoch nicht glaubenslos war. Die Einführung dieser Kategorie war der „Versuch, eine religiöse Identifikationsformel für Nationalsozialisten jenseits der Kirchen und sonstigen Glaubensgemeinschaften zu schaffen".[214] „Gottgläubigkeit" galt als Ausweis ideologischer Nähe zum Nationalsozialismus.[215] Mit Stand von 1939 waren nach offiziellen Angaben lediglich 3,1 Prozent der Bevölkerung gottgläubig.[216]

Heemann verkörpert einen Lehrertypus, dem ebenso die Studienassessoren Walter Brandt und Kurt Wilhelm zuzurechnen sind. Der aus Ibbenbüren stammende Brandt war von 1935 bis 1937 Vorgänger Heemanns. Sein Weggang aus nicht aufzuhellenden Gründen[217] ermöglichte erst Heemanns Bewerbung und Anstellung. Heemanns Nachfolger wurde 1939 vorübergehend Studienassessor Kurt Wilhelm - bis zu seinem 1940 beginnenden Kriegsdienst.

Alle drei Herren waren Angehörige der jüngeren Lehrergeneration, evangelischer Konfession und vertraten naturwissenschaftliche Fächer. Sie waren 1933 bzw. 1937 der NSDAP beigetreten und seit der „Machtergreifung" der Nazis aktive Mitglieder der Partei und/oder der SA. „Bereits vor der Machtübernahme setzte sich Pg. Brandt für die Belange der Bewegung ein und unterstützte dieselbe sehr. Als Lehrperson durfte er jedoch, um Weiterungen zu vermeiden, nicht öffentlich Mitglied der Partei werden"[218], rühmte und entschuldigte NSDAP-Kreisleiter Knolle Heemanns Vorgänger, der sich - wie Heemann - als gottgläubig bezeichnete.

Alle waren aus unterschiedlichen Gründen privat mit dem Raum Lengerich-Tecklenburg, beruflich mit der Staatlichen Graf Adolf-Schule/Staatlichen Aufbauschule Tecklenburg unter Dr. Gustav Korspeter verbunden. Dieser schrieb Brandt 1937 ins Stammbuch: „Seine vorbehaltlose Einstellung zum nationalsozialistischen Staate steht für mich außer jedem Zweifel."

(32) Kurt Wilhelm

(33) Walter Brandt

(31) Fritz Heemann

Dr. Deiting – ursprünglich ein Mann des Zentrums[219] - war Ende 1938 nicht nur Parteigenosse, sondern immerhin u.a. noch SA-Mann und Blockwalter/Zellenwalter der NSV.[220] Allerdings soll er nie ein Parteibuch erhalten haben, wäre somit „Parteianwärter" geblieben.[221] Seinem Kollegen Dr. Scharlach bescheinigte das NSDAP-Gaupersonalamt im Jahre 1937 „sehr eifrig[e]" Mitarbeit in den Gliederungen der Partei, deren Mitglied er ebenfalls war.[222] Wilhelm Grimme setzte sich hiervon ab. Er war - zumindest bis Herbst 1940 - lediglich Parteianwärter.[223]

(34) Dr. Deiting mit Schülern der Amtsrektoratschule

Außer dem Rektor hielt sich nur Anton Rosen von der NSDAP gänzlich fern. Selbst Ströhmer war übrigens Mitglied im NSLB (Nationalsozialistischer Lehrerbund) und weiteren parteinahen bzw. staatsnahen Gliederungen wie NSV (Nationalsozialistische Volkswohlfahrt), Reichskolonialbund sowie Reichsluftschutzbund.[224] Hieran mochte er sich nach dem Krieg im Rahmen seines sogenannten Wiedergutmachungsverfahrens nicht mehr erinnern.[225] Wohl aber bestätigte er diesen Sachverhalt in seiner autobiographischen Schrift nach Abschluss des Verfahrens.[226] Mag sein, dass er diese Mitgliedschaften aufgrund ihrer von ihm so empfundenen Bedeutungslosigkeit wirklich zeitweilig vergessen hatte.

Zumindest in den Anfangsjahren der NS-Diktatur gab es im Regierungsbezirk Münster allerdings noch einige wenige Lehrerinnen und Lehrer, die sich weigerten, dem NSLB beizutreten – unter ihnen der geistliche Rektor Heese von der Städtischen Rektoratschule Stadtlohn.[227] Kaspar Heese kann in vielem als Parallelfall zu Ströhmer angesehen werden. Sie waren vom selben Geburtsjahrgang, hatten nahezu zeitgleich an der Universität Münster studiert und in Personalunion katholischer Priester und Schulleiter an an einer Rektoratschule geworden. Beide hatten bei Anbruch der Nazi-Herrschaft schon lange dem Zentrum angehört. Sie waren den neuen Machthabern ein Dorn im Auge. Rektor Heese konnte sich jedoch gegenüber Denunzianten aus dem Kreis der Lehrer- wie Schülerschaft kaum noch behaupten. Der zuständige Landrat des Kreises Ahaus und der NSDAP-Kreisleiter meinten schon 1934, genügend Material gegen ihn in der Hand zu haben, um zumindest seine Versetzung zu erreichen.[228] Ende 1935 wurde Heese dienstlich bestraft mit einem Verweis wegen „Versäumnis der Förderung der Belange der H.J.".[229]

Die auffindbaren Dokumente erlauben kaum Rückschlüsse auf das dienstliche wie persönliche Verhältnis zwischen dem parteifernen katholischen Geistlichen als Schulleiter und seinen Untergebenen, die - mit der einzigen Ausnahme Anton Rosen - alle der NSDAP persönlich verpflichtet waren – ganz abgesehen von dem Amtseid, den alle Lehrer und Lehrerinnen auf den „Führer" Adolf Hitler abgelegt hatten bzw. ablegen mussten. Zu seinem fünfundzwanzigjährigen Dienstjubiläum empfing Anton Rosen 1937 die Herren des Kollegiums „mit Damen" zu einer „Festsitzung" in seinem Hause. Das Kollegium schenkte ihm als Symbol für „Bescheidenheit, Häuslichkeit und Behaglichkeit" eine lange Pfeife.[230]

Es überrascht, dass gerade das Ehepaar Utsch zum Freundeskreis Ströhmers zählen sollte: „Mir selbst bzw. meiner bettlägerig kranken [im Original falsch geschrieben], inzwischen gestorbenen, hochbetagten Mutter hat das Ehepaar Utsch unzählige kleine Krankendienste und Gefälligkeiten erwiesen, wie sie nur aus einer von Natur aus edelmütigen Herzensverfassung und Charakteranlage entspringen können. Trotz unseres Gegensatzes in religiöser Beziehung/Herr Utsch ist nämlich evangelisch/sind Herr Utsch und ich seit 1932 nach dem Grundsatz demokratischer Toleranz [mit] einander befreundet."[231]

Gemessen an einer Statistik über das zahlenmäßige Verhältnis von „Parteigenossen" und Nicht-Parteimitgliedern unter den Lehrern im benachbarten Altkreis Steinfurt (Juli 1945) waren an der Amtsrektoratschule „PGs" eher überrepräsentiert. 40 Prozent der Lehrkräfte im Altkreis Steinfurt gehörten zum Kriegsende der NSDAP an.[232] Allerdings bildet die zahlenmäßige Basis einer doch kleinen Anstalt keine gute Vergleichsgrundlage. Zudem konnten Mitgliedschaften in der Partei und ihren Nebenorganisationen eine formale Pflichterfüllung sein, um sich zu schützen. So zumindest argumentierten in den Entnazifizierungsverfahren nicht nur die belasteten Lehrkräfte selbst, sondern gerade auch August Ströhmer und Anton Rosen.

Wenn dem wirklich so war, blieb es doch ein gewagtes Spiel. Vor allem Rosen wurde später nicht müde zu betonen, dass die nationalsozialistische Ideologie nicht über die Schwelle des Lehrerzimmers gekommen sei. Andererseits hing die Frage, inwieweit der Nationalsozialismus zur Leitlinie eines Lehrerkollegiums wurde, wesentlich von den Worten und Taten, dem Verhalten der Lehrkräfte ab. Eine Reihe von Befragungen ehemaliger Schülerinnen und Schüler der Rektoratschule ergab, dass aus deren Perspektive und zum Teil auch aus Sicht ihrer Eltern die Amtsrektoratschule sicher keine Bastion des Nationalsozialismus war. Die Akzentsetzungen der Ehemaligen fallen jedoch unterschiedlich aus.[233]

Wenig dringt durch über das Verhältnis der Schule zur Elternschaft und den Schülern (seit 1940 wurden auch Schülerinnen aufgenommen). Vor 1933 musste jeder Rektoratschüler eine Schülermütze tragen. Die nach Jahrgangsstufen unterschiedlichen Schülermützen verschwanden mit der Durchsetzung der Hitlerjugend als dominierender Jugendorganisation. Wesentlicher als diese Äußerlichkeit war ein damit verbundener Autoritätsverlust der Lehrerschaft. Früher hatte es sog. Silentien (Ruhestunden) gegeben, die von 17 bis 19 Uhr dauerten. In dieser Zeit hatten alle Schüler zu Hause zu sein, um sich ihren Hausaufgaben zu widmen. Sie (bzw. ihre Eltern) mussten jederzeit mit Kontrollbesuchen der Rektoratschullehrer rechnen. Nun organisierte die HJ die Freizeit der Schüler und griff in ihr Privatleben ein. Die Silentien fanden nicht mehr statt.[234] Verschiedene Vorfälle illustrieren den wachsenden Druck, den die örtliche NSDAP-Führung auf die Schule ausübte: Die evangelischen Schüler zweier Klassenstufen wurden durch ihre Eltern geschlossen vom Religionsunterricht abgemeldet.[235] Kreisleiter Knolle trug Sorge dafür, dass der nie abgeschaffte konfessionsgebundene Religionsunterricht nur noch von hauptamtlichen weltlichen Lehrkräften, nicht aber von katholischen und evangelischen Geistlichen erteilt wurde.[236]

Rektor Ströhmer galt nach dieser Devise bemerkenswerter Weise nicht als Mann der Kirche, durfte also weiter im Fach Katholische Religionslehre unterrichten.[237] Andererseits wurde ihm als Lehrer im Umkehrschluss die Teilnahme an der Ausbildung von Katechetinnen verwehrt.[238] Schulgottesdienste feierte man zumindest seit 1940 nicht mehr.[239] Von verbotenen Hakenkreuzwimpeln an Fahrrädern wie 1933 konnte allemal nicht mehr die Rede sein. Waren im Frühjahr 1933 gerade einmal geschätzt 10-15 Schüler Mitglieder der Hitlerjugend bzw. Pimpfe des „Jungvolks", so hatte sich dieses Verhältnis schon ein Jahr später umgekehrt: Ostern 1934 gehörten nur noch 14 nicht der HJ an, im Herbst waren es 19. Die Gesamtschülerzahl lag über 100.[240]

Immerhin hatte sich Ströhmer Mitte 1934 noch einmal – für längere Zeit das letzte Mal – vor Schülern zu einer dezidierten politischen Stellungnahme hinreißen lassen. Einem Schüler - Sohn des Laggenbecker NSDAP-Führers und Bürgermeisters – war es gelungen, den Rektor in ein Streitgespräch über den Tod des österreichischen Bundeskanzlers Engelbert Dollfuß zu verwickeln.[241] Österreichische Nationalsozialisten hatten 1934 gegen Dollfuß geputscht - einen ursprünglich demokratisch zur Macht gelangten Hitler-Gegner, der aber seit 1933 diktatorisch in Anlehnung an das faschistische Italien Mussolinis regierte, gestützt auf maßgebliche Kreise der katholischen Kirche. Seine Herrschaft richtete sich vor allem gegen die Sozialdemokraten, aber auch gegen die heimischen Nationalsozialisten, die den Anschluss Österreichs an das Hitler-Reich betrieben. Zwar scheiterte der Putschversuch gegen ihn, doch erlag Dollfuß einer Schussverletzung, die er im Bundeskanzleramt beim Versuch seiner Gefangennahme durch die Putschisten erlitten hatte.[242] Ströhmer kannte Dollfuß flüchtig dank seiner Österreich-Kontakte.[243] Er bezeichnete nun diesen Vorgang, der von einigen heutigen Historikern als gescheiterte Geiselnahme gewertet wird[244], als absichtsvollen Mord am Kanzler, woraufhin ihm der Sohn des Parteiführers widersprach.[245]

Zu befürchten stand, dass der sich anschließende Wortwechsel vor aller Ohren postwendend Thema am Mittagstisch des Ortsgruppenleiters war. Der „Schrecken von Laggenbeck" galt nicht nur als „fanatischer Nazi wie der „ nicht minder fanatische" Kreisleiter Knolle, sondern als dessen „rechte Hand" - „brutal, rücksichtslos und unbarmherzig".[246] Seine Gefährlichkeit unterstreicht das Zeugnis von Pater Manfred Pantenburg aus Bardel bei Gildehaus. Als Gastprediger hatte er zu Pfingsten 1934 in Laggenbeck unmissverständlich bekundet, dass nicht nur in Russland und Mexiko, sondern ebenso in Deutschland regierungsseitig „ wie rasend" gegen katholische Priester und Bischöfe gewütet werde. Nun trat der Ortsgruppenführer als „Amtswalter der Partei" und – wichtiger noch - „Beauftragter der Staatspolizei" auf den Plan: Mit seinem eigenen Auto brachte er den kritischen Priester auf das Tecklenburger Landratsamt zum Verhör. Später erhielt der Pater Predigtverbot.[247]

Schulleiter Ströhmer hingegen ging nahezu zeitgleich ungeschoren aus dem für ihn sehr gefährlichen Zusammenstoß mit dem Sohn der Parteigröße hervor – warum auch immer. Allerdings lobte Ströhmer selbst ein Jahr später in den Notizen zur Schulchronik genau diesen Zeitgenossen – im Zivilberuf Bauunternehmer - dafür, dass er „in dankenswert sorgfältiger Weise die Kosten eines vom Kollegium durchgesprochenen Bauprojektes" berechnet habe.[248] Auch wegen anderer schulischer Angelegenheiten hatten die beiden bisweilen miteinander zu tun.[249] Nicht auszuschließen ist, dass eine gewisse beiderseitige Wertschätzung des Gegenübers in Sachfragen die Reibeflächen verringerte.

Vorfälle, die in jedem System und zu allen Zeiten immer mal wieder vorkommen können, erhielten unter den besonderen Bedingungen der Diktatur rasch eine politische Note in der Wahrnehmung von Gegnern, Mitläufern und Befürwortern des Nationalsozialismus. Dies illustriert ein Sittlichkeitsdelikt aus dem Jahre 1937. Stand anfangs der Lebenswandel einiger Schülerinnen und Schüler der katholischen Volksschule Ibbenbüren-Stadt im Fokus der Ermittlungen, so verlagerte sich deren Hauptaugenmerk durchaus nicht ganz zufällig auf Schüler der Amtsrektoratschule. Tatsächlich war es an beiden Schulen zu bedenklichen Vorfällen gekommen, die allerdings direkt nichts miteinander zu tun hatten. Volksschulrektor Fikuart war anders als die meisten Mitglieder seines Kollegiums ein willfähriger Untergebener des NS-Staates. Sittliche Verfehlungen unter seinen Augen hätten seinen Ruf schädigen können – und den der Parteigänger der NSDAP gleich mit. Nun versuchte man, irgendwie eine Schuld oder Mitschuld der katholischen Geistlichkeit an den Vorgängen an der Volksschule zu konstruieren.[250] Und stieß dabei dank Hinweisen aus der HJ auf - anders gelagerte - Sittlichkeitsdelikte von Rektoratschülern.

Infolgedessen tauchte plötzlich ein Kreisschulrat Wolf samt Volksschulrektor Fikuart und einem HJ-Führer im Schlepptau in der Rektoratschule auf, um dort die vermuteten Verfehlungen zu untersuchen.

(35) Bischofstage in Ibbenbüren, Juli 1934: Bischof von Galen in Ibbenbüren.
Rechts von ihm Bürgermeister Dr. Müller

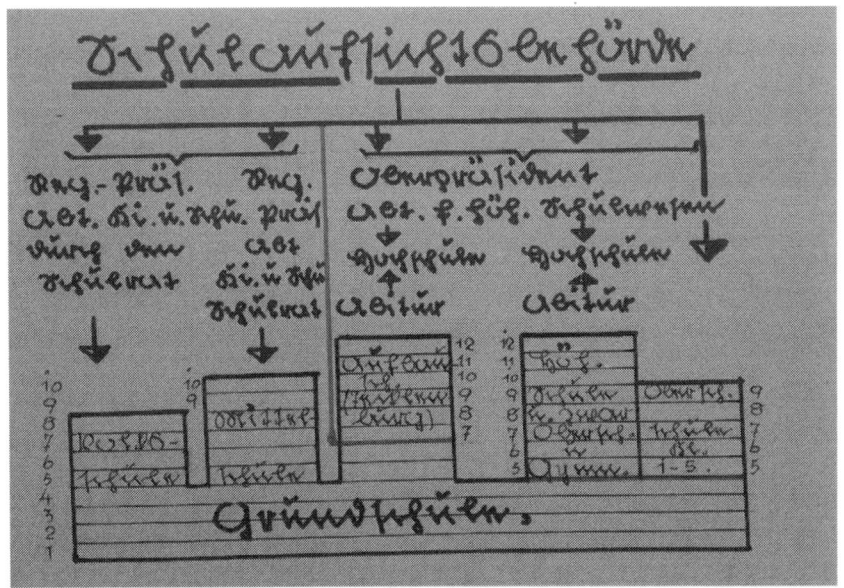

(36) Ordnung der Schulaufsicht zur Zeit des Nationalsozialismus
im Regierungsbezirk Münster

56

Kreisschulrat Wolf war zwar für diese Schule überhaupt nicht zuständig, gab aber vor, im Auftrag des Regierungspräsidenten zu ermitteln. Er bezog gleich Rektor Fikuart als Assistenten mit ein in die Arbeit, was noch ungewöhnlicher war.[251] So konnte dieser seine Nase in Vorgänge stecken, die ihn zunächst gar nichts angingen. Allein schon wegen diese Umstände war Schulleiter Ströhmer „verstimmt, um nicht mehr zu sagen".[252] Am Ende des Tages schließlich informierte der Kreisschulrat die Elternschaft der katholischen Volksschule darüber, dass er „an einer Ibbenbürener Schule eine Sittlichkeitsuntersuchung durchgeführt hätte".[253] Und nun – notiert Ströhmer selbst - kam „ein greuliches, wochenlang anhaltendes Gerücht [auf], dass die Amtsrektoratschule sittlich verseucht sei, 40 Schüler in Fürsorgeerziehung kämen usw."[254] Tatsächlich war lediglich einigen Amtsrektoratschülern die Verweisung von der Anstalt angedroht worden. Die Anordnung von Fürsorgeerziehung hingegen war eine Folge der eigentlich als schwerer eingestuften und sogar polizeilich ermittelten Fälle an der Volksschule. Das Gerücht hatte seine Funktion erfüllt: Ablenkung von dem größeren Skandal und Entlastung des Volksschulrektors. August Ströhmer empfand die ganzen Umstände als gezielt gegen ihn und seine Schule gerichtet. „Das war der 1. Streich, doch der 2. folgt sogleich."[255]

Wie viel schulischer Handlungsspielraum immerhin trotz allem Propagandagetöse vorhanden war, zeigen die Erinnerungen des Riesenbeckers H. E. Dieser vergleicht seine Volksschulzeit mit den Jahren 1940-1944, die er an der Amtsrektoratschule Ibbenbüren verbrachte: „[Wir hatten in Riesenbeck einen] Lehrer, der war gelernter Bergmann und dann Zeitungsreporter und dann früh immer den Arm hoch in der Partei, und dann ist er über den zweiten Bildungsweg Lehrer geworden; das war ja damals ganz leicht. Vor allem dann, wenn man dann auch noch in der Partei war. Rechnen konnte der überhaupt nicht und die Schularbeit bestand überwiegend darin: weitermachen, wo wir gestern aufgehört haben. ... Und das ist dann ein Grund, warum meine Eltern und auch andere Bürger gesagt haben, die Kinder sollen wenigstens richtig Rechnen lernen, wir schicken sie nach Ibbenbüren auf die Oberschule. ... Ich weiß, einmal, war das so, wenn [in Riesenbeck] der Dienst angesetzt wurde vom Jungvolk, das war immer der Mittwoch, jede Woche, an dem Tag gab es keine Schulaufgaben auf. Und dann haben wir das hier [in Ibbenbüren] auch einmal versucht, haben einmal keine Schulaufgaben gemacht und als Begründung angegeben, wir haben HJ-Dienst gemacht; und da haben wir uns ganz schön in die Nesseln gesetzt, da sagte uns nämlich der Lehrer, wer uns denn das Wissen vermittele, das Jungvolk oder die Schule. Das Jungvolk, das wäre eine Ehrensache, das müßte man nebenbei machen, und die Schule, das wäre unsere Pflicht."[256]

Ströhmer selbst hob hervor: „Ich habe in der Schule trotz mehrfacher Aufforderung, durch revidierende Aufsichts- und Schulräte die Kruzifixe in den Schulräumen hängen lassen, ich habe in den Religionsstunden trotz Verbot das Alte Testament nach den alten Plänen durchgenommen."[257] Diese Freiheiten in engen Grenzen verdankten sich allerdings vermutlich auch einem gewissen Wohlwollen des NSDAP-Kreisleiters Knolle gegenüber Schulleiter Ströhmer. Dieser verteidigte sich 1949 gegen einschlägige Kritik: „Dass ich von Knolle wegen meiner schulischen Qualitäten (‚die er kannte, weil sein Sohn mein Schüler war) geschätzt und während meiner Amtszeit gegen Übergriffe der HJ geschützt wurde, beweist nichts Ehrenrühriges gegen mich."[258]

Dr. Deiting äußerte sich unmittelbar nach Kriegsende über das Innenleben der seit 1942 von ihm geleiteten Schule so: „Vor dem Lehrerkollegium im Dienst innerhalb des Schulgebäudes habe ich stets eine unzweideutig ablehnende Haltung zum NS bekundet und die Kollegen in ihrer Haltung bestärkt. … Ich habe als stellvertretender Schulleiter in Verbindung mit den Kollegen erreicht, dass kein Schüler der Oberschule in Ibbenbüren zu einer Adolf-Hitler-Schule bzw. zu einer Nationalpolitischen Lehranstalt (NAPOLA) gekommen ist. Die befohlene Ausstattung des Schulhauses mit nat. - soz. Schmuck z.B. durch Aufhängen der sog. Wochensprüche der NSDAP wurde nicht ausgeführt. Nie habe ich wegen nachlässigen HJ-Dienstes einen Schüler getadelt. Die Einberufung älterer Schüler zu HJ bzw. WE - Lagern [Wehrertüchtigungslagern] habe ich dadurch zu verhindern mich bemüht, dass ich die erforderliche Beurlaubung vom Unterrichte nicht erteilte …."[259]

Noch deutlicher konturiert Anton Rosen zur selben Zeit die These der Fremdheit, ja Feindseligkeit der Lehrerschaft gegenüber dem NS-Staat, wobei er - seltsam genug - gar nicht auf August Ströhmer eingeht: „[Dr. Deiting] war der einzige Kollege, mit dem ich als Antifaschist mich offen über das Verbrechertum der Nazis aussprechen konnte; mit dem ich in ständigem Gedankenaustausch über die nationalsozialistische Außenpolitik stand. Mit ihm hörte ich sowohl in der Schule wie auch in seiner Familie den Sendungen der BBC zu. Dr. Deiting hat sich nicht gescheut, immer wieder offene Kritik am Nazitum zu üben, … sogar im Lehrerzimmer der Schule; oft ging er in seinen Äußerungen so weit, dass ich Sorge um ihn hatte."[260]

Gleichwohl wirft ein Schüler, der zunächst die städtische katholische Volksschule, ab 1940 dann die Amtsrektoratschule besuchte, einen anderen Blick auf die Verhältnisse: „ Im Radio gab es … immer die Sondermeldungen. Große Siege wurden auch in der Schule gefeiert. Es gab große Appelle auf dem Schulhof – Antreten, die Fahne hissen und da wurden die üblichen Lieder gesungen. „Deutschland, Deutschland über alles" und „Die Fahne hoch", diese Lieder waren unzertrennlich, die wurden nacheinander abgesungen. Es wurde eine stramme Rede gehalten, von einem Lehrer natürlich. (lacht)"[261]

(37) Der 21. März 1933, der „Tag von Potsdam": Reichskanzler Adolf Hitler verneigt sich vor Reichspräsident Paul von Hindenburg (in Uniform mit Pickelhaube) und gibt ihm die Hand.

In den Erinnerungen trennt der Erzähler nicht zwischen Volksschule und Rektoratschule. Zwar könnten solche Appelle ebenso gut schon seit dem Sieg über Polen im Herbst 1939 an der Volksschule bzw. den Volksschulen stattgefunden haben, doch gibt es wenig Grund zu der Annahme, dass solche Feiern nicht auch an der Rektoratschule stattfanden. Schon am 21. März 1933, dem von der Staatspropaganda so genannten Tag von Potsdam, „beteiligte sich die Schule mit allen Lehrern und den meisten Schülern an dem Fackelzug, der zu Ehren des neuen Reichstages der 'nationalen Revolution' in der Potsdamer Garnisonskirche durch die Stadt zur Jahnwiese zog", notierte Ströhmer selbst. Vormittags hatte er die Festrede bei einer Feierstunde aus demselben Anlass gehalten. Geflaggt wurde schwarz-weiß-rot [die Farben des Kaiserreiches und der ihm nachtrauernden Rechtskräfte z.B. der DNVP] zusammen mit der Hakenkreuzflagge der Nazis.[262]

Ende 1934 wurde ein sogenannter Staatsjugendtag zugunsten der HJ eingeführt, Anfang 1937 wieder abgeschafft. Kurz vorher – am letzten Schultag vor den Weihnachtsferien 1936/37 – hisste die Hitlerjugend offiziell zum ersten Mal ihr Banner bei einer feierlichen Fahnenweihe auf dem Schulgelände. Schulleiter Ströhmer notierte dazu: „Es ist eine krause Zeit. Der Schulbetrieb ist unregelmässig und unruhig. ... Die Schüler müssen dauernd irgendwelche Gelder mitbringen:

Beiträge für Film, Jugendherberge, VDA [Verein für das Deutschtum im Ausland], Hefte, Abzeichen, Elternwarte, Vorträge, Ausflüge, Besichtigungen usw. Die Schule fällt öfter aus: Allerhand Feiertage, Veränderungen usw."[263] Hinzu kamen die Feiern und Festakte zu verschiedenen Ereignissen und anlässlich neuer Gedenktage: Schlageter-Feier [Märtyrer der nationalen Revolutionäre im „Ruhrkampf" gegen die Besatzungsmächte], Maifeier, Jahrestag der „Nationalen Revolution", Überführung des Leichnams des verstorbenen Reichspräsidenten Hindenburg in die Tannenberggruft, Einmarsch deutscher Truppen in das entmilitarisierte Rheinland, Einmarsch deutscher Truppen in Österreich, Einmarsch deutscher Truppen in das tschechoslowakische Sudetenland, Friesen-Gedenkfeier, Fahnenhissung und noch manches mehr.[264]

In einem von den Ibbenbürener Lokalhistorikern Erich Weichel und Werner Suer zusammengestellten umfangreichen - unveröffentlichten - Sammelband mit Erinnerungen an die Jahre der NS-Diktatur finden sich Beschreibungen verschiedener Ibbenbürener Schulen. Deren Tenor lautet: Gleichgültig, welche Schule man besuchte, wie erkennbar nationalsozialistisch bzw. widerständig die Lehrkräfte waren, waren sie doch fast alle sehr streng - ähnlich wie die Geistlichen. Die politische Grundeinstellung der Lehrer/innen – auch der Amtsrektoratschule - kennzeichnen die Befragten öfter als „deutsch-national". Dr. S., selbst Absolvent der Amtsrektoratschule und des Dionysianums, fasst seine Analyse am Beispiel seines Vaters von der Evangelischen Volksschule Ibbenbüren-Stadt so zusammen: „Sein gesamtes Kollegium, zu dem er damals an der [Evangelischen] Stadtschule gehörte, war ausgeprägt nationalsozialistisch geworden, er war der einzige in diesem Kollegium, der damals nicht in der Partei war."[265] Diese Feststellung ist allerdings nicht ganz zutreffend. Zumindest Rektor Peters war nicht Parteigenosse, obwohl er es tatsächlich gerne geworden wäre.

Als besonders eifrige Nationalsozialisten taten sich in Ibbenbüren und Umgebung die Lehrer Erwin Kaul, Josef Notz[266], Paul Klein[267], Oskar Kassebrock[268] und die Lehrerin Wolfslau hervor.[269] Später traten kurzfristig Josef Richter und Hermann Nickolay auf den Plan.[270] Zumindest Paul Klein von der katholischen Volksschule Ibbenbüren-Lehen war ein dezidierter Antisemit.[271] 1938 bekundete er: „ [Kritik] lässt mich kalt, da ich es gewohnt bin, dass an meiner Erziehungsarbeit jetzt nur Meckerer und Gegner des Nationalsozialismus immer etwas zu tadeln haben, ein Beweis dafür, dass meine Erziehungsarbeit im nationalsozialistischen Sinne erfolgt."[272]

Am einflussreichsten und gefährlichsten war wohl der junge Volks- und Mittelschullehrer Kaul. Er war stolz darauf, schon 1928 bei der Gründung der NSDAP-Ortsgruppe Ibbenbüren dabeigewesen zu sein[273] und rühmte sich außerdem: „Bis zur Machtübernahme war ich als einziger Volksschullehrer des Kreises Tecklenburg Parteimitglied."[274] Seit 1930 unterrichtete er an der evangelischen Volksschule in Tecklenburg-Brochterbeck.[275] 1933 war er bereits Gauredner,

Kreisschulungsleiter und zugleich – spätestens ab 1935 – Gausachbearbeiter für „Rassefragen" im Gau Westfalen-Nord des Nationalsozialistischen Lehrerbundes. Spezialgebiet u.a. „Rassenseelenkunde". Schließlich leitete er noch das NSDAP-Kreisamt für Erzieher.[276]

(38) Speerspitze der NSDAP unter den Lehrerinnen und Lehrern im Kreis Tecklenburg: Der Brochterbecker Volksschullehrer Erwin Kaul

Am 21. März 1933, dem „Tag von Potsdam", trat er abends in Ibbenbüren als der maßgebliche Festredner auf.[277] Von ihm erhoffte sich z.B. der ältere, erfahrenere, im Dienstrang höher gestellte Volksschulrektor Peters Rat und Tat, als ihm 1933 von den Nazis seine Mitgliedschaft in einer Osnabrücker Freimaurerloge vorgehalten wurde. Bezeichnenderweise folgte er Kauls Anweisungen in dieser Frage.[278]

Anlässlich eines mehrtägigen „Rassekurses" in Münster mit ca. 200 Lehrern aller Schulformen, den Kaul im April 1935 leitete, erklärte dieser: „Wir bekennen uns zur nordischen Seelenhaltung! Das Ziel, wofür wir uns einsetzen, läßt Rückschlüsse auf unsere rassische Struktur zu. Unser höchstes Ziel ist das Deutsche Volk! Einsatz für die Gemeinschaft, Kampf für die arische Rasse, Kampf gegen alle Zersetzungserscheinungen unseres seelischen Lebens ist unsere Aufgabe. Jeder einzelne Volksgenosse trägt ja Verantwortung für kommende Geschlechter." In seinem Schlusswort „zeigte [er] ..., daß Nationalsozialismus nichts anderes ist als das erwachte Rassegefühl und Rassegewissen ... ".[279] Zuvor hatte sein Vorgesetzter Friedrich Reimpell, Regierungs- und Schulrat sowie Gauamtsleiter des NSLB, die sogenannte Judenfrage behandelt. Kaul fasste Reimpells Standpunkt knapp zusammen: „Er zeigte den Juden als Ferment der Dekomposition. Überzeugend wies er nach,wie notwendig die Kenntnis der Judenfrage ist und die Beachtung der daraus folgenden Konsequenzen."[280]

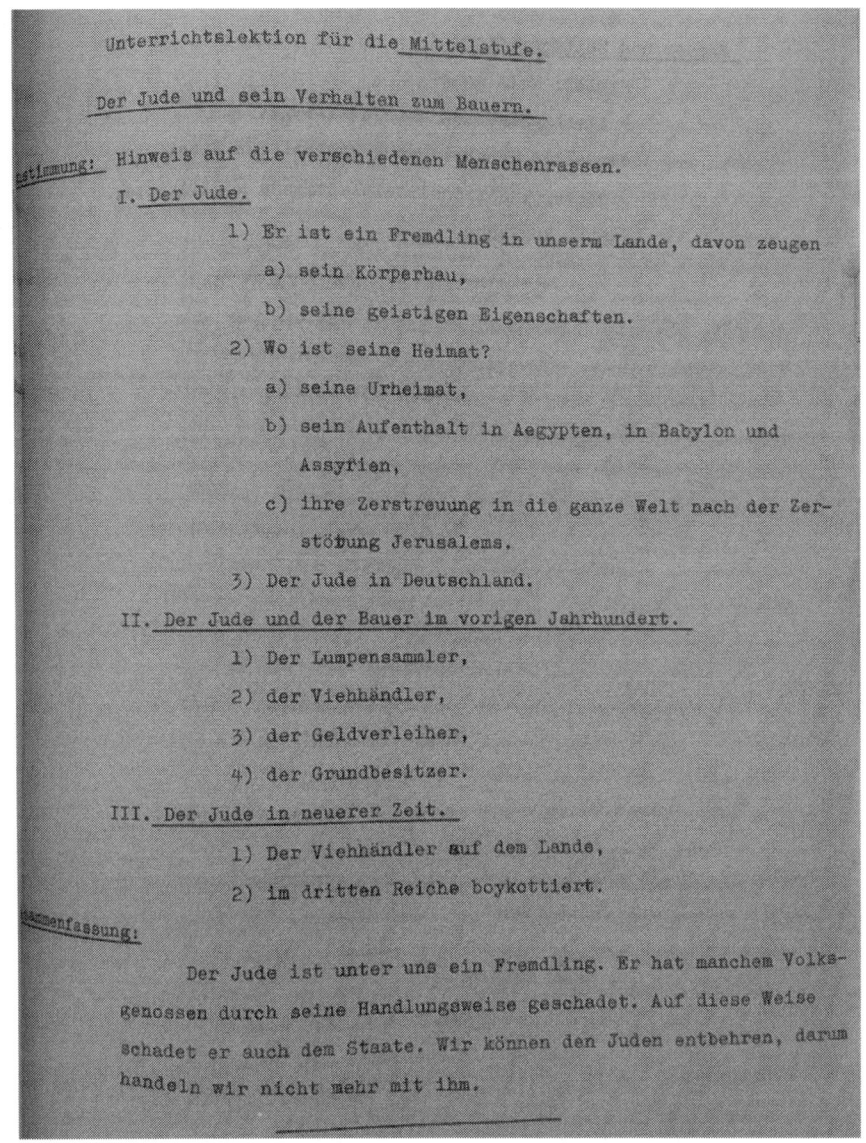

Unterrichtslektion für die Mittelstufe.

Der Jude und sein Verhalten zum Bauern.

Bestimmung: Hinweis auf die verschiedenen Menschenrassen.

I. Der Jude.

1) Er ist ein Fremdling in unserm Lande, davon zeugen
  a) sein Körperbau,
  b) seine geistigen Eigenschaften.

2) Wo ist seine Heimat?
  a) seine Urheimat,
  b) sein Aufenthalt in Aegypten, in Babylon und Assyrien,
  c) ihre Zerstreuung in die ganze Welt nach der Zerstörung Jerusalems.

3) Der Jude in Deutschland.

II. Der Jude und der Bauer im vorigen Jahrhundert.

1) Der Lumpensammler,
2) der Viehhändler,
3) der Geldverleiher,
4) der Grundbesitzer.

III. Der Jude in neuerer Zeit.

1) Der Viehhändler auf dem Lande,
2) im dritten Reiche boykottiert.

Zusammenfassung:

Der Jude ist unter uns ein Fremdling. Er hat manchem Volksgenossen durch seine Handlungsweise geschadet. Auf diese Weise schadet er auch dem Staate. Wir können den Juden entbehren, darum handeln wir nicht mehr mit ihm.

(39) „Der Jude ist unter uns ein Fremdling ... . Wir können den Juden entbehren ... ." Leitsätze sogenannter Lehrerfortbildung im Kreis Lüdinghausen für Lehrkräfte, die nicht im NSLB waren. Die Teilnehmerinnen und Teilnehmer wurden amtlich gezwungen, antisemitische Lehrproben auszuarbeiten, weil sie sich geweigert hatten, dem NSLB beizutreten. - Das Beispiel verdeutlicht, wie die ideologische Mobilmachung gegen die jüdische Minderheit in der Praxis betrieben wurde.

1937 erläuterte Reimpell den Teilnehmern einer ähnlichen Tagung die These, die Juden seien an allem Schlechten schuld: „Sie wissen, daß der Hauptkampf der NSDAP gegen eine Rasse geführt wird, die nicht mehr eine Rasse ist, sondern eine Gegenrasse darstellt. Unser Kampf geht gegen den Weltfeind, der in der ganzen Welt heute herrscht und die Völker gegeneinander hetzt, der auch letztlich verantwortlich zu machen ist, [Zeichensetzung so im Original] für das gewaltige Völkerringen von 1914-18."[281] Über Reimpell urteilte ein ehemals leitender Mitarbeiter der Münsteraner Schulaufsicht: „Er galt [Falschschreibung im Original] im ganzen Münsterland als einer der gefährlichsten Nazis."[282] Seine besondere Autorität zog er aus dem Parteiamt, nicht aus der Funktion in der Schulverwaltung. Sein von ihm wohlwollend begleiteter Untergebener, Kreisamtsleiter Kaul, machte später Karriere als Schulrat an der Gauschule des NSLB in Detmold.

2. In aller Öffentlichkeit: Der Novemberpogrom 1938 und die Ibbenbürener Schulen

Vor 1933 waren die Ibbenbürener Juden in mancherlei Hinsicht in das gesellschaftliche Leben integriert.[283] Gleichwohl gab es im Ort unverkennbar antisemitische Gegner dieser Minderheit. Es kursierten antisemitische Vorurteile. Die Erinnerungen damaliger christlicher Kinder und Jugendlicher belegen eine Fremdheit zwischen den religiös geschiedenen Gruppen, die durch soziale Kontakte nicht zwangsläufig völlig abgebaut wurde.[284] Wenig erstaunlich, wenn man bedenkt, wie fremd sich bis in die Nachkriegszeit des Zweiten Weltkrieges noch Protestanten und Katholiken blieben. Manchmal kam es zu Reibereien. So etwa, als die Familie eines christlichen Mieters im Hause eines jüdischen Eigentümers anstößigen Verwandtenbesuch erhielt: Der junge Mann aus München trug offen sein Hakenkreuz-Abzeichen an der Jacke. In dem „Mordskrach", den der Vermieter nun anschlug, soll er die Gattin des Mieters als „Nazi-Weib" beschuldigt haben. Diesen wiederholten Vorwurf wollte sie nicht auf sich sitzen lassen. Am Ende zog die christliche Familie aus, um ein eigenes Haus zu errichten.[285]

Im Jahre 1928, also noch in der Weimarer Republik, war der jüdische Friedhof geschändet worden.[286] Zu dieser Zeit besuchten bereits keine jüdischen Jungen mehr die Amtsrektoratschule. 21 Schüler jüdischer Herkunft hatten zuvor während der Kaiserzeit und der frühen Weimarer Republik die Schule besucht.[287] Der späteren Vernichtungspolitik der NS-Gewaltherrscher fielen mehrere ehemalige Absolventen der Amtsrektoratschule zum Opfer.[288]

August Ströhmers persönliche Begegnungen mit Juden begannen in seiner Burgsteinfurter Kindheit. Sein Vater hatte 1892 das erste Ströhmer'sche Haus am Markt 6 von einem jüdischen Vorbesitzer erworben.[289] „Als wir in das Judenhaus einzogen, fanden wir an jeder [Hervorhebung wie im Original] Tür ein Pergamentröllchen (wie bei uns Katholiken ein Weihwasserbecken) angeheftet, auf dem [korrigierte Rechtschreibung] die 10 Gebote vom [korrigierte Rechtschreibung] Sinai und einige Worte aus der Thora standen, alles in hebräischer Schrift."[290] Diesen exotischen Eindruck hält Ströhmer noch mehr als ein halbes Jahrhundert später in seinen Erinnerungen fest. Auffällig ist, dass er bei der Schilderung der Modalitäten des Hauskaufes, die er wohl erst später von seinen Eltern erfahren haben dürfte, vom „schlauen Juden" spricht, der versucht, seine Eltern über den Tisch zu ziehen. Als nämlich die Ströhmers in Gefahr gerieten, die ausgemachten Ratenzahlungen an den Verkäufer nicht fristgemäß entrichten zu können, habe dieser mit vorgetäuschter Uneigennützigkeit angeboten, ihnen die Zahlungen zu stunden. Dabei habe er genau gewusst, dass dies den gesamten Kaufvertrag ungültig gemacht hätte. August Ströhmer hebt abschließend hervor, wie richtig seine geschäftstüchtige Mutter auf dieses Ansinnen reagiert habe, indem sie stattdessen peinlichst genau auf rechtzeitige weitere Ratenzahlung geachtet habe. In der Sache war also Mutter Ströhmer genauso schlau wie der Hausverkäufer.[291]

Zumindest nach 1945 wirkt das Etikett der Schläue für den jüdischen Verkäufer befremdlich, weil es an gängige Vorurteile anknüpft. Andererseits scheinen solche Vorurteile in Ströhmers Herkunftsfamilie gerade keine große Rolle – wenn überhaupt - gespielt zu haben. Zwei von Ströhmers Halbschwestern aus der ersten Ehe des Vaters verkehrten zum Beispiel mit den Töchtern des jüdischen Malermeisters Barow. Darüber erregte sich zwar Vater Ströhmer, aber nicht wegen der jüdischen Abstammung der Barow-Töchter, sondern weil der Handwerker Barow in Burgsteinfurt in schlechtem Ruf stand.[292]

Auf dem Gymnasium teilte der katholische Schüler Ströhmer mit seinen jüdischen Altersgenossen die Erfahrung, in einem protestantisch geprägten Umfeld nicht ganz dazuzugehören. Vermutlich entwickelte er so schon früh ein feines Gespür für offene wie versteckte – ungerechtfertigte – Herabsetzungen und Ausgrenzungen. In seiner sehr kleinen Anfängerklasse, der Sexta, fanden sich zwei Juden (Meyer und Buchheimer) und zwei Katholiken (Zumloo und Ströhmer) neben fünf Protestanten.[293] Während der Gymnasialzeit zählte auch ein Junge aus einer jüdischen Familie – Cohen - zu seinem engeren Freundeskreis.[294] Bis zuletzt verbarg er vor den protestantischen Pädagogen der Anstalt seine Absicht, Theologie zu studieren und katholischer Priester zu werden. Stattdessen gab er als Studienwunsch Philologie an.[295]

In der Münsteraner Studienzeit wie auch den Berufsjahren vor seiner Ibbenbürener Zeit dürfte er dann zu Juden keine näheren Kontakte unterhalten haben. In Ibbenbüren sollte sich dieses Verhältnis wieder ein wenig ändern. Schon in den Anfangsjahren der NS-Diktatur boykottierten Ibbenbürener Nationalsozialisten jüdische Metzger und Viehhändler, um so deren wirtschaftliche Existenz zu untergraben, ja zu vernichten.[296]

August Ströhmer erinnerte sich an eine frühe rassistische Diskriminierung des Metzgers Isaak Winkler, die von „Feuerwehrkameraden" ausging, die nicht mehr Winklers Kameraden sein mochten. Weil Winkler „Halbjude" war, durfte er nicht mit der Ibbenbürener Feuerwehr zu einem Jubiläum nach Rheine mitfahren, obwohl er deren langjähriges Mitglied war. Um die Ungeheuerlichkeit zu komplettieren, hatte man ihm den Ausschluss von der Teilnahme erst mitgeteilt, als er sich zur Abfahrt mit den Vereinskameraden am Bahnhof eingefunden hatte.[297]

1938 hatte sich die Lage der Juden in Deutschland durch zunehmende Drangsalierungen des NS-Regimes immer mehr zugespitzt. Seit den sogenannten Nürnberger Gesetzen 1935 waren Juden rechtlich von den anderen Deutschen, den „Ariern", getrennt worden. Sie galten nunmehr diesen gegenüber offiziell als minderberechtigt und minderwertig. Nicht nur wurden Ehen zwischen Ariern und Nicht-Ariern wurden verboten. Auch für die Schulen wurde mit dem Schuljahr 1936 eine „vollständige Rassentrennung verfügt"[298], die im Kreis Tecklenburg allerdings nur noch wenigeSchüler betraf.[299] In Ibbenbüren besuchten mit Stand vom 15. Oktober 1935 nur noch zwei katholische „Halbjuden" die örtlichen Schulen. Eine(r) ging zur katholischen Stadtschule, der andere zur katholischen Volksschule Püsselbüren.[300] Auch die Zeugen Jehovas wurden von der Polizei listenmäßig erfasst.[301]

(40) Amtliche Ausgrenzung jüdischer Schüler und Schülerinnen im Jahre 1935:
Formblatt zur „Rassentrennung"

Seit 1933 war es bei verschiedenen Anlässen zu Zusammenstößen der NS-Machthaber mit den Geistlichen der beiden großen christlichen Konfessionen gekommen – auch in Ibbenbüren. Für den protestantischen Pfarrer und Superintendenturverwalter Hörstebrock begann das Jahr 1938 mit Anzeigen wegen „erneuter Nichtbeflaggung der Kirche".[302] Weitere Anzeigen und Ermittlungen folgten bis in das Jahr 1939 hinein. Sie endeten zwar meist glimpflich, „doch dürften sie das Gefühl permanenter Bedrohung und Gefährdung wachgehalten haben".[303] Die katholischen Geistlichen Daldrup und Surkamp stachen den Nazis besonders ins Auge. Im Religionsunterricht hatte Kaplan Daldrup antisemitische Vorurteile der Lehrerin Wolfslau von der katholischen Stadtschule gut begründet entkräftet. Die Folge war der Entzug seiner Lehrerlaubnis für Religionsunterricht an Schulen.[304] Vikar Surkamp wurde wegen seiner Predigten mehrmals polizeilich vorgeladen. Bei ihm und dem Führer der katholischen „Jungschar", Hubert Bode, fanden zeitgleich Hausdurchsuchungen statt. Akten, Bücher, Gelder und Inventar von „Jungschar" und

„Jungmännerverein" wurden beschlagnahmt, die Fahne des „Jungmännervereins" von der Polizei aus der Kirche geholt. Schließlich wurden beide Organisationen polizeilich verboten. Vorher hatte die Polizei es explizit abgelehnt, Überfälle der HJ auf Jungschar-Mitglieder zu verhindern oder zu ahnden.[305] Die HJ-Führer W. und A. nahmen sich sogar die Freiheit heraus, wie Hilfspolizisten zu agieren. Per Pkw verfolgten sie eine Gruppe Kaplan Daldrups, die einen sogenannten Gebetsausflug zum Holthausener Kapellchen unternahm, fragten die Kinder aus. Danach folgten mehrere Vernehmungen des Kaplans auf dem Polizeirevier und ein Verbot solcher Ausflüge.[306] Die Katholiken wehrten sich 1938 zu Ostern und Pfingsten gegen das Verbot, ihre Kirchenfahnen zu zeigen.[307]

Das NS-Regime zog die Daumenschrauben an, nahm noch weniger Rücksicht als vorher auf etwaige negative Reaktionen im In- oder Ausland. Die Olympischen Spiele 1936 waren im Hitlerreich über die Bühne gegangen, im März 1938 hatte es Österreich ohne nennenswerten Widerstand der Großmächte annektiert. Im Oktober 1938 wurde das nach dem Ersten Weltkrieg zur Tschechoslowakei gehörende - mehrheitlich deutschsprachige - Sudetenland besetzt. Die nationalsozialistische Diktatur saß fest im Sattel.

Das Pariser Attentat eines Juden auf einen deutschen Diplomaten am 7. November 1938 bot der Staats- und Parteiführung die Gelegenheit, unter dem Deckmantel angeblich spontaner, in Wirklichkeit organisierter Aktionen des „Volkszorns" landesweit massiv und brutal gegen die noch in Deutschland verbliebenen Juden vorzugehen. Tatsächlich bildeten Trupps von SA und SS den Kern der Schlägerbanden, die in den folgenden Tagen und Nächten des Novemberpogroms 1938 jüdische Einrichtungen und jüdisches Eigentum zerstörten oder raubten, Juden zusammenschlugen oder töteten.[308]

Der Novemberpogrom in Ibbenbüren ist bereits von mehreren Autoren in anderen Schriften untersucht und ausführlich dargestellt worden.[309] Hier soll das Schicksal der jüdischen Familie Meyer Rosenthal näher beleuchtet werden. Der Ibbenbürener Meyer Rosenthal hatte im November 1902 Rika Prag aus Ankum geehelicht. Ihr Vater wie ihr Bruder Victor führten ein Warenhaus für Textilien und Pelze zunächst in Ankum, dann in Jever. Rikas Nichte Dr. med. Sophie Prag war die erste promovierte Akademikerin Jevers überhaupt. Sie hatte ihre Osnabrücker Praxis schon bald nach dem Machtantritt der Nationalsozialisten aufgegeben und war nach Lima/Peru ausgewandert. Bis 1937 folgten ihr dorthin Rikas Bruder Victor Prag samt Tochter Jenny und Ehemann Adolf Abraham Baruch, einem niederländischen Staatsangehörigen.[310]

Die Rosenthals wohnten neben der Synagoge, ganz in der Nähe von Rektoratschule und Rektorenhaus. Meyer Rosenthal fungierte als Synagogendiener der jüdischen Gemeinde. Er war Viehhändler, der mit Kleinvieh – vornehmlich Ziegen und ihren Produkten – handelte. Zwei seiner

(41) Ibbenbürener Synagoge

(42) Das ehemalige Haus der Rosenthals

Schwestern hatten nach Laer in die Familie Heimbach geheiratet.[311] Salomon-Louis Heimbach aus Laer hatte in zweiter Ehe Meyer Rosenthals Schwester Emilie geheiratet.

Rika und Meyer Rosenthal waren gläubige Juden. Er verwahrte den Schlüssel zur Synagoge. Mit ihnen im Haushalt lebte ihr Sohn Karl, genannt Kalla/Kalle, und anfangs noch eine nicht-jüdische Haushälterin. Die Rosenthals unterhielten gutnachbarliche Beziehungen nicht nur zu Rektor Ströhmer. Man grüßte sich, pflegte schon einmal einen Plausch vor der Haustür.[312] Außerdem kauften August Ströhmer und seine Mutter ebenso wie andere Ibbenbürener Ware von Meyer Rosenthal. Heribert Bärtels erinnert sich daran, dass ihn seine Mutter manchmal mit Hasenbälgen von der Jagd des Vaters zu Rosenthal schickte. Dieser zahlte pro Balg 1,50 Mark.[313]

Ströhmers waren zudem Kunden beim jüdischen Fleischer Isaak Winkler sowie allem Anschein nach im Textilgeschäft Julius Kaufmanns. Schließlich kannte man auch die Löwensteins.[314] Nach der sogenannten Machtergreifung der Nationalsozialisten hörten diese Kontakte zwar nicht auf, doch achteten beide Seiten darauf, keine Aufmerksamkeit zu erregen.[315] Allerdings hatte Ströhmers Mutter diesen nachdrücklich gedrängt, während einer Fotografieraktion der Nationalsozialisten vor Winklers Laden dort einen demonstrativen Sympathiebesuch zu unternehmen: „Un du geist hen."[316]

(43) „Un du geist hen!" Fotoaktion der Nazis
vor Winklers Fleischerei 1935

Der folgsame Sohn schreibt: „ [Ich] habe es auch trotz der Fotografen getan; habe bei ihm eine Flasche Bier getrunken und bin mit brennender Zigarre wieder nach Haus gegangen."[317] Im selben Jahr - 1935 - war Meyer Rosenthal mehrere Wochen lang terrorisiert worden durch eine zwei Meter hohe, im Boden fest verankerte Stange samt einer Tafel mit der Aufschrift: „Hier wohnt ein Viehjude. Kein Deutscher handelt mit ihm. Nur Lumpen."[318]

Am Abend des 9. November 1938 nahmen die Gewalttaten gegen die jüdischen Bürger Ibbenbürens ihren Anfang – das, was die Täter „Judenaktion"[319] nannten. Am Morgen des 10. November verwüsteten sie das Innere der Synagoge. Dann setzten sie das jüdische Gotteshaus in Brand.[320] Die benachbarte Familie Rosenthal hatte längst nicht nur materielle Schäden – u.a. zerstörte Fensterscheiben[321] - zu beklagen, die ihr später selbstredend nicht ersetzt wurden. Hingegen sollte eine nicht-jüdische Mieterin der Rosenthals Schadenersatz erhalten.[322] Schwerer wog, dass Sohn Karl, der sich gegen Anfeindungen schon immer - auch mit Fäusten - zu wehren gewusst hatte, diesmal gegen die Angreifer den Kürzeren gezogen hatte. Er hatte einen Armbruch sowie Kopfverletzungen erlitten.[323] Nicht genug damit, wurde er als einziger Ibbenbürener Jude am 14. November in das KZ Sachsenhausen eingeliefert.[324] Seine Mutter war von den Schlägern ebenfalls schwer misshandelt worden.[325] Eine damalige Schülerin der Höheren Evangelischen Mädchenschule erinnert sich daran, wie am Morgen des 10. Novembers ein Kleinlastwagen mit SA-Männern vor Rosenthals Haus vorfuhr. Die SA-Leute seien in das Haus hineingegangen und hätten Rika Rosenthal herausgeholt: „Da hatte einer die alte Frau Meyer Rosenthal am Arm. Die wurde zu dem Laster geführt und dann auf die Ladefläche gestoßen. Sie bekam noch eins mit dem Gewehrkolben."[326] Alle anderen Juden Ibbenbürens hatten sich seit der Pogromnacht versteckt.[327] Einige von ihnen waren ebenfalls verprügelt worden.[328] Nur Julius Ackermann war bereits am 10. November „in Schutzhaft" geraten.[329]

Das Bild der verzweifelten Mutter Karl Rosenthals, wie sie mit aufgelöstem grauen Haar am helllichten Tage im Nachtgewand vor den Trümmern ihrer Habseligkeiten klagte und weinte, grub sich unauslöschlich in die Erinnerung vieler kleiner und größerer Kinder ein, die zu Zeugen der Schreckensszene vor dem Rosenthal-Haus geworden waren. Auch August Ströhmer bekundete später, dass er das Schreien der Rika Rosenthal immer noch im Ohr habe.[330] Übertroffen wurde dieser beklemmende Eindruck in der Erinnerung vieler wohl nur von den Szenen der Verwüstung und Brandschatzung der Synagoge. Die rassistische, antisemitische Gewalt regierte im Herzen der Stadt. Sie tobte sich vor den Augen der Besucher der Kindergärten wie der Schulen aus.[331]

Schon in der anbrechenden Pogromnacht vom 9. auf den 10. November 1938 kam Rikas Gatte Meyer Rosenthal „im Halbdunkel" zu August Ströhmer. Er flehte den Rektor „händeringend" an, ihn zu verstecken.[332] Er habe geweint und geklagt über „Drohungen" und „Misshandlungen" und um „Asyl" gebeten.[333] Ströhmer zögerte nicht lange und ließ Rosenthal zunächst in seinen dunklen Hof bzw. Garten, dann in die Rektorenwohnung.[334] Nach einer Viertelstunde traute er sich, seinen Schützling über Schleichwege auf einen großen Speicher des gegenüberliegenden Elisabeth-Krankenhauses zu verbringen. Dort harrte Meyer Rosenthal eine Nacht in einer dunklen Ecke aus.

Wochen später konnte er dieses Versteck noch einmal nutzen. Es bleibt offen, welcher Anlass zu dem erneuten Bezug des Verstecks führte. Auch Rika Rosenthal hatte sich wohl mehrmals bei Nachbarn versteckt.[335]

(44) Kapelle des Elisabeth-Krankenhauses

Manchen Quellen zufolge haben ältere Schüler der Amtsrektoratschule und ihre Lehrer ein unrühmliche Rolle beim Novemberpogrom 1938 gespielt. Lehrer dieser Anstalt sollen Schüler der höheren Klassen zusammen mit SS- und SA-Leuten in die Synagoge geschickt haben, um sie zu verwüsten.[336] Allem Anschein nach spielten ältere Jungen dort „Fußball" mit den Tora-Rollen.[337] Später hätten Lehrer den Schülern die brennende Synagoge, den von ihnen abschätzig so genannten Judentempel, vorgeführt.[338] „Ein Lehrer soll unter Gegröle der Umstehenden den Davidstern von der Synagoge geschlagen haben."[339] Ein ehemaliger Schüler der Amtsrektoratschule weiß hiervon allerdings in seinen Erinnerungen nichts zu berichten: „Die Feuerwehr bespritzte die anliegenden Häuser, damit die nicht Feuer fingen ...Wir hatten im ersten Obergeschoss Unterricht. Da lagen alle Schüler in den Fenstern und schauten sich das an." Das habe schließlich ihr Lehrer verboten.[340]

Ein Erstklässler, dessen Mutter gut mit Meyer und Rika Rosenthal bekannt war, beobachtete von der mächtigen Esche vor dem „Judenhaus" aus, was dort „ auf dem Hof passierte. Da war eine Gruppe von Jungens, Braunhemden, und die sangen dann: 'Töff, töff, töff, es kommt ein

Kinderwagen, voll mit Juden geladen', so sangen die, 'wo will der Jude hin? Er will nach Jerusalem, wo alle Juden sind, töff, töff, töff' … und die Jungens schmissen mit Steinen".[341]

Unter den Randalierern aus den Reihen der HJ könnten sich theoretisch Schüler der Rektoratschule befunden haben. Auch unter Schülern der Amtsrektoratschule hatte der Nationalsozialismus Fuß gefasst: „Wenn wir morgens zum Schulplatz kamen, wir kamen ja von auswärts … und waren deshalb ziemlich früh, um nicht zu spät zu kommen …, konnten wir immer beobachten, wenn dann die Stadtkinder kamen. Und bei der oberen Klasse, Obertertia, …. also die begrüßten sich immer mit dem Hitlergruß und Strammstehen. Es waren so Einzelne, die das nicht machten, aber die überwiegende Zahl, die machte das. Das war dann der Einfluß der HJ …, der sich bemerkbar machte, aber nur auf dem Schulhof, wenn sie sich begrüßten. Und es gab auch schon den einen oder anderen Schüler, der schon das Parteiabzeichen trug. Das waren dann solche, die schon ein- oder andermal sitzengeblieben waren."[342]

Kaum anzunehmen ist, dass wirklich Pädagogen der Rektoratschule Schüler klassenweise zur Schaustätte des Unrechts geführt und sie veranlasst haben, das Innere der Synagoge zu verwüsten. Fritz Heemann und eventuell noch Ludwig Utsch kämen zwar hierfür in Betracht. Hätten sie sich jedoch durch ihr Verhalten an den Pogromtagen tatsächlich so eklatant in Gegensatz zu Ströhmer und Rosen gesetzt, hätten diese ihnen wohl kaum nach dem Krieg rundum positive Leumundszeugnisse ausgestellt.[343] Heemanns Rechtsanwalt thematisierte explizit dessen vorgeblich ablehnende Haltung gerade gegenüber den Vorkommnissen des Novembers 1938 und seinen allgemeinen Dissens mit der NSDAP in der Frage des Umgangs mit den Juden, wofür er mehrere unverdächtige Zeugen benannte.[344]

Zu bedenken ist, ob etwa Zeitzeugen Schüler oder auch Lehrer der Volksschulen mit denen der Amtsrektoratschule verwechselt haben könnten. Dafür spricht einiges. In einem 1978 erschienenen Artikel erinnert sich ein anonymer Augenzeuge: „Am Morgen des 10. Novembers wurden Oberstufenschüler der früheren Hans-Schemm-Schule an der Roggenkampstraße von SS-Leuten dazu gezwungen, bei der Brandschatzung mitzuhelfen."[345] Zur Zeit des Novemberpogroms 1938 gab es aber noch keine Hans-Schemm-Schule. Diesen Namen erhielt allerdings die katholische Stadtschule [=Volksschule] Ibbenbürens an der Roggenkampstraße nach ihrer Umwandlung in eine sogenannte Gemeinschaftsschule im Jahre 1939.[346]

Der seit 1935 amtierende Leiter der katholischen Stadtschule war ein den Nazis genehmer Funktionsträger, die Lehrerin Wolfslau galt als fanatische Ideologin.[347] Andererseits waren gerade in diesem Kollegium auch einige dem Nationalsozialismus kritisch gegenüberstehende Lehrkräfte zu finden.[348] An der – allerdings weiter entfernten - evangelischen Stadtschule verfügte die NSDAP über größeren Rückhalt unter den Lehrkräften.

Schulleiter Ströhmer hingegen soll am Morgen des 10. November zu zwei Sextanern gesagt haben: „Prägt euch das Bild der brennenden Synagoge ein! Für dieses Unrecht, was dort an der jüdischen Bevölkerung geschieht, werden wir alle büßen müssen."[349] Wahrhaft prophetische Worte des geschockten Rektors. Er selbst hat sich am deutlichsten zu seinem Verhalten in seinen unveröffentlichten „Gedanken und Erinnerungen" zwei Jahrzehnte nach dem Geschehen geäußert: „Meine schlimmste Stunde seelischer Qual war eine Vormittagsstunde, an dem Tage, als die Synagoge … lichterloh brannte. Während [im Original falsch geschrieben] die benachbarten Volksschüler dem scheuslichen Schauspiel zusahen, hielt ich alle Schüler mit den Lehrern in der Schule zusammen. - Ich selbst hatte Unterricht, ich weiss nicht mehr, in welcher Klasse, ich habe aber nicht unterrichtet, ich konnte es nicht. Die Schüler durften kein Wort sagen. Ich habe nur geweint, Tränen der Wut, der Verzweifelung [im Original falsch geschrieben] [,] des Schmerzes."[350]I

(45) Gärtnerei Beyer

In seiner unveröffentlichten Untersuchung zur Verfolgung der Ibbenbürener Juden macht Sebastian Rolf drei nicht-jüdische Mitbürger namhaft, die Juden durch Verstecken halfen. August Ströhmer war einer dieser ganz Wenigen. Außer ihm versteckten Ernst Sandfort - damals Lehrling bei der Gärtnerei Beyer – und der gegenüber der Gärtnerei wohnende Schmied Neuhaus Juden.[351] „An Protest und öffentlichem Widerspruch ist von den Katholiken - wie von den Nichtkatholiken kaum mehr als nichts geschehen"[352], fasste 1992 der katholische Kirchenhistoriker Heinz Hürten die magere Bilanz für ganz Deutschland zusammen, um dann einige wenige Hilfsaktionen der

„politisch Ohnmächtigen" aus den Pogromtagen aufzugreifen – hier ein Priester, der dem Rabbiner seiner Stadt anlässlich des Leids und der Zerstörungen kondolierte, dort eine Ordensschwester und ein Bahnschaffner, die die Flucht einer jungen Jüdin vor ihren Verfolgern dadurch ermöglichten, dass sie sie während ihrer Zugfahrt trotz fehlender Fahrkarte in Schutz nahmen.[353]

(46) Unerschrockener Nothelfer: Schmied Neuhaus (Bildmitte mit Kleinkind)

Durch die Forscher Arno Lustiger und Wolfram Wette wurde in die neuere Literatur für solche Taten der Begriff des Rettungswiderstandes eingeführt.[354] Verschiedentlich haben in ihrem Gefolge Forscher darauf hingewiesen, dass „Retter" (ob ihre Taten letztlich erfolgreich waren oder nicht, spielte dabei keine ausschlaggebende Rolle[355]) häufig „reaktiv" handelten.[356] „Das Bild des aktiven Helfers, der sich eines passiven Opfers annimmt, entspricht [...] nicht immer der Realität. [...] Die gefährdeten Juden haben sich in der Regel sehr genau überlegt, bei wem sie es wagen konnten, um Hilfe zu bitten."[357] Nicht zuletzt ging von ihnen zumeist die Initiative aus.[358] So war es auch im Fall Rosenthal/Ströhmer.

Nicht vergessen werden sollte, welch hohem Konformitätsdruck gerade Ströhmer als Leiter einer öffentlichen Schule unterlag. Der Münsteraner Bischof von Galen hatte Ströhmer die Weisung erteilt, so lange als Schulleiter auszuharren, wie er es mit seinem Gewissen vereinbaren könne.[359] Dr. Heinrich/Heinz Ströhmer, einer seiner Brüder, der selbst früh Opfer nationalsozialistischer Verfolgung geworden war, rieb ihm später allerdings das Aushalten auf dem Rektorenposten als

Anpassung an die Nazis unter die Nase. Ströhmer wies das als verbohrte Kritik zurück. Nur weil er manchmal auch mit „Heil Hitler" gegrüßt habe, könne man ihn schließlich nicht als Nationalsozialisten ansehen.[360]

Zudem war es selbst für katholische Kleriker oder Laien, die den Nationalsozialismus ablehnten, keineswegs selbstverständlich, sich – in welcher Form auch immer – für Angehörige der Minderheit der Juden einzusetzen, vor allem wenn diese ungetauft waren. Deutschlandweit gibt es gerade einmal 108 dokumentierte Fälle, in denen katholische Geistliche wegen Hilfe für Juden oder Kritik an gegen Juden gerichteten Maßnahmen in Konflikt mit dem NS-Regime geraten waren.[361]

Von 38 Priestern und Ordensgeistlichen aus dem Bistum Münster, die der NS-Unrechtsstaat ins KZ brachte, waren zwei – Johannes Klumpe und Josef Markötter – wegen Äußerungen zugunsten der Juden als Mitmenschen angezeigt worden. Fünf ihrer Mitbrüder wurden im KZ drangsaliert, weil sie dem propagierten Rassismus gegenüber slawischen „Untermenschen" wie Polen, Ukrainern und Russen in Wort oder Tat entgegentraten.[362] Nach Untersuchung von 12000 Fällen der Repression von „Priester[n] unter Hitlers Terror" gelangen die Herausgeber um Ulrich von Hehl zu dem Resümee, dass „Klerus und Kirchenvolk ... in der Regel auch an ihre Grenzen [stießen], wenn es darum ging, sich für Anders- oder Nichtgläubige – Juden, Protestanten, Sozialdemokraten, Kommunisten – einzusetzen. Zu tief waren offenbar die konfessionellen und weltanschaulichen Gräben, als daß sie leicht hätten überbrückt werden können: Gegenseitige Unkenntnis gepaart mit sozialen Vorurteilen hatten schon lange vor der NS-Herrschaft eine vorwiegend von Abgrenzung bestimmte, selektive Wahrnehmung des jeweils anderen Milieus ermöglicht; das galt insbesondere auch für das katholisch-jüdische Verhältnis, das durch einen traditionellen 'Antijudaismus' und 'sozialen Antisemitismus' vorbelastet war."[363]

Mit seiner Tat, seinen Taten hatte der Ibbenbürener Rektor und Priester Ströhmer eines der seltenen Beispiele von Mut und Standfestigkeit angesichts der Verfolgung jüdischer Mitbürger gegeben. Ein Beispiel allerdings, über das unter den Nazis nicht offen gesprochen werden konnte. Nach dem Ende des Nationalsozialismus wurde es erst spät – 1962 – von Ströhmer selbst allgemein publik gemacht. So zeigte sich ein mit ihm aus den fünfziger Jahren bekannter jüngerer Amtsbruder überrascht, als er 2015 von dessen Hilfe für Juden erfuhr. Doch fand er spontan auch, dass dies zu Ströhmers Charakter passte. In ihren damaligen Gesprächen hatte Ströhmer nichts darüber verlauten lassen.[364]

Andererseits dürfte es wohl schon zur NS-Zeit in der einen oder anderen Form Eingeweihte gegeben haben. Im Rektoren-Haus wohnten der Neffe Viktor Ströhmer[365] und Ströhmers Mutter. Der Student August Ströhmer jr.., der ältere Bruder Viktors, war bei seinem Onkel gemeldet.[366] Viktor Ströhmer zumindest hatte den Beginn der Hilfsaktion seines Onkels durchaus mitbekommen.

Dieser schickte ihn umgehend auf sein Zimmer, das er nicht verlassen sollte. So oder so – er beobachtete vom Rektorenhaus aus, wie August Ströhmer seinen jüdischen Nachbarn ins Elisabeth-Krankenhaus hinüberbrachte, wo die Schwestern allem Anschein nach tatkräftig mithalfen, Rosenthal zu verstecken.[367] Auch der benachbarte Schulhausmeister Liedmeyer und seine Familie könnten etwas mitbekommen haben. Sein Sohn und Ströhmers Neffen waren allem Anschein nach enger befreundet.[368] Nach dem späteren Zeugnis Ströhmers waren einige Anwohner der Roggenkampstraße durchaus hilfsbereit gegenüber ihren jüdischen Nachbarn.[369]

(47) Vorbild Martin Lause

Ähnlich wie Pastor Martin Niemöller, der „Sondergefangene" Hitlers, machte Ströhmer sich nach 1945 noch Selbstvorwürfe, angesichts der NS-Gewalttaten nicht offen und entschieden genug protestiert zu haben.[370] Insbesondere beschwerte es ihn, nicht an der Beerdigung Isaak Winklers teilgenommen zu haben, weil es ihm - anders als Martin Lause - an Mut gefehlt habe.[371] Vielleicht erklärt dies auch seine auffällige Zurückhaltung, sofort nach dem Ende der Nazi-Herrschaft seine Hilfe für die Rosenthals öffentlich zu thematisieren. Im Kreise der weiteren Familie wusste man allerdings Bescheid.[372]

Das Ende des offenen Terrors der Pogromtage im November 1938 bedeutete für die Rosenthals jedoch nur die Fortsetzung ihres Leidensweges auf anderen Bahnen. Schon am 12. Dezember 1938 sahen sie sich gezwungen, gemäß einer „Verordnung über den Einsatz des jüdischen Vermögens" ihr Haus und ihren Grundbesitz zu veräußern – erstaunlich schnell, denn die Verordnung war erst

Tage zuvor am 3. Dezember 1938 erlassen worden. Der Verkauf an drei ledige Damen erfolgte vorbehaltlich der Genehmigung des Kaufvertrages durch den Regierungspräsidenten. Fürs erste sollten die Rosenthals als Mieter im ehemals eigenen Haus unterkommen und die drei übrigen Mietparteien ebenfalls weiter im Hause wohnen können.[373] Meyer Rosenthal selbst war, obwohl Eigentümer, nicht zum Notartermin erschienen. Den Verkauf wickelte sein gerade erst aus dem KZ Sachsenhausen entlassener Sohn Karl ab – ausgestattet mit einer Vollmacht des Vaters, der sicherlich gute Gründe hatte, diesem Schauspiel nicht beizuwohnen. Welches Theater hier gespielt wurde, geht im Besonderen aus Paragraph 4 des Kaufvertrages hervor: „ Der Verkäufer [gemeint sind hier ausdrücklich alle drei Rosenthals] will auswandern. Er wird sich ernstlich bemühen, dieses zu erreichen." [374] Der „Arbeiter"[375] Karl Rosenthal begab sich tatsächlich 1939 nach Paderborn in ein Schulungslager zur Vorbereitung seiner Auswanderung nach Palästina. Auf einem von mehreren Auswandererbooten gelangte er nach Ausbruch des Zweiten Weltkriegs zwar auf der Donau bis Jugoslawien. Doch verweigerten die Behörden die Weiterreise. Nur etwas mehr als 200 jüdische Jugendliche durften die Boote verlassen und auf anderen Wegen Richtung Palästina reisen. Alle anderen – unter ihnen Karl Rosenthal - landeten schließlich in einem Flüchtlingslager der Stadt Šabac. Nach dem Überfall Hitlerdeutschlands auf Jugoslawien im April 1941 war ihr Schicksal besiegelt. Aus dem Flüchtlingslager wurde unter den deutschen Besatzern das „Konzentrationslager Šabac." Nachdem im Oktober 1941 jugoslawische Partisanen 21 deutsche Soldaten getötet hatten, wurden - als eine von mehreren Vergeltungsmaßnahmen - ca. 400 männliche Häftlinge des KZ Šabac an die Wehrmacht ausgeliefert und von Wehrmachtsoldaten im Wald von Zasavica bei Šabac erschossen. Zu den Opfern zählte auch Karl Rosenthal.

Seine Eltern glaubten ihn laut Ströhmers Artikel in der „Ibbenbürener Volkszeitung" anscheinend auf dem Auswandererschiff als Koch bei guter Gesundheit. Sie sollen sogar Freunden und der Nachbarschaft von seinen Postkarten erzählt haben.August Ströhmer ging 1962 davon aus, dass Karl Rosenthal damals mit seinem Auswandererboot untergegangen sei. Allerdings hatte er selbst noch wenige Jahre zuvor intern eingestanden, nichts über die Todesumstände aller drei Rosenthals zu wissen: „Wo der Ziegenlämmchen-Händler und seine Frau, deren Schreien ich jetzt noch höre, und sein Sohn ihren Tod gefunden haben, ist mir nicht bekannt geworden."[376] Das Ehepaar Rosenthal gehörte zusammen mit Klara Dieckmann zu den letzten drei Juden, die in Ibbenbüren wohnten. Ihr Überlebenskampf wurde zu einem Spießrutenlauf in einer teils gleichgültigen, teils verängstigten,teils fanatisierten Umgebung. Dem jungen Heribert Bärtels prägte sich unauslöschlich eine Szene vor der Glückauf- Apotheke ein. Drei oder vier schwarz gekleidete Menschen in langen Mänteln und mit dunklen Hüten standen eng zusammen und schienen etwas leise zu besprechen. „Auf einem der dunklen Mäntel sah ich einen großen gelben Davidsstern."[377] Herbert Börger, dessen Familie mit den Rosenthals bekannt war, beschreibt Rika Rosenthals Auftreten in der Öffentlichkeit so: „ Die alte Frau Rosenthal musste einen Judenstern tragen. Die Kinder schrien ihr nach: 'Jude Itzig, Nase spitzig, Auge eckig, Arschloch dreckig.'"[378]

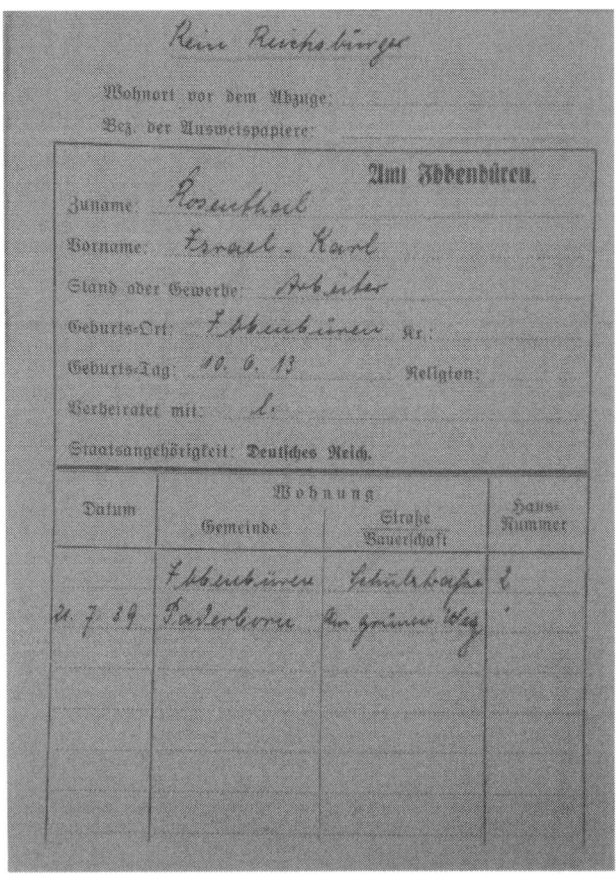

(48) „Kein Reichsbürger": Ibbenbürener Meldekarte Karl Rosenthals

(49) Das Haus der Rosenthals nach der Zerstörung der Synagoge

Einige Ibbenbürener unterstützten sie laut August Ströhmer heimlich mit Lebensmitteln.[379] Zeitweilig hatten es die Rosenthals - zumindest Meyer Rosenthal – vorgezogen, Ibbenbüren den Rücken zu kehren. Anfang 1939 ließ Dr. Müller den Tecklenburger Landrat wissen: „Der Jude [Rosenthal] ist nicht mehr in Ibbenbüren."[380] Dies ärgerte ihn, weil er selbst mit Meyer Rosenthal über den Ankauf seines Hauses verhandeln wollte. Gegen die Genehmigung des ursprünglichen Kaufvertrags hatte Dr. Müller mehr als einmal Bedenken geäußert – unter anderem beklagte er die Raumnot der umliegenden Schulen, die mit dem Ankauf des Rosenthal'schen Hauses besser behoben werden könne. [381] Auch setzte er die kaufwilligen Damen unter Druck, worüber diese sich wiederum beschwerten. Im Gegenzug schwärzte er sie beim Landrat als judenfreundlich an: „[Ich] verweise auf die Beurteilung des 9. und 10. November 1938, die von den Geschwistern S.[382] mit 'Judenreaktion' und 'Scherben- und Kristallnacht' bezeichnet werden. Sicherlich kann man aus diesen Bemerkungen wichtige Schlüsse über die Einstellung der Geschwister S. ziehen, die mir immerhin bemerkenswert erscheint."[383]

Seine Interventionen hatten offenkundig Erfolg.[384] Ende 1939 erwarb die Stadt Ibbenbüren die Immobilie der Rosenthals zu einem deutlich geringeren Preis als diese mit den privaten Käuferinnen ausgemacht hatten. Aus 12000 Reichsmark wurden nun 8634,60 Reichsmark, die auf ein Sperrkonto bei der Kreissparkasse Tecklenburg überwiesen wurden.[385] Von diesem Geld sahen die Rosenthals zunächst keinen Pfennig, da sie die Entscheidung der Oberfinanzdirektion Münster abwarten mussten, welcher monatliche Betrag von ihnen abgehoben werden durfte. Jäh gerieten sie in finanzielle Nöte. Statt in ihrem Rentenalter auf Mieteinnahmen zurückgreifen zu können, mussten sie selbst Miete zahlen und irgendwie ihren Lebensunterhalt bestreiten. Zweimal half ihnen die jüdische Gemeinde in Rheine aus der Not.[386] Meyer Rosenthal stand Tag für Tag am Schalter der Kreissparkasse in der Hoffnung auf irgendeine Auszahlung aus der Verkaufssumme. Das wurde der Bank ebenso unbequem wie unangenehm. Nach einem Telefonat mit der Oberfinanzdirektion wies Münster einmalig 50 Reichsmark zur Auszahlung an.[387] Bald darauf legte die Behörde einen Betrag von 200 Reichsmark monatlich fest. Nach Abzug von Miete, Nebenkosten und geschätzten Ausgaben für Lebensmittel und Kleidung blieben gerade einmal acht Reichsmark zur freien Verwendung übrig.[388] Damit wären die Eigenmittel der Rosenthals in weniger als vier Jahren aufgebraucht worden. Anfang 1942 beraubte man sie schließlich ihrer persönlichen Freiheit. Wie alle anderen Juden aus der näheren Umgebung wurden sie zwangsweise im sogenannten Hopstener Judenhaus „in greulicher Enge"[389] einquartiert.[390] Miete mussten sie trotzdem weiter zahlen. Da sie niedriger als in Ibbenbüren lag, durften sie nur noch über einen geringeren Monatsbetrag aus ihrem Guthaben verfügen. Die freie Spitze für sonstige Ausgaben hatte man ihnen ganz gestrichen.[391] Auch ins „Judenhaus" Hopsten soll noch Hilfe der ehemaligen Nachbarn gelangt sein.[392] Bald jedoch half alles nichts mehr. Am 31. Juli 1942 wurden Rika und Meyer Rosenthal ins KZ Theresienstadt deportiert und von dort am 23. September 1942 mit einem sogenannten Alterstransport nach Treblinka geschickt.[393] „Wegen des hohen Durchschnittsalters der aus Deutschland deportierten Häftlinge bedeutete für die Mehrzahl der Deportierten die Ankunft in einem Vernichtungslager den sofortigen Tod in den Gaskammern. Von den 6836 nach Treblinka gebrachten Häftlingen aus den deutschen Transporten ist kein einziger befreiter bekannt."[394]

Bereits am 14. September 1942, also noch vor der Deportation der Rosenthals nach Treblinka, hatte die Kreissparkasse Tecklenburg das Restguthaben der Rosenthals an die Oberfinanzkasse Münster überwiesen, von wo aus es an die Reichshauptkasse Berlin gelangte.[395]

5. Außer den Privatausgaben habe ich für Berufszwecke _____ monatlich Aus-
(Angabe des Berufs)
gaben in Höhe von _____ RM. laut beigefügter Einzelaufstellung.

Ich versichere die Richtigkeit und Vollständigkeit der vorstehenden Angaben. Mir ist bekannt, daß unrichtige oder unvollständige Angaben in dieser Erklärung mit hoher Freiheits- und Geldstrafe bedroht sind.

Anliegend überreiche ich _____ Stück Durchschriften der Benachrichtigungsschreiben gemäß Abschnitt III Ziffer 1 der Sicherungsanordnung.

Israel Rosenthal

Hopsten, den 23/2 42

(Unterschrift des Ehemannes)

zugleich im Namen meine _____ minderjährige _____ Kinde

Den Erklärungen meines Ehemannes schließe ich mich an

Riffa Sara Rosenthal

(Unterschrift der Ehefrau)

geborene *15 1875*

Bescheinigung
der das beschränkt verfügbare Sicherungskonto führenden Devisenbank

Das beschränkt verfügbare Sicherungskonto für _____

ist am _____ bei mir/uns errichtet worden. Abschrift der Sicherungsanordnung habe ich/wir erhalten.

_____, den _____

_____
(Unterschrift der kontoführenden Devisenbank)

*(50) Zwangsumzug von Ibbenbüren nach Hopsten 1942:
Adresse und Unterschriften des Ehepaars Rosenthal*

80

3. Radikale Reform an Haupt und Gliedern: Die Amtsrektoratschule verliert ihren Kopf und ändert ihren Namen (1939-1945)

In Ibbenbüren ging das Leben nach dem Novemberpogrom und der Zerstörung der Synagoge für die meisten Menschen wie gewohnt weiter. In seiner Rolle als Schulleiter war August Ströhmer mehr denn je gefordert. Aber auch als Pädagoge mit Prinzipien: Irgendwann im Laufe des Jahres 1939 – ein genaues Datum lässt sich nicht feststellen – geriet er mit dem Vorstand des Nationalsozialistischen Lehrerbundes (NSLB) und einem der Schulräte aneinander. Im Ibbenbürener Saal Leugermann tagte eine Veranstaltung unter Vorsitz von Lehrer Ahlemeyer aus Ibbenbüren-Laggenbeck. Thema und Inhalt ähnelten der besser dokumentierten Münsteraner Tagung des Gauamtleiters und seines Spezialisten für Rassefragen Kaul aus dem Jahre 1935. Ähnlich wie damals in Münster dürfte auch hier von einer höheren Zuhörerzahl – mehrere Dutzend als Minimum, eher im dreistelligen Bereich - auszugehen sein. Als also wieder einmal die Juden an allem schuld sein sollten, platzte dem Rektor der Kragen: „In einer Mitgliederversammlung bei Leugermann, an der auch der Herr Schulrat teilnahm, hielt mein Kollege Heemann einen Vortrag, in dem er die Juden im allgemeinen und die Patriarchen des alten Bundes beschimpfte. Nachdem [im Original getrennt] ich ihn ihn mehrmals protestierend angerufen hatte, und nachdem er den Jacob einen Erz-Halunken genannt hatte, stand ich auf und ging zur Mitte des Saals, zum Vorstand, [...] und sagte 'ich kann das Zeug nicht anhören', hob meine Hand und verließ unter Protest den Saal.“[396]

Dieser Auftritt hatte anscheinend keine unmittelbaren negativen Konsequenzen für den Protestierer Ströhmer. Was nicht unbedingt erstaunen muss. So weisen Ibbenbürener Zeitzeugen ausdrücklich – und an anderen Beispielen belegt - darauf hin, dass es geradezu zu einem der Wesenszüge des NS-Regimes gehörte, auf Widersetzlichkeit von Fall zu Fall unterschiedlich hart zu reagieren. Dies sorgte bei den Bürgern für eine grundsätzliche Verunsicherung, ob bzw. inwieweit man sich überhaupt irgendeine kritische Bemerkung erlauben konnte.[397]

Über alle Parteigrenzen hinweg waren sich maßgebliche Kreise Ibbenbürens vor und nach 1933 einig, dass man auf Dauer das höhere Schulwesen der Stadt reformieren müsse: „Vereinfachung, Verbilligung und Verbesserung des zwiespältigen höheren Schulwesens“ lauteten die Devisen, die Rektor Ströhmer selbst 1934 ausgegeben hatte.[398] Neben der Amtsrektoratschule bestanden noch private höhere Mädchenschulen – getrennt nach Konfessionen. Schon damals kursierte das Wort vom „Fahrschülerunwesen“.[399] Nach verschiedenen Anläufen und Sondierungen in den Vorjahren kam es kurz vor Weihnachten 1938 zu einer Aussprache zum Thema „Errichtung einer Mittelschule“ in Ibbenbüren. Beteiligt waren die betroffenen Schulleitungen, Dr. Müller und der Münsteraner Oberschulrat Goldmann.

Der Amtsbürgermeister favorisierte eine einheitliche, öffentliche „Mittelschule"[400] für Jungen und Mädchen - ohne konfessionelle Bindungen und in neuen Gebäuden. Diese Schule sollte aus den bisherigen privaten - nach Konfessionen getrennten - höheren Mädchenschulen und der Amtsrektoratschule hervorgehen. Abiturprüfungen in Ibbenbüren könnten in einem nächsten Schritt durch die vollausgebaute sogenannte „Deutsche Oberschule" ermöglicht werden.[401]

Anders als die Leiterin bzw. der Leiter der privaten Mädchenschulen, die ihren Schulen keine Zukunft gaben, setzte sich August Ströhmer vehement für den Erhalt seiner Einrichtung ein.[402] Er wollte von der Müller'schen Neuorganisation der Mittelschule nichts wissen. Mit dem Mittelschul-Abschluss könne man eben nicht ohne Weiteres an einem Gymnasium den Weg zum Abitur einschlagen. Man solle lieber der Amtsrektoratschule den Status einer „Zubringeschule"[403] verleihen - einer Schule mit Gymnasial-Klassen, die allerdings zunächst noch nicht bis zum Abitur führen würde, sondern Zubringer für ein vollausgebautes Gymnasium (z.B. in Rheine) wäre. Später müsste dann ein Gymnasium mit Abiturklasse folgen. Zur Bekräftigung seiner Ansicht ließ es sich Ströhmer in seiner Auseinandersetzung mit Dr. Müller nicht nehmen, darauf hinzuweisen, dass selbst die Ibbenbürener NSDAP seinen – Ströhmers – Standpunkt vertrete.[404] Alle seien sich einig, „dass das bisherige Schulsystem eine Halbheit" und „entweder eine höhere Schule oder eine große, stolze lebensfähige Mittelschule" die Alternative sei, hatte er bereits anlässlich einer Besprechung Anfang 1938 festgehalten[405] und hinzugefügt: „Es scheint, dass die Konsules, vorab der Kreisleiter, ein an das kleine Tecklenburg kreisgebundenes [so in der Quelle] Schulwesen für Ibbenbüren, das heute 20, nach 10 Jahren 30 Tausend Einwohner hat, nach wie vor ablehnen."[406] Tatsächlich gab es damals in ganz Westfalen den Trend der Umwandlung von Rektoratschulen in andere Schulformen – zumeist eben in „Zubringeschulen".[407] Dr. Müller kam Ströhmer soweit entgegen, als er der Amtsrektoratschule für eine Übergangszeit die Existenzberechtigung nicht absprach.[408] Ströhmer hingegen empfand Dr. Müllers Vorstoß als den zweiten Streich, der gegen seine Schule geführt wurde - nach der seltsamen Vorgehensweise in der Frage der Sittlichkeitsdelikte im Vorjahr.[409]

In einem anschließenden Gespräch unter vier Augen ließ der Bürgermeister Oberschulrat Goldmann wissen, er habe als Standort der Mittelschule die katholische Höhere Mädchenschule im Josefstift ins Auge gefasst. Dies biete den Vorteil, dass die bisher dort unterrichtenden Ordensschwestern dann nichts mehr zu tun hätten. Und sollte es noch an weiteren Flächen mangeln, so gebe es ja auf dem Gelände der ausgebrannten Synagoge Platz für neue Räume ... .[410]

Jedoch leistete die katholische Kirchengemeinde mit Pfarrer van der Beck seinem Ansinnen, Schulräume im Josefstift anzumieten, hinhaltenden Widerstand. Der Kriegsausbruch 1939 erschwerte die Umsetzung der Raumpläne Dr. Müllers. Statt seiner neuen Mittelschule nutzte nun zunächst die Wehrmacht das Josefstift als Lazarett.[411] Amtsbürgermeister Dr. Müller ließ seinen

Amtsbaumeister detaillierte Vorschläge ausarbeiten, wie man durch Umbau des gerade erworbenen Rosenthal'schen Hauses zwei bis vier Klassenräume schaffen könne. Diese Pläne wurden aber nicht realisiert. Der Amtsbaumeister hatte schon 1939 auf sehr hohe anfallende Umbau- bzw. Neubaukosten hingewiesen.[412]

Das Projekt einer Neuorganisation der Mittelschulen war damit in der ursprünglich angedachten Form wieder aus der Welt. Allerdings sollten die konfessionellen Mädchenschulen auslaufen, indem sie keine neuen Eingangsklassen bildeten.[413] Die evangelische höhere Mädchenschule verschwand schneller als gedacht: Sie hauchte ihr Leben zum 1. April 1940 aus.[414] Die katholische höhere Mädchenschule erwies sich hingegen als zählebiger. Sie verlegte den Unterricht in Privaträume.[415]

Die „gemischte Mittelschule des Amtes"[416] nahm mit dem Schuljahr 1939/40 nur zögerlich den Betrieb auf. Zur Jahreswende 1939/40 konstatierte Kreisschulrat Sundermann, die Stimmung unter den Schülerinnen der von Auflösung bedrohten Mädchenschulen „scheint nicht besonders zu sein". Die Katholikinnen besuchten lieber die ehemalige Amtsrektoratschule oder Osnabrücker Schulen. Mittlerweile äußere Amtsbürgermeister Dr. Müller Bedenken gegen den sofortigen Ausbau der neuen Schule. Und gegen den als Schulleiter ausgewählten Erich Nölle habe Kreisleiter Knolle Einwendungen erhoben.[417] Bewerber auf Lehrerstellen wurden abschlägig beschieden. Die Aufnahme des dritten Jahrgangs 1941/42 stand unter keinem guten Stern. Zwar benötigte die Wehrmacht das Josefstift als Lazarett aktuell nicht mehr. Das Amt Ibbenbüren konnte mit der katholischen Kirchengemeinde einen zehnjährigen Mietvertrag über Teile des Josefstiftes abschließen. Doch wollte die Wehrkreisverwaltung nichts von einem Umbau einiger Räume zu Schulräumen wissen und beschlagnahmte erneut Teile des Stiftes. Erst nach einigem Hin und Her gelang es Dr. Müller, die freigemachten Räume umzubauen und für die Mittelschule zu nutzen.[418]

Heinrich Peters, der Rektor der ehemals evangelischen Volksschule Ibbenbüren-Stadt, avancierte zum nebenamtlichen Mittelschulleiter. Die Raumprobleme verringerten sich dadurch, dass die evangelische Kirchengemeinde ihren Saal als weiteren Unterrichtsraum zur Verfügung gestellt hatte.[419] Unter den teilweise an die neue Anstalt versetzten oder abgeordneten Lehrkräften sticht Dr. Maria Konerding hervor. Sie blieb die einzige Lehrkraft der Amtsmittelschule, die später – im Herbst 1943 - an die Oberschule für Jungen wechselte.[420] Vertretungsweise hatten sie und Nölle schon 1942 dort unterrichtet. Die Entwicklung der - sechsklassigen - Mittelschule nahm Fahrt auf. Ostern 1944 verzeichnete sie 430 Schülerinnen und Schüler, die von zehn Lehrkräften unterrichtet wurden.[421]

Auch die wachsenden Ibbenbürener Volksschulen wurden zeitgleich umgestaltet. Sie waren als sogenannte Gemeinschaftsschulen entkonfessionalisiert, d.h. eine Trennung von katholischen und evangelischen Schülerinnen und Schülern fand nicht mehr statt. Allerdings blieb es zunächst dabei, dass die Lehrkräfte an der ehemals katholischen Volksschule Ibbenbüren-Stadt, nun „Hans-Schemm-Schule", großenteils Katholiken waren, so wie an der ehemaligen evangelischen Volksschule Ibbenbüren-Stadt, nun „Stadtschule", hauptsächlich Protestanten unterrichteten[422] – sieht man einmal von den Gottgläubigen ab. Gegen diese neue Schulform hatte sich übrigens Widerspruch auf breiter Front geregt. Allein die Stadt Ibbenbüren verzeichnete mehr als 900 Einsprüche gegen ihre Errichtung[423] - sicher auch ein Beleg für die immer noch starke Verankerung der Eltern und anderer Bürger in den christlichen Konfessionen.

Die Rektoratschule erlangte nach einigen Verzögerungen zum 1. August 1941 tatsächlich den Status einer „Oberschule für Jungen (Zubringeschule Kl. 1-5)."[424] Schon im Frühjahr 1939 hatte Dr. Müller höheren Orts darauf gedrungen, die Schule auf Klasse 6 aufzustocken, wurde von Münster jedoch auf später vertröstet.[425] Für die Schulchronik hielt August Ströhmer - verfrüht - fest: „Am 20. April [1939 – 50. Geburtstag Hitlers] kann ich in die Chronik die Umwandlung der Amtsrektoratschule in eine höhere Schule, d.h. in eine Zubringeschule für eine Oberschule, eintragen, mit einem lachenden, aber auch einem weinenden Auge. Das Lachen ist sachlich, das Weinen aber sehr persönlich."[426] Trotz des Typus einer Jungenschule nahm sie mit dem Schuljahr 1939/40 erstmals auch elf Schülerinnen auf.[427]

Die Namensgebung für die ehemalige Amtsrektoratschule verwirrt etwas, da sie in den folgenden Jahren unter verschiedenen Bezeichnungen geführt bzw. adressiert wurde.[428] Zur weiteren Verwirrung trägt bei, dass manche meinten, „Zubringeschule" sei die Amtsrektoratschule vorher gewesen, nun aber sei sie zur (Deutschen) Oberschule umgewandelt worden.[429]

Der Rektor hatte sich gegen den Amtsbürgermeister durchgesetzt – so schien es. Doch für August Ströhmer erwies sich die Einführung der neuen Schulform als Pyrrhus-Sieg. Mit der Umwandlung der Amtsrektoratschule in eine Zubringeschule war eine erneute dienstliche Überprüfung aller bisher dort unterrichtenden Lehrkräfte durch die Schulaufsicht verbunden. Eigentlich sollte es dabei um die Sicherung gymnasialer Standards gehen. Andererseits bot dieses Verfahren unter den Bedingungen einer scheinlegalen Diktatur die hervorragende Gelegenheit, sich von unliebsamen Lehrpersonen ohne allzu großes Aufsehen ganz zu trennen oder sie zumindest empfindlich für ihr bisheriges Verhalten oder ihre Gesinnung abzustrafen.

Am 19. Juni 1940 nahmen sich die Münsteraner Oberschulräte Goldmann und Sanden - zeitweilig in Begleitung des Rheinenser Oberstudiendirektors Dr. Humborg - viel Zeit für Unterrichtsbesuche an der ehemaligen Amtsrektoratschule.[430] Weitere Überprüfungen durch Abgesandte aus Münster erfolgten bis Ende 1940.[431] Das Ergebnis dieser Hospitationen rief bei einigen Betroffenen große Unzufriedenheit, ja Empörung hervor.

Im Falle August Ströhmers waren die Herren von Anfang an voreingenommen. Seine Lateinstunde erfuhr die Bewertung „noch ausreichend".[432] Er war aus Sicht der Entscheidungsträger als „Theologe"[433] absolut untragbar, sollte folglich nicht einmal mehr als gewöhnliche Lehrkraft weiter unterrichten dürfen – auch nicht an irgendeiner anderen Bildungseinrichtung.[434] Allerdings scheute man wohl davor zurück, diese klare politisch-ideologische Begründung in der Öffentlichkeit zu vertreten. Die Hilfskonstruktion der Schulräte sah so aus, dass Rektor Ströhmer mit seinen 58 Jahren doch schon zu alt für die Wahrnehmung seiner Aufgaben sei: „Mit Rücksicht auf sein hohes Alter … wird dem Bürgermeister anheimgegeben, die Zurruhesetzung zu betreiben."[435]

Dr. Müller fragte vorsichtshalber am 29. Juli 1940 nach, ob die beabsichtigte Pensionierung immer noch Stand der Dinge sei - wegen seiner „Verhandlungen" mit dem Rektor in dieser Sache. Münster antwortete am 8. August, die Pensionierung sei „als endgültig zu betrachten".[436]

Nun kam es darauf an, die vorzeitige Zurruhesetzung des missliebigen Schulleiters plausibel zu begründen. Immerhin fehlten sieben Jahre bis zu seiner regelgerechten Verabschiedung in den Ruhestand. Noch wichtiger: es fehlte die Zustimmung Ströhmers. Der Bürgermeister und sein Bürodirektor Röttger bearbeiteten nach entsprechender Anweisung durch Oberschulrat Sanden den Pensionierungskandidaten mit folgendem Szenario: Eine Untersuchung durch den Tecklenburger Amtsarzt, Kreismedizinalrat Dr. van Husen, hätte seine dauernde Dienstunfähigkeit zu ergeben. Auf dieser Basis könnte er dann vorzeitig in den Ruhestand gehen. Ströhmer sträubte sich mit aller Macht dagegen. Dr. Müller quittierte die Ablehnung Ströhmers mit der Ankündigung: „Dann werden Sie versetzt werden." Als der Rektor einmal wissen wollte, wohin er denn dann versetzt werden könnte, lautete Dr. Müllers knappe Antwort: „Zum Osten, nach Polen." Diese vieldeutige Ansage brach letztlich Ströhmers Widerstand.[437] Vor dem Hintergrund der brutalen Rassenpolitik des Dritten Reiches im besetzten Polen und des Umgangs mit politischen Gegnern verzichtete Ströhmer darauf nachzufragen, was denn nun genau damit gemeint sein könnte. Versetzungen von Lehrern in den „Osten" gab es in jenen Jahren durchaus auch von Ibbenbüren aus: Nach Rybnik im Regierungsbezirk Kattowitz/Katowice wurde am 1. November 1940 der erst am 1. April 1939 zum Rektor beförderte Josef Stenzel von der katholischen Volksschule Ibbenbüren-Laggenbeck versetzt.[438] Vorher hatte der vom katholischen Bekenntnis „abgefallene" Rektor die Kreuze aus den Räumlichkeiten der Volksschule entfernen lassen.[439]

Felix Gustav Schulz, seit 1930 Konrektor der katholischen Volksschule Ibbenbüren-Laggenbeck und nach Stenzels Fortgang kommissarischer Schulleiter, hatte die örtlichen NSDAP-Größen schon länger durch sein Festhalten am Katholizismus erzürnt. Der katholischen Pfarrgemeinde Laggenbeck diente er als Organist und Chorleiter, obwohl er - angeblich ohne eigenes Zutun - 1937 als Mitglied in die NSDAP überführt worden war.[440] Nun erhielt der „schwarze Schulmeister"[441] einen Denkzettel: Zum 1. Juni 1941 wurde der gebürtige Westpreuße nach Sompolno/Krs. Kolo im besetzten Polen versetzt - zunächst als abgeordneter Lehrer.[442] Der zuständige Schulrat ahnte schon früh: „Freiwillig wird Sch. nicht zum Osten gehen." Aber er sei nicht nur ein einwandfreier Pädagoge, sondern lebe auch in kinderloser Ehe.[443]

Schulz wurden nach Erhalt der Abordnungsverfügung amtsärztlich ein hoher Erregungspegel und Depressionen attestiert. Dieser Zustand sei auf seine drohende Versetzung nach dem Osten zurückzuführen. Gleichwohl sah Dr. van Husen hierin kein dauerhaftes Hindernis für einen Dienstantritt weit weg vom heimatlichen Laggenbeck[444] - wohl schon allein deshalb, weil Schulz fast zehn Jahre jünger als Ströhmer war. In dem 4000-Seelen-Städtchen Sompolno – ca. 800 Kilometer östlich von Ibbenbüren - hatten die deutschen Besatzer die rund 1000 Juden des Ortes 1940 in ein Ghetto eingepfercht. 1942 wurden alle zur kollektiven Vernichtung in das KZ Chelmno abtransportiert.[445] In Sompolno musste Schulz bis Januar 1945 ausharren. Seine Gattin war anscheinend nicht mit ihm fortgezogen. Als Treckführer eines Flüchtlingszuges von Deutschen gen Westen traf Felix Schulz, von niemandem erwartet, im Februar 1945 wieder in Laggenbeck ein: „Mein plötzliches 'Wiederauftauchen' wirkte peinlich".[446] Der Schrecken jener Tage war ihm auch nach dem Krieg noch gewärtig: „Dass ich überhaupt mit dem Leben davonkam, war doch nur eine Glückssache."[447]

(51) Unfreiwillig in den Osten und zurück: Rektor Felix Schulz

(52) Karriere im Osten: Josef Notz

Wie es „im Osten" so aussah, soll sogar eine Sextanerin der Amtsrektoratschule um das Jahr 1941 in einem Brief an ihre ehemalige Klasse ausgeplaudert haben. Ihre Familie hatte nach dem deutschen Sieg einen Bauernhof in Polen übernommen. Nun schrieb sie, „es sei ja alles sehr schön, nur eins sei so furchtbar; wenn man sieht, wie ein LKW mit Juden kommt, die dann weggebracht werden und dann erschossen werden und dann kommen die Kleider zurück".[448]

(53) Im Osten: Umsiedlung, Vertreibung von Polen durch die deutschen Sieger

Man konnte aber auch aus anderen Gründen „im Osten" landen: Josef Notz, seit 1937 Lehrer an der katholischen Volksschule Ibbenbüren-Stadt, seit 1941 an der Mittelschule tätig, war bekannt als eingeschworener Nationalsozialist. In der NSDAP-Kreisleitung bekleidete er das Amt des sogenannten Schrifttumsbeauftragten. In dieser Funktion kümmerte er sich zum Beispiel um die Durchdringung öffentlicher Bibliotheken mit NS-Literatur.[449] Schon im Herbst 1942 jedoch teilte Friedrich Reimpell in seiner Eigenschaft als Gauamtsleiter der Schulverwaltung mit, Notz habe sich für den Dienst „in den eroberten Ostgebieten beworben".[450] Tatsächlich floh Notz vor seinem eklatanten Versagen als Lehrer in Ibbenbüren. Die Schulaufsicht, die ursprünglich größere Hoffnungen auf ihn gesetzt hatte, hatte genug von seinen Eskapaden.[451] Am 1. November 1943 trat er eine Leiterstelle an der „Knabenschule Robert-Koch-Straße" im besetzten Posen (Poznan') an. Schon im Herbst 1944 wurde er zum Wehrdienst eingezogen. Als „Flüchtlingslehrer" fand er sich kurz nach Kriegsende im Westen wieder.[452]

Ströhmer selbst bewertete den Umgang mit seiner Versetzungsangelegenheit im Rückblick so: „[Ich wurde] widerrechtlich durch Drohung und Zwang zur Zustimmung zu meiner Pensionierung gezwungen. ... daher [sind] sowohl meine Zustimmung als auch die darauf sich gründende Pensionierung materiell nichtig ... ."[453] Kurz nach Kriegsende erklärte Ströhmer schriftlich, er wäre sogar in den Osten gegangen, wenn nicht die Sorge um seine alte, kranke Mutter gewesen wäre. Sie noch einmal umzupflanzen, sei unmöglich gewesen.[454] Fraglich bleibt, ob Ströhmer 1940 überhaupt eine genauere Vorstellung davon hatte, welche Eindrücke und Erlebnisse ihm „im Osten" gedroht hätten. Erstaunlich ist andererseits, dass 1941 die frühen Massenmorde an polnischen Juden Teilen der Ibbenbürener Schulöffentlichkeit bekannt geworden sein sollen.[455]

Hier lassen sich Parallelen zu einem früheren Fall, dem des Leiters der Ibbenbürener Polizei aufzeigen. Franz Bärtels war bald nach der Machtübernahme der Nazis als unzuverlässiger, nicht genügend willfähriger Amtsinhaber ins Abseits gestellt worden. Schließlich verfügte Dr. Müller die Versetzung des 49-jährigen Bärtels in den Ruhestand zum 1. Januar 1937 wegen dauernder Dienstunfähigkeit gemäß kreisärztlichem Attest. Anders als Ströhmer war der relativ junge Franz Bärtels tatsächlich - insbesondere wegen des auf ihm lastenden Druckes - schwer erkrankt. Er hatte einen völligen Zusammenbruch erlitten, von dem er sich nur langsam wieder erholte.[456]

Nach Kriegsende machte Ströhmer seelischen Druck geltend, der auf ihn ausgeübt worden sei. Das kreisärztliche Attest habe nicht den Tatsachen entsprochen. Sowohl Dr. Müller als auch Dr. van Husen mussten sich 1951 zu ihrer damaligen Rolle äußern. Obermedizinalrat Dr. van Husen bestätigte, die angedrohte Versetzung Ströhmers gen Osten habe diesen sehr aufgeregt. Die Depression habe nur auf dieser Drohung gegründet. Perspektivisch wäre Ströhmer jedenfalls mindestens für mehr als ein halbes Jahr dienstunfähig gewesen. An der von ihm konstatierten dauernden Dienstunfähigkeit sei nichts zu mäkeln. Dr. Müller hingegen wollte von irgendwelchen Drohungen seinerseits nichts wissen. Die Münsteraner Schulaufsicht habe Ströhmer insbesondere wegen seiner Stellung als katholischer Geistlicher abgelehnt. Dagegen hätte unter den schwierigen Zeitumständen keine Beschwerde mehr helfen können. Er habe „alles getan, um Herrn Stud. Rat Ströhmer trotz vieler Widerstände ... zu seinem Rechte zu verhelfen und ihn zu schützen."[457]

Am 6. September 1940 sprach August Ströhmer persönlich in Münster bei Oberschulrat Sanden vor und teilte ihm mit, dass seine Zurruhesetzung in die Wege geleitet sei. Er beabsichtige, aus dem Rektorenamt auszuscheiden, wenn der neue Anstaltsleiter ausgewählt worden sei und sein Amt übernommen haben werde. Die Auswahl des Nachfolgers solle nach Wiederbeginn des Unterrichts erfolgen.[458]

Die Suche nach einem geeigneten Kandidaten gestaltete sich jedoch schwieriger als gedacht. So sorgte sich Dr. Müller, das Attest Ströhmers könnte auslaufen. Deshalb bat er Münster eindringlich um eine baldige Nominierung des Nachfolgers.[459] Nach einer Besprechung mit Oberschulrat Sanden wurde schließlich festgehalten: Ein ordentlich bestallter Schulleiter sollte bis Kriegsende nicht mehr berufen werden. Es gehe also um einen kommissarischen Leiter. Die Leitung der Schule müsse „möglichst bald in die Hände einer fachlich, charakterlich und weltanschaulich geeigneten Persönlichkeit übergehen".[460]

(54) Karriere dank Mitgliedschaft in NSDAP und SS: Kommissarischer Schulleiter Josef Richter (1941-1944)

All das dauerte. Der Kandidat zur Übernahme von Ströhmers Rektorenamt, Studienrat Josef Richter vom Tecklenburger Graf-Adolf-Gymnasium, war „mit ganzer Seele Nationalsozialist".[461] Er kam mit persönlicher Empfehlung von Kreisparteichef Knolle.[462] Der gebürtige Ibbenbürener aus angesehener katholischer Familie[463] war selbst einst Zögling der Rektoratschule gewesen.[464]

1923 hatte er das Abitur am Rheinenser Dionysianum bestanden.[465] Es hätte nicht viel gefehlt und er wäre Priester geworden. Doch innerhalb von weniger als zehn Jahren hatte er sich ideologisch wie politisch gewandelt - radikalisiert - und war bei den Rechtsextremen gelandet. Er selbst schreibt: „ Ich wandte mich zunächst dem Studium der Theologie zu und studierte 3 Semester in Münster und 2 Semester in Freiburg i/Br. Wegen Berufszweifel wechselte ich im Herbst 1925 mein Studium und studierte Philologie an der Universität Münster, wo ich am 1. März 1928 das Turnlehrerexamen und am 6./7. Februar 1930 das Staatsexamen bestand."[466] Seit Ende 1931 galt er als „Förderer und Anhänger" der NSDAP, der er im Herbst 1932 - also noch vor der sogenannten

Machtergreifung der Nazis - beitrat.[467] Deshalb lobte ihn die Gauleitung der NSDAP: „Bereits vor der Machtübernahme hat er sich offen zur Idee des Führers bekannt, was einem Katholiken immerhin hoch anzurechnen ist."[468] Nicht mehr lange, und Richter samt Gattin traten aus der katholischen Kirche aus, wurden „gottgläubig". Brüder Richters waren schon Jahre vor ihm in die NSDAP eingetreten. Bereits im April 1933 nahm ihn die SS in ihre Reihen auf.[469] 1936 war er als „Rassereferent" und „Schulungsleiteranwärter" für den 3. Sturm der 19. SS-Standarte [Rheine] tätig.[470] Seine rasche Beförderung vom Studienassessor zum Studienrat (Englisch, Deutsch, Sport) war wohl auch die Belohnung für so viel ideologische Geradlinigkeit. 1940 allerdings musste Richter zunächst als Feldwebel aus dem Heeresdienst an seine Tecklenburger Stammschule entlassen werden, damit er sich erfolgreich auf die Ibbenbürener Leiterstelle bewerben konnte.[471]

Die Amtseinführung Josef Richters und die gleichzeitige – immerhin feierliche - Verabschiedung August Ströhmers fanden erst am 15. Februar 1941 statt.[472] Dr. Müller, der - ausgerechnet im Februar - Urlaub genommen hatte, schickte zur Feierstunde als seinen Stellvertreter den Amtsbeigeordneten Reinhold Flecks, den Leiter der NSDAP-Ortsgruppe Ibbenbüren. Ende März bedankte sich der Ibbenbürener Verwaltungschef dann schriftlich beim Frühpensionär Ströhmer für dessen Leistungen als Schulleiter. Wenngleich dieses Dankesschreiben selbstverständlich einige Schönfärberei beinhaltete, fällt doch die zutreffende Charakterisierung der Persönlichkeit des in den Ruhestand getriebenen Schulleiters auf. Dr. Müller attestierte diesem zum Abschied Gewissenhaftigkeit und Zielbewusstheit bei der Arbeit sowie einen aufrechten Charakter und ein offenes Wesen.[473]

Der Schule blieb der Rektor im Ruhestand als nebenamtliche Lehrkraft für Katholische Religion und Latein erhalten[474] - eine finanzielle Brücke, die ihm das schmerzliche Ausscheiden aus dem Amt erleichtern sollte, da ja seine Pensionsbezüge noch nicht die volle erwartbare Höhe hatten erreichen können.[475] Außerdem war er als Lehrer mit Leib und Seele wahrscheinlich für jede Gelegenheit dankbar, seinem angestammten Beruf und seiner pädagogischen Berufung nachgehen zu können, statt etwa ausschließlich als Geistlicher zu amtieren. Die Rektorenwohnung an der Roggenkampstraße musste er nicht räumen – wohl ein weiteres Zugeständnis, das den bitteren Abschied aus dem Amt erleichtern sollte. Von 1943 bis 1945 erteilte er zusätzlich Religionsunterricht an der Mittelschule. Finanziell stand er sich laut späterer Selbstauskunft 1944 besser als in den Jahren zuvor.[476]

Ein Blick auf das Schicksal eines anderen Ibbenbürener Geistlichen, den die NS-Führung in jenen Jahren aus dem Weg räumte, zeigt wiederum die Willkürlichkeit der Repression, die in einem anderen Fall härter zuschlug. Der geistliche Rektor Johannes Schanz vom Kloster Waldfrieden musste sich Weihnachten 1942 bzw. nach anderen Quellen 1940/41 mehreren Verhören durch die

Ibbenbürener Polizei, die Gestapo in Münster und noch einmal auf dem Tecklenburger Landratsamt unterziehen. Ihm wurde unter anderem vorgeworfen, er habe Gerüchte über „Giftgas und Geisteskranke" in Umlauf gebracht. Er stimmte seiner Versetzung aus Ibbenbüren zu, weil ihm bei den Verhören mit der Einweisung in ein Konzentrationslager gedroht worden war. In den folgenden Wochen - bis zu seinem erzwungenen Fortgang - musste er erleben, wie sich viele Ibbenbürener aus Angst von ihm abwandten.[477]

Die Personalangelegenheit Ströhmer war im Großen und Ganzen im September 1940 entschieden, der Rest blieb Formsache. Zwischenzeitlich zeichnete sich ab, dass es für fast alle anderen Lehrer der ehemaligen Amtsrektoratschule eng werden könnte.

Lehrer Fritz Heemann hatte sich im Frühjahr 1939 - vielleicht in realistischer Einschätzung seiner beschränkten wissenschaftlich-pädagogischen Qualifikationen - von der Amtsrektoratschule auf eine Stelle an der „neue(n) hiesige(n) Mittelschule" beworben.[478] Später beschloss er, in den - von ihm bisher nicht absolvierten - Referendardienst für das Lehramt an höheren Schulen nach Münster zu wechseln.[479] Er wurde ersetzt durch Studienassessor Kurt Wilhelm, der jedoch schon im April 1940 seinen Einberufungsbescheid erhielt.[480] Heemann hingegen tat sich am Münsteraner Bezirksseminar schwer, obwohl bzw. weil seine Dienstzeit als Studienreferendar aus Kriegsgründen stark verkürzt worden war. Nachdem er Anfang 1940 durch das Examen gefallen war, bestand er erst im Frühjahr 1943 die Zweite Staatsprüfung mit mäßigem Ergebnis. Zwischenzeitlich hatte er eine kurze Karriere in der Wehrmacht durchlaufen, war aber nach einem schweren Bauchdurchschuss an der Ostfront zunächst nicht mehr einsatzfähig. Im Sommer 1943 gelang es dem Leutnant der Reserve tatsächlich, an seine alte Stammschule in Ibbenbüren zurückzukehren.[481] Als getreuem Parteigänger der NSDAP winkte ihm nach der Anerkennung als Studienassessor die Ernennung zum Studienrat. Die dafür notwendige fachliche und politische Überprüfung seiner Person zog sich jedoch solange hin, dass zwar am 20. März 1945 die Parteikanzlei der NSDAP seiner Bestallung zustimmte, die Zerschlagung der NS-Diktatur in den nächsten Wochen jedoch den erfolgreichen Abschluss des Vorgangs verhinderte.[482] Eine Schülerin aus jenen Jahren weiß zu berichten, dass er von den Schülern wenig Wertschätzung erfuhr und nicht für voll genommen wurde.[483]

Dr. Raimund Scharlach hingegen war ihr als guter Lehrer in Erinnerung geblieben.[484] Allerdings weisen seine Personalakten eine anhaltende Unzufriedenheit mit seiner beruflichen Stellung aus. Einerseits strebte er erfolglos danach, etwa an einer Hochschule für Lehrerbildung oder einer Luftwaffenfachschule dauerhaft angestellt zu werden. Andererseits hing ihm nach, dass er nie ein vollgültiges Abitur abgelegt hatte und als früherer „Hilfsschullehrer" nur über einen Sonderweg an der Universität Bonn zur Promotion mit „Magna cum laude" gelangt war. Er war der

Amtsrektoratschule erst im Frühjahr 1939 zugewiesen worden – kurz nachdem er die Staatsprüfung für das Lehramt an höheren Schulen bestanden hatte. Schon im Frühjahr 1940 bewarb er sich vergeblich fort zu Dr. Humborg an das Rheinenser Gymnasium.[485] Als einziger Übernahmekandidat ging er - mit einer befriedigenden Stundenbewertung[486] – unbeschadet aus dem Übernahmeverfahren hervor. Im Sommer 1941 versuchte Dr. Scharlach, wiederum an der Bonner Universität, als Promotionsstudent im Fach Rechtswissenschaften unterzukommen – mit dem Ziel einer späteren Karriere in der Schulverwaltung. Der zuständige Minister verweigerte ihm allerdings die Aufnahme des Zweitstudiums. Immerhin wurde er kurz danach zum Studienrat ernannt.[487] Als Dolmetscher diente er der Wehrmacht seit Ende 1942 im Münsteraner „Haus Spital".[488] Aus diesem Grunde musste er anscheinend nicht Zusatzdienste an der Flak leisten. Wohl aber leistete er nach seiner Rückkehr aus dem Kriegsdienst im März 1944 andere Notdienste. So leitete er ein Zeltlager der Hitler-Jugend in Hopsten, in dem alle Jungen der Deutschen Oberschule ab 14 Jahren langfristig untergebracht waren. Sie versahen dort acht Stunden täglichen Dienst für die Luftwaffe.[489]

Fritz Heemann und Dr. Scharlach stellten - jeder auf seine Art – Sonderfälle im Lehrerkollegium dar. Die Kernmannschaft bildeten 1940 neben August Ströhmer die Herren Dr. Deiting, Grimme, Utsch und Rosen. Die Übernahmegespräche und Übernahmeverhandlungen setzten zeitweilig ein munteres Personal-Karussell in Gang.

Wäre es nach der Schulaufsicht in Münster gegangen, so hätte nach der ersten Überprüfung vom Juni 1940 neben dem ausgebooteten Schulleiter noch Lehrer Utsch das Schulschiff verlassen müssen. Auch Konrektor Wilhelm Grimme könne „nur mit großen Bedenken" übernommen werden. Er und Anton Rosen sollten im Range von Oberschullehrern, Dr. Deiting sogar als Studienrat übernommen werden. Dem Ibbenbürener Amtsbürgermeister rieten die Schulräte, Utsch ab Ostern 1941 an die neue öffentliche Mittelschule zu übernehmen.[490]

Unter dem frühen Verlust einer seiner Töchter, die nach langjähriger Krankheit in Münster verstorben war, litt das Ehepaar Utsch lange Jahre schwer, vielleicht zeitlebens. Auch mit der eigenen Gesundheit des Paares stand es nicht zum Besten. Immer wieder waren Arztrechnungen zu begleichen. Als Lehrer erzielte Ludwig Utsch meist mäßige Beurteilungsergebnisse. Diesmal waren seine zwei Unterrichtsstunden sogar katastrophal schlecht bewertet worden.[491] Doch hätte dies allein seine Übernahme nicht gefährden können. Als Parteigenosse und Nachbar des NSDAP-Kreisleiters Knolle konnte er mit seinen Pfunden wuchern. Zum Verhängnis wurde ihm aus Sicht der Münsteraner Vorgesetzten seine ungebremste Schuldenmacherei. Sein Vorgehen gegenüber Gläubigern kam vorsätzlichem Betrug bedenklich nahe. Aktenkundige Klagen und Vorwürfe wegen seines Finanzgebarens begleiteten seinen Weg von Selm-Bork bis Ibbenbüren. Es lagen Pfändungsbeschlüsse und Vollstreckungsbescheide gegen ihn vor.[492] Als Dr. Müller nach der

Absage Münsters versuchte, Utsch an der neuen Mittelschule unterzubringen, wollte die vorgesetzte Behörde nicht einmal mehr diese Verwendung zulassen.[493]

Ganz anders sah Kreisleiter Knolle die Angelegenheit, als ruchbar wurde, dass Utsch in gewisser Weise das Los Ströhmers teilen sollte.[494] In einer massiven Intervention beim Münsteraner Gaupersonalamt der NSDAP stellte er am 24. August 1940 fest, Ludwig Utsch sei der einzige Lehrer im Ibbenbürener Kollegium, „der voll und ganz auf dem Boden der nationalsozialistischen Weltanschauung steht. Es würde sich dann hier wohl der Kopf der Schule geändert haben, indem der geistliche Rektor nicht übernommen wird, die übrigen Lehrer aber konfessionell stark gebunden sind und die Schule so bleibt wie sie früher war".[495] Stattdessen solle man lieber Dr. Deitings, Grimmes und Rosens Übernahme ablehnen. Sie seien vielleicht fachlich geeignet, jedoch charakterlich und vor allem politisch zweifelhafte Kandidaten. Grimme weise keinerlei Einsatz für die Partei auf und erziehe als immer noch guter Katholik die Schüler nicht im Sinne des Nationalsozialismus. Und selbst Dr. Deiting habe – obwohl SA-Mann und Parteigenosse – seinen Sohn sowohl zur Erstkommunion als auch zur Kommunion geschickt. Anton Rosen schließlich gehöre „zu den wenigen Lehrern, die ihre Klassen jeden Morgen zur Kirche und von dieser zur Schule führen". Ihn lehne die Partei ohnehin ganz ab, denn Rosen sei „hier in Ibbenbüren als Gegner des Nationalsozialismus bekannt". Schon Ende 1938 habe der Ibbenbürener Ortsgruppenleiter Flecks Rosens „Beseitigung" aus dem Schuldienst gefordert. Dr. Müller wisse Bescheid. Rosen werde vorgeworfen, den Führer Adolf Hitler wegen des Einmarsches in das tschechoslowakische Sudetengebiet kritisiert zu haben. Dies habe Rosen seinerzeit eine scharfe Rüge durch Flecks eingetragen.[496]

Das Gaupersonalamt folgte größerenteils Knolles Argumentation und setzte sich bei der Schulaufsicht für dessen Forderungen ein. Das Urteil über Rosen und Grimme fiel vernichtend aus: „Die Lehrer Roosen [Falschschreibung wie im Original] und Grimme werden in politischer und weltanschaulicher Hinsicht sowohl von der zuständigen Kreisleitung als auch vom Gauamt für Erzieher äußerst schlecht beurteilt und bieten, aufgrund ihres bisherigen Verhaltens, nicht die Gewähr, jederzeit für die Bewegung einzutreten." Nur Dr. Deiting sollte bleiben dürfen.[497]

Wären die Schulbehörden dem NSDAP-Kreisleiter und dem NSDAP-Gaupersonalamt in allen Punkten gefolgt, hätte die ehemalige Amtsrektoratschule einen fast völligen Verlust an Haupt und Gliedern erlitten. So weit wollte die Schulaufsicht nicht gehen. Nach weiteren Hospitationen im Oktober 1940 - bei denen Utsch angeblich wegen eines Schulunfalls fehlte – gab man Kontra: Dr. Deiting wie Wilhelm Grimme seien immerhin Parteimitglied bzw. Parteianwärter. Ihre Versetzung an andere höhere Schulen käme als Ausweichlösung nicht in Frage. Ob nun Versetzung an eine andere höhere Schule oder eine Mittelschule – am katholischen Glauben der beiden Lehrer könnte so eine Maßnahme nichts ändern. Knolles Vorwürfe reichten jedenfalls nicht zu einer – politisch motivierten – Frühverrentung. Außerdem herrsche Lehrermangel im Lande. Jede Rentenzahlung an diensttaugliche Lehrkräfte koste unnötig viel Geld. Kurz - die Schulabteilung blieb bei der Übernahme von Dr. Deiting, hielt an Grimme fest, akzeptierte nun aber auch die Übernahme von Utsch, ohne ihn noch weiter pädagogisch geprüft zu haben.[498] Alle drei konnten sich bald über ihre Ernennung zum Studienrat freuen.[499] Damit hatten sie mit ihrem ehemaligen Schulleiter Ströhmer gleichgezogen.

Einen ungleich härteren Kampf um seinen Verbleib an der „Deutschen Oberschule" musste Anton Rosen ausfechten – derjenige, dessen fachliche Leistungen schon 1932 am meisten überzeugt hatten. Ein ehemaliger Schüler der Amtsrektoratschule hebt in der Erinnerung seinen Unterrichtsstil besonders hervor: „Also der wußte interessant zu erzählen und zu unterrichten. Die Unterrichtsstunden, die waren besonders lebhaft, immer."[500] Auch 1940 erzielte Rosen – unter offensichtlich verschärften Bedingungen - als Bester mit beiden Unterrichtsstunden die Note „Gut".[501] Münster bescheinigte ihm großen Fleiß, Geschick, Erfolg im Umgang mit Schülern und bei ihrer Förderung. Gleichwohl sei es zweckmäßig, ihn an die Mittelschule Ibbenbüren zu entsenden.[502] Anfang 1941 hieß es, er könne zwar nicht an die Mittelschule Ibbenbüren übernommen werden, aber eine Übernahme durch eine Volksschule an einem anderen Ort käme in Betracht. Dazu wollte Münster zunächst Rosens eigene Stellungnahme einholen.[503] Dieser hatte sich bereits am 29. Dezember 1940 auf dem Dienstweg direkt an den Berliner Minister für Unterricht, Erziehung und Volksbildung gewandt und ihm in einer mit „Heil Hitler!" schließenden Eingabe sein Leid geklagt. Ein Duplikat ging sogar an den „Stellvertreter des Führers, Herrn Reichsminister Rudolf Heß". Wohl wider besseres Wissen gab Rosen sich ahnungslos, „weshalb ich aus meiner mir lieb und vertraut gewordenen Beschäftigung entfernt werden soll". Er unterstrich, wie pflichtbewusst er sich bisher als Lehrer verhalten habe. Vor allem aber sah er sich - mit Blick auf die NS-Größen als Empfänger - genötigt, sich als einwandfreier, tadelloser Deutscher in Vergangenheit und Gegenwart zu stilisieren. Er verwies u.a. auf die Ableistung seiner Militärdienstpflicht vor dem Ersten Weltkrieg, seine schwere Verwundung als Frontkämpfer im Krieg, seine lebensgefährliche Unterstützung der deutschen Seite im oberschlesischen Volkstumskampf gegen die Polen sowie Drangsalierung und Inhaftierung durch französische wie belgische Besatzer im Ruhrgebiet. Weiterhin hob er seine Aufbauarbeit im Luftschutz sowie seinen Einsatz in der Heimatforschung hervor. Nun habe er in Ibbenbüren – sein oberschlesischer Heimatort Naklo war 1922 an Polen gefallen – eine zweite Heimat gefunden, von der er nicht scheiden wolle. Schon wegen der Luftangriffe des Feindes lasse er seine Familie nur äußerst ungern in Ibbenbüren allein zurück. Er sei bereit, an jeder beliebigen Schulform vor Ort zu unterrichten.

Sollte dies nicht möglich sein, bitte er um Versetzung in den Ruhestand.[504]

(55) Unter Druck der NSDAP: Anton Rosen - Lehrer,
Schulchronist und Heimathistoriker

Amtsbürgermeister Dr. Müller, der allem Anschein nach von der Zuspitzung der Personalfrage Wind bekommen hatte, lenkte die Aufmerksamkeit der Schulbehörden auf den im Reiche herrschenden akuten Lehrermangel. Man denke amtlicherseits sogar über die Wiedereinstellung von solchen Lehrkräften nach, die 1933 infolge des Gesetzes zur „Wiederherstellung des Berufsbeamtentums" entlassen worden seien. Da böte Lehrer Rosen ja wohl den Vorteil, die damalige Auslese unbeschadet überstanden zu haben. Sein Einsatz zeigte Wirkung. Es spricht viel dafür, dass Dr. Müller mit dem zuständigen Vertreter des Oberpräsidiums Münster die Frage Rosen vorab telefonisch geregelt hatte. Denn ohne dass anscheinend die beiden Berliner Ministerien noch beteiligt worden waren, notierte dieser schon am 9. Januar 1941 die – erst vier Tage später abgesandte - Antwort auf Dr. Müllers Schreiben: Es liege tatsächlich „kein hinreichender Grund" vor, Rosen „in ein Amt niederen Ranges zu versetzen". Man habe sich folglich „entschlossen, dem Verbleib Rosens an der Zubringeschule zuzustimmen".[505] Im Februar 1941 wurde er zum Oberschullehrer auf Lebenszeit ernannt. Zwar hatte Rosen noch im Juni 1940 ausdrücklich um seine Ernennung zum Studienrat gebeten. Aber mit dem jetzt erreichten Ergebnis gab er sich zunächst zufrieden.[506]

Josef Richter, der offiziell als stellvertretender Schulleiter firmierte, trat mit der feierlichen Amtseinführung am 15. Februar 1941 seinen Dienst an.[507] Am 1. August 1941 erfuhr die Schule die amtliche Anerkennung als Zubringeschule.[508] Richter stellten sich zwei Hauptaufgaben: Zum Einen hatte er die Umstellung der Amtsrektoratschule auf eine wirkliche "höhere" Schule (allerdings vorerst nur mit den Klassen Sexta bis Obertertia bzw. 5-9) zu bewerkstelligen.[509] Zum Anderen sollte er das Lehrerkollegium auf klaren NS-Kurs bringen und sich gegen den spürbaren Widerstand in Teilen der katholisch geprägten Elternschaft durchsetzen.[510] Nicht zuletzt sollte ihm seine in den dienstlichen Beurteilungen - vor und nach der "Machtübernahme" - immer wieder hervorgehobene leichte Derbheit helfen, sich über Widerstände hinwegzusetzen. Seine Leistungen als Lehrer waren mäßig bis mittelmäßig. Kriegserfahrung brachte er aus Polen und Frankreich mit in die Schule.[511]

Im Schuljahresbericht 1940/41 sah er sich schon auf gutem Wege, die Anstalt in seinem Sinne umgekrempelt zu haben, Er schwärmte von einer neuen Grundhaltung, die das Schulleben präge. Deren Eckpfeiler seien Leistungsprinzip, schärfere Auslese und soldatisch straffe Haltung.[512] Ein offenkundiges Ergebnis seiner Schulleitung war die Anschaffung von Literatur im Geiste des Nationalsozialismus.[513] Schwieriger schon war die inhaltliche Umgestaltung des Unterrichts unter nationalsozialistischen Vorzeichen. Richter tröstete sich angesichts der festgestellten ideologischen Schwäche von Lehrern und Schülerschaft mit der Feststellung, zumindest die jüngeren Lehrkräfte zeigten doch mehr ideologischen Eifer bei der Kursänderung.[514]

Trotz aller Anstrengungen gelang es ihm kaum, alle Zielvorgaben wirklich abzuarbeiten. Zwar wird Richter im ersten Leistungsbericht nach einjähriger Amtsführung gelobt, weil er sich gegenüber dem Lehrerkollegium "mit Takt und ruhiger Sicherheit durchgesetzt" habe. Auch hätten sich die Leistungen der Schüler/innen wie der Lehrkräfte verbessert.[515] Doch stellt sich hier die Frage nach Richters Leistungsbegriff. Die Überprüfungen der Schule hatten schließlich - bis zur Jahresmitte 1940 - eher gute Gesamtleistungen ergeben. Den Amtsvorgänger schlecht zu machen, um die bescheidenen eigenen Anfangserfolge ins bessere Licht zu rücken, war wahrscheinlich eine Methode, die dem karrierebewussten Richter nicht fremd war.

Selbst der positive Leistungsbericht über den neuen Schulleiter kam nicht umhin, zwischen den Zeilen zu konstatieren, dass die ideologische Einflussnahme Richters auf das häusliche Umfeld der Schülerinnen und Schüler noch zu wünschen übrig ließ. In seinem Entwurf hatte der Verfasser zunächst nur notiert: "Er [Josef Richter] hat sich bei den Eltern in Ansehen gebracht." Zu wenig des Lobes - empfand wohl der Berichterstatter und strich diese Zeilen durch. Die Fassung lautete nun: Studienrat Richter habe sich "mit Geschick und Erfolg ... völlig durchgesetzt" gegenüber einer anfangs widerstrebenden, größtenteils kirchentreuen Elternschaft.[516]

Aus Schülersicht stellte sich der Wechsel – im Rückblick nach einigen Jahrzehnten – so dar: „Josef Richter ... [war] hochgewachsen, drahtig, sportlich, dunkelblond und sein ganzes Auftreten hatte so etwas wie militärischen Charakter. Stramme Haltung, strammstehen, grüßen usw. ... . Das Einzige [an Änderungen] war die stramme Haltung, die man einnehmen mußte, wenn man bei ihm ins Rektorzimmer mußte, strammstehen und grüßen, was man bei dem Ströhmer nicht brauchte, obwohl der auch Wert auf das Benehmen legte, aber nicht auf das Militärische. Aber sonst im Unterricht und so gab es überhaupt keine Änderungen, soweit ich weiß. Der Sportunterricht wurde vielleicht etwas mehr gefördert, aber auch schon durch einen anderen Lehrer, der das damals machte, Dr. Scharlach war das damals. Aber der ganze Parteieinfluß von den Nazis her, der war an der Schule sehr gering, soweit ich mich erinnere."[517]

Um mehr zu erreichen, hätte der Parteisoldat Richter mehr Zeit gebraucht. Die fehlte ihm. Schon zum 3. März 1942 war er wieder zum Wehrdienst einberufen worden.[518] In der kurzen Zeit seiner Amtsführung vermochte er nicht, an der Anstalt Wurzeln zu schlagen. An seiner vorherigen Wirkungsstätte, der Tecklenburger Graf Adolf-Schule hatte er allerdings auf seine Schüler nachhaltigen Einfluss ausgeübt. Bei Ab- und Anmärschen seiner Klasse zu den Sportstätten wie bei Wanderungen wurden judenfeindliche Lieder gesungen. Am Morgen nach seiner Rückkehr vom Novemberpogrom 1938 in Osnabrück ließ er seine Klasse wissen, dass er dabei war, als man es den Juden heimgezahlt habe.[519] Auch von der Amtsrektoratschule zogen im Sommer 1941 Sextanerinnen und Sextaner „im Gleichschritt und mit schwingenden Armen singend" über den Unteren Markt zur Turnhalle: „Krumme Juden zieh'n dahin, daher, sie zieh'n durch das Rote Meer. Die Wellen schlagen zu, die Welt hat Ruh'."[520]

Ob es wirklich nur der „militärische Geist"[521] war, der an der „Deutschen Oberschule" in Richters Person seine Herrschaft antrat? Für August Ströhmer muss es eine große innere Belastung gewesen sein, unter diesem Gegenbild seiner eigenen Persönlichkeit - in Wort und Tat - Dienst zu leisten. Während der eine Juden verfolgt hatte, hatte sie der andere versteckt.

Josef Richter wurde im Frühjahr 1942 – zu Beginn seines erneuten Kriegseinsatzes - zum Oberstudienrat befördert.[522] Der Heeresdienst in der Sowjetunion schmeckte ihm jedoch nicht. Sein dortiger Oberst hatte ihm deutlich zu verstehen gegeben, dass er schon genügend Offiziere habe. Eine Beförderung im Heer, also eine Karriere durch den Krieg, sei auf längere Zeit nicht in Sicht. Schon wenige Wochen, nachdem er eingerückt war, betrieb der offenkundig enttäuschte Richter die Rückkehr in den aktiven Schuldienst.[523] Ohnehin hatte man höheren Orts ein Auge auf ihn geworfen. Baldmöglichst sollte er eine freiwerdende Stelle als Schulleiter im Range eines Oberstudiendirektors besetzen, signalisierte das NSDAP-Gaupersonalamt der Schulaufsicht.[524] Diese schlug ein - nicht mehr verwirklichtes - Projekt einer Deutschen Heimschule in der Nähe von

Warburg vor. Ibbenbüren spielte in diesen Planungen keine Rolle mehr. Zwar stattete Richter der „Deutschen Oberschule" 1943 noch einen offiziellen Heimatbesuch ab.[525] Auf deren weitere Entwicklung konnte er keinen Einfluss mehr nehmen. Doch gelang es der Schulbehörde trotz signalisierter Dringlichkeit der Personalangelegenheit nicht, seine Freigabe durch die Heeresverwaltung zu erreichen. Bei seinem letzten Aufenthalt in Ibbenbüren soll er in gedrückter Stimmung gewesen sein. Während eines Besuches bei den Eltern von Heribert Bärtels, einem seiner ehemaligen Schüler, soll er sogar diesen geraten haben, sie sollten das Beten nicht vergessen.[526] Feldwebel Richter fiel am 21. April 1944 bei Kämpfen in der Nähe von Stanislau (Iwano-Frankowsk) in der Ukraine.[527]

Vor seinem erneuten Einzug in den Krieg hatte Richter sich für Dr. Deiting als kommissarischen Nachfolger ausgesprochen.[528] Seiner Bitte wurde entsprochen.[529] Dr. Deiting blieb auf diesem Posten bis kurz nach Kriegsende. Kam somit mehr Kontinuität in das Schulleben, erschütterte andererseits der Zweite Weltkrieg, insbesondere der Luftkrieg der Alliierten, das Leben der Kleinstadt Ibbenbüren und mit ihr der „Deutschen Oberschule". Nächtlicher Fliegeralarm führte zur Verkürzung des nächsten Schultages, die sich häufenden Angriffe bei Tage erschwerten noch viel gravierender die Durchführung des regulären Unterrichts. Alle zur Verfügung stehenden männlichen Lehrkräfte – mit eben der Ausnahme August Ströhmers - mussten immer wieder an der Flak dienen oder sich z.B. bei Schanzarbeiten abquälen.[530] Zu Beginn des Zweiten Weltkriegs sollte sogar der 68 Jahre alte Konrektor Franz Mersmann als Ersatzkraft für Dr. Deiting reaktiviert werden.[531] Gleichzeitig wuchs die Schülerzahl infolge des Zustroms von Binnenflüchtlingen auf 350 im Schuljahr 1943/44 – gegenüber 159 im Jahre 1940.[532] Aufnahmeverweigerungen waren die Folge.[533]

Nun drängten weibliche Lehrkräfte an die Schule: „Fräulein"[534] Studienassessorin Dr. Thea Klasen, die Deutsch, Geschichte, Französisch und fachfremd Englisch unterrichtete[535], war die erste „Dame" im Kollegium. Sie vertrat seit Dezember 1942 Dr. Scharlach.[536] Viele Eltern empfanden ihre Tätigkeit als wohltuende Neuerung, da Mädchen mittlerweile zwar ca. dreißig Prozent der Schülerschaft ausmachten, bis dahin jedoch nur von männlichen Lehrkräften unterrichtet worden waren.[537] Bemerkenswert an ihr war aber zudem etwas anderes: Sie war eine allem Anschein nach sehr eigenwillige, impulsive Persönlichkeit.[538] Wesentlicher noch – sie war die einzige Lehrkraft nach Ströhmer und Rosen, die man an der Ibbenbürener Oberschule unterrichten ließ, obwohl die Parteioberen ihr ideologisch nicht über den Weg trauten. Wohl zu Recht verdächtigte man sie, nur pro forma entgegen ihren eigenen Überzeugungen in die üblichen Nebenorganisationen der NSDAP eingetreten zu sein. Sie habe keinerlei Bereitschaft zur Mitarbeit in diesen gezeigt. Ein ansonsten durchaus denkbarer Einsatz in der Lehrerausbildung komme für sie deshalb nicht in Frage.[539] Dr. Thea Klasen wurde schon im Frühjahr 1943 – nach Rückkehr Dr. Scharlachs – nach Soest versetzt.[540] Andere „Fräuleins" folgten: Dr. Maria Konerding[541], Wilhelmine Schulze, Hildegard Weber und Maria Moseke. Der Studienassessorin Weber misstrauten die Parteioberen und Entscheidungsträger im NS-Staat zwar nicht. Wohl aber misstraute die gut bis hervorragend beurteilte Jungpädagogin dem NS-Staat. Im Herbst 1942 sollte sie von der Warendorfer Oberschule für Jungen unverhofft an ein geplantes Vorzeigeprojekt nationalsozialistischer Schulpolitik im Siegerland wechseln – wie im Falle Richters eine Deutsche Heimschule. Statt sich durch diesen Vertrauensbeweis geehrt zu fühlen, verwandte Hildegard Weber mit Unterstützung ihres Warendorfer Schulleiters einige argumentative Mühe darauf, ihrer Versetzung zu entgehen: Eine Heimschule bedeute ja, dass sie gezwungen sei, Tag und Nacht mit vielen jungen Menschen unter einem Dach zu leben und umzugehen. Das verkrafteten ihre Nerven nicht. Sie leide in solchen Fällen unter nervösen Magenbeschwerden und dauernder Schlaflosigkeit. Das wisse sie kraft ihrer – negativen - Erfahrungen aus sogenannten nationalpolitischen Lehrgängen. Außerdem ließen ihre Körperkräfte infolge der besonderen Beanspruchung durch die Arbeit mit Jungen zusehends zu wünschen übrig. Mit dieser gewundenen Argumentation kam sie jedoch nicht durch. Die Schulbehörde schickte sie nach Stift Keppel ins Siegerland, um das Projekt der Heimschule in Angriff zu nehmen. Von dort wurde sie erst im August 1944 nach Ibbenbüren entsandt.[542]

„Fräulein" Maria Moseke war 1944 sogar von der Deutschen Schule Athen in die scheinbar beschaulichere westfälische Provinz gewechselt - wegen des Vormarsches der Alliierten in Griechenland. Mosekes bisherige fachlich-pädagogischen Leistungen waren zumeist mit Bestnoten honoriert worden. Nach Kriegsende amtierte sie kurz - wohl mangels anderer verfügbarer Lehrpersonen - als kommissarische Schulleiterin.[543]Schon vorher waren die meisten Unterrichtsräume zweckentfremdet worden. Bergleute aus dem Ruhrgebiet, die den beschädigten Kanal wiederherstellen sollten, waren hier untergebracht. 1944/45 war kaum noch regulärer Unterricht möglich.[544]

Berücksichtigt man die gehäufte Abwesenheit der übrigen männlichen Lehrkräfte vom Schuldienst, kann man August Ströhmer, der in all den Ibbenbürener Jahren Katholische Religionslehre, Latein, Mathematik und schließlich noch Geschichte unterrichtete[545], als den eigentlichen Ruhepol der Anstalt ansehen. Zwar hatte es zwischendurch Bestrebungen gegeben, ihn ein für alle Mal selbst aus dem nebenamtlichen Dienst zu entfernen.[546] Sie scheiterten am Lehrkräftemangel.[547]

(56) Hildegard Weber

(57) Dr. Thea Klasen

(58) Maria Moseke

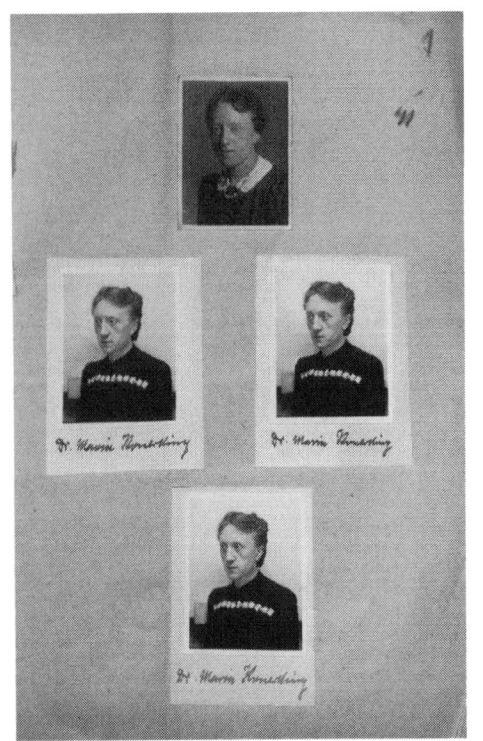

(59) Dr. Maria Konerding blieb als einzige der jungen „Damen" dem Kollegium länger erhalten.

Auf den Rektor im Ruhestand war Verlass. August Ströhmer war trotz seiner Abhalfterung als Schulleiter in Ibbenbüren geblieben. Immer wieder einmal nahm er Pensionsschüler auf. Von 1939 bis 1944 bezog er nach eigenen späteren Angaben Gelder für derartige erzieherische Tätigkeiten, die knapp 15 Prozent seines gesamten Jahreseinkommens ausmachten.[548] Ströhmers Mutter, die all die Jahre zu seinem Haushalt gehört hatte, verstarb 1945 kurz nach der Besetzung Ibbenbürens durch die Briten. In der Nachkriegszeit rief Ströhmer seinen Neffen Viktor wieder zu sich, der bereits als Schüler der Amtsrektoratschule bei ihm untergebracht war.[549]

1952 erst bezog er die bereits 1941 erworbene „Jakobsburg".[550] Diese um 1910 von Jakob Steupert errichtete Villa hieß im Volksmund so wegen ihrer beeindruckenden Ausmaße.[551] Der Nachbarsohn Heribert Bärtels beschreibt sie als „geheimnisvolles, verwinkeltes burgähnliches Anwesen mit einer weitläufigen, parkähnlichen Gartenanlage".[552] Die Gelder für den Kauf stammten nicht zuletzt aus Ströhmers langjährigen Nebenerwerbsquellen (Betreuung von Gast-Schülern im eigenen Haus, Lesen von Messen).[553] In der „Jakobsburg" verbrachte der ehemalige Rektor den Rest seiner langen Lebenszeit, unterstützt von seiner Haushälterin Johanna Stermann.

100

Wiedergutmachung wollen alle: Das kurze Gedächtnis der Täter und Mitläufer und der langsame Gang der Gerechtigkeit

D er Volksmund hatte die Bezeichnung Jakobsburg schon vor Ströhmers Kauf bzw. Einzug in die Steupert'sche Villa geprägt. Sein Umzug erscheint aber gerade vor dem Hintergrund seines eigenen Lebensweges wie der Rückzug in eine ebenso imposante wie sichere Burg, die ihn von den Zumutungen und Enttäuschungen der vorangegangenen Zeit abschirmte. Auf Menschen, die ihn nach Kriegsende im privaten Umgang erlebten, wirkte er bis zu einem gewissen Grad distanziert und reserviert. Sein jüngerer geistlicher Mitbruder Jaspers vermutet sogar eine „innere Wut", die ihn beschäftigt habe.[554] Als Aussage über einen in Ehren alt gewordenen Geistlichen erscheint diese Vermutung zwar erstaunlich. Doch darf nicht vergessen werden, wie isoliert Ströhmer während der Naziherrschaft jahrelang agiert hatte. Hinzu kam: Selbst in der vertrauten Umgebung der „Deutschen Oberschule" hatten mehrere ihm früher unterstellte Lehrer mittlerweile den Rang eines Studienrats erreicht, ohne jemals - wie er - lange und erfolgreich eine Schule geleitet zu haben. Ganz zu schweigen von Oberstudienrat Richter als Fremdkörper im System.

Nach der Einnahme Ibbenbürens durch britische Truppen und der späteren bedingungslosen Kapitulation Nazi-Deutschlands hatte es vielleicht anfangs so ausgesehen, als ob die Opfer des NS-Unrechtsregimes mit rascher Rehabilitierung („Wiedergutmachung") rechnen konnten. Umgekehrt mussten Täter und Mitläufer von einst – gerade auch im Schulsektor - damit rechnen, ebenso rasch wie hart bestraft zu werden.

Die Besatzungsmacht internierte den Laggenbecker Rektor Pagendarm und Lehrer Kassebrock.[555] Lehrerin Wolfslau saß zeitweilig im Ibbenbürener Polizeigefängnis ein.[556] Lehrer Klein soll eine tüchtige Tracht Prügel von Lehener Bauern bezogen haben.[557]

Dr. Scharlach – wohl kein in der Wolle braun gefärbter Nazi-Aktivist - zog den Freitod einem Weiterleben nach der Kapitulation vor.[558]

Es dauerte jedoch nicht lange, da führten die meisten Mitläufer und „geringen Übeltäter"[559] der Besatzungsmacht mit Beharrlichkeit und gewundener Argumentation die Notwendigkeit ihrer beruflichen Rehabilitation vor Augen – später dann den neuen deutschen Behörden. In diesem Kampf erwiesen sich alle irgendwie belasteten ehemaligen Lehrerinnen und Lehrer der „Deutschen Oberschule" ebenso wie die anderer Schulen als wahre Löwinnen und Löwen. Nun zeigten sie den früher fehlenden Mut vor Fürstenthronen.

Besonders forsch trat Maria Moseke auf. Sie war einst nicht nur Parteigenossin gewesen, sondern hatte über einen guten Draht zu einflussreichen Parteikreisen verfügt.[560] Als stellvertretende BDM-Führerin bei der griechischen Auslandsorganisation der NSDAP befand sie sich während des Krieges in einer privilegierten Position. Gegenüber der nach dem Krieg eingerichteten „Abwicklungsstelle" argumentierte Moseke, sie sei selbst ein Opfer der Nazis. Diese hätten seinerzeit Männer bei der Einstellung in das Lehramt bevorzugt. Nur durch den Eintritt in die NSDAP habe sie als Frau ihre jahrelange anderweitige, unterwertige Beschäftigung beenden und die drohende Arbeitslosigkeit vermeiden können.[561] Dr. Ferdinand Vorholt, katholischer Ortsgeistlicher von Münster-Mecklenbeck, der sie persönlich kannte, nannte Moseke hingegen schlichtweg eine „Nazisse"[562], die nicht mehr unterrichten solle. Die so Angegriffene legte entlastende Leumundszeugnisse vor. Unter diesen befand sich das ihres ehemaligen Athener Schulleiters – eines Mannes, der selber nach allgemeiner Auffassung der deutschen Kolonie in Athen ein Nationalsozialist reinsten Wassers war.[563] Trotz aller Anwürfe schaffte Moseke nicht nur die Wiedereinstellung in den Schuldienst, sondern stieg danach die Karriereleiter mehrere Stufen höher.[564]

(60) Nach dem Krieg: Katholische Geistlichkeit und Gläubige
(vorne rechts: August Ströhmer)

Von den an der Ibbenbürener Oberschule verbliebenen Lehrkräften galt Ludwig Utsch als am meisten belastet. Von den Briten war er Anfang 1946 entlassen worden. Dagegen ging er vor. Er wusste sich mit verschiedenen Argumenten zu verteidigen: Nur die rasche Besserung der schlechten wirtschaftlichen Lage, unter der auch seine Familie gelitten habe, hätte ihn zum Parteieintritt bewogen. In die SA sei er absichtlich nicht eingetreten. Die Funktion als Leiter des Nationalsozialistischen Lehrerbundes (NSLB) Ibbenbüren habe man ihm gegen seinen Willen aufgedrückt. Zudem sei er bereits 1935 von dieser Funktion wegen mangelnden Eifers entbunden worden. Als Parteimann hätte er, wie er hervorhob, genügend Material und Gelegenheit gehabt, Kollegen gegenüber Staats- oder Parteistellen zu denunzieren. Nachweislich habe er aber darauf verzichtet, andere anzuschwärzen. Nach einem Berufungsverfahren Ende 1947 gelang ihm die Wiederaufnahme in den Dienst.[565] Doch wollte die Schulabteilung beim Oberpräsidium nicht auf das Benehmen mit Lehrkörper, Schülereltern und sonst wie interessierten Kreisen verzichten, bevor man ihn wieder an der alten Wirkungsstätte einsetzte. Der Schulausschuss und die Amtsvertretung Ibbenbüren lehnten seine Weiterbeschäftigung in Ibbenbüren ab (Ende 1947 bzw. Anfang 1948). Und zwar explizit „wegen seiner früheren politischen Einstellung". Stattdessen empfahl man ihm die sofortige Zurruhesetzung.[566] Unterrichtet hatte er vorher kaum noch. Er verstarb 1948 kurz vor seiner Pensionierung.[567] Für seine Rehabilitierung hatte sich auch August Ströhmer eingesetzt - neben einigen anderen Zeitgenossen und Kollegen wie z.B. Anton Rosen, Lehrer Stake und Pastor Knebel.[568] August Ströhmer sah Utsch als durchaus religiösen Menschen, mit dem man trotz erwiesener Differenzen in Glaubensfragen gut auskommen konnte.[569]

Klar belastet war jedenfalls Fritz Heemann. Der in Lengerich ansässige SA-Mann, Parteigenosse und Kriegsteilnehmer hatte den tiefsten Sturz aller Ehemaligen des Kollegiums erlebt. Eine rechtskräftige Ernennungsurkunde zum Studienrat konnte er – anders als Ludwig Utsch - nicht vorweisen. Zudem war er in amerikanische Kriegsgefangenschaft geraten, aus der er erst im März 1946 krank nach Lengerich-Hohne zurückkehrte. Der härteste Schicksalsschlag hatte Frau und Kinder während seiner Abwesenheit unmittelbar nach der Einnahme Lengerichs durch britisch-kanadische Truppen getroffen. Zwei ihrer Söhne – Zwillinge - waren beim Spiel mit einer vergessenen scharfen Handgranate getötet worden.[570] Im Dezember 1946 wurde Heemann aus dem Schuldienst entfernt.[571] Als - öfter arbeitsloser - Hilfsarbeiter in der Landwirtschaft und auf dem Bau schlug er sich mühselig durch die ersten Nachkriegsjahre.[572] Anschluss an akademische Kreise fand er allerdings durch die Übernahme von Schreibarbeiten für ein Wörterbuch der westfälischen Variante des Plattdeutschen im Auftrag der Volkskundlichen Kommission in Münster.[573] Die Beharrlichkeit und Zähigkeit Heemanns, die ihn vor 1945 fast ans Ziel gebracht hatten, zahlte sich nach 1945 wiederum aus. Der evangelische Pastor Veerhoff aus Lengerich setzte sich für ihn vom Krankenbett aus ein, lobte ihn als „sehr anständig" und „zuverlässig".[574] Selbst Anton Rosen und Rektor Scholmeyer von der evangelischen Volksschule verwandten sich neben einigen anderen Zeugnisgebern für ihn. Rosen bekundete gar, er habe „nie erfahren, dass er [Heemann] nationalsozialistische Ideen an unsere Jugend heranbrachte".[575] Von Rektor Ströhmer findet sich allerdings kein Entlastungsschreiben für Heemann – eingedenk der Szene im Saale Leugermann 1939 mehr als verständlich. Die gewählten Vertreter des Amtes Ibbenbüren lehnten - trotz oder wegen so viel Schönfärberei - Heemanns Rückkehr an die Ibbenbürener Schule im August 1948 unmissverständlich ab.[576] Doch konnte dieser dank seiner Versetzung als Studienassessor an einen Dienstort im Ruhrgebiet seine berufliche Laufbahn ungehindert fortsetzen. Kurz zuvor hatte er sein Entnazifizierungsverfahren „mit dem Ergebnis der einstimmigen Entlastung"[577] überstanden. Schon 1951 erlangte er die Ernennung zum Studienrat, später zum Oberstudienrat, ja Studiendirektor.[578]

Alle überlebenden Lehrkräfte der „Deutschen Oberschule" in Ibbenbüren hatten – soweit sich dies nachverfolgen lässt – wenige Jahre nach Ende des Nationalsozialismus wieder Fuß gefasst. Aus anfänglich Belasteten waren Entlastete oder geringfügig Belastete geworden. Auffällig sind gewisse Ungereimtheiten in den für die Betroffenen letztlich günstig ausgegangenen Entnazifizierungsverfahren.

Studienrat Utsch avanciert in den Leumundszeugnissen seiner wohlmeinenden Kollegen fast schon zu einem Opfer der NSDAP, die ihn, den unpolitischen, wenn auch fehlgeleiteten Pädagogen, gelegentlich sogar drangsaliert habe. Tatsächlich beschwerte sich aber die Partei 1936 über ihn als „böswilligen Zahlungsverweigerer".[579] Sein Verhalten hätte auch in einem demokratischen System so nicht durchgehen können. Zudem hatte er später nur dank massivem Einsatz seines Nachbarn, des Kreisleiters Knolle, die Stellung eines Studienrats erklommen. Diese Vorteilnahme stand nun nicht zur Debatte.

Fritz Heemann, die ehrliche Haut, als die er oft charakterisiert wurde, gab nach dem Krieg unwiderlegt Sturmmann als höchsten in der SA bekleideten Rang an, während er in seinen Personalakten als Scharführer, dann sogar Oberscharführer geführt wurde. Schon ein genaueres Aktenstudium hätte hier geholfen, zu differenzierteren Einschätzungen zu gelangen.

Andernorts waren - noch zur Nazizeit - fügsamere Schulleiter als August Ströhmer nach Umwandlung ihrer Rektoratschulen zu Oberstudienräten aufgestiegen.[580]

Für Dr. Deiting schließlich, den Nachfolger Josef Richters und Vorgänger Wilhelm Grimmes als kommissarischer Schulleiter an der Amtsrektoratschule, erhob sich eine wirkliche Bürgerbewegung, die zumindest seine Wiedereinstellung in den Schuldienst verlangte. Die Briten hatten ihn bei der Wiedereröffnung der Schule im Februar 1946 wegen seiner Parteimitgliedschaft nicht mehr als Lehrer zugelassen.[581] Im Oktober 1946 kehrte er an seine alte Wirkungsstätte zurück.[582]

Auch die beiden Abgesandten der Münsteraner Abteilung für höhere Schulen, die Oberschulräte Sanden und Goldmann, hatten es recht gut getroffen. Im Umgang mit dem Fall Ströhmer hatten sie sich in der NS-Zeit nicht erkennbar voneinander unterschieden, letztlich eben nur Anweisungen Dritter befolgt. Hermann Goldmann war seit 1929 als Oberschulrat am Schulkollegium Münster tätig. Außerdem bekleidete er die Stellung des Vorsitzenden am Wissenschaftlichen Prüfungsamt Münster. In der Zentrumspartei hatte er nach dem Ersten Weltkrieg verschiedene Funktionen wahrgenommen. Er saß bis zum bitteren Ende der Partei in ihrem sogenannten Reichsausschuss und galt als einer der Gestalter ihrer Schul- und Kulturpolitik. Mit führenden Zentrumspolitikern der Weimarer Republik (den Kanzlern Marx und Wirth sowie Minister Bell) war er gut bekannt.[583] Ähnlich wie der ihm unterstellte, nahezu gleichaltrige Rektor Ströhmer war er allerdings 1940 - kurz nach der Überprüfung der Amtsrektoratschule - wegen vermuteter politischer Unzuverlässigkeit beurlaubt und zum 1. September 1941 vorzeitig in den Ruhestand geschickt worden. Bereits 1938 war ihm der Vorsitz am Prüfungsamt entzogen worden.[584] Schon 1946 konnte er wieder als Oberschulrat und später auch als Leiter des Prüfungsamtes bis zur Pensionierung 1951 amtieren. Aus Gründen der politischen Gerechtigkeit und wegen seiner ausgezeichneten Leistungen als Schulverwaltungsbeamter hatte er bis zum 67. Lebensjahr auf seinem Posten verbleiben dürfen. 1958 folgte die Verleihung des Bundesverdienstkreuzes wegen besonderer Verdienste auf dem Gebiet des höheren Schulwesens.[585] In der Wahrnehmung der ersten Abiturienten des Ibbenbürener Amtsgymnasiums gab er in seinen letzten Dienstjahren allerdings keine gute Figur ab. „Wir Schüler sagten über die beiden Schulräte [an die Stelle des bisherigen Oberschulrates Sanden war Oberschulrat Bruchmann getreten]: ' Goldmann ist Bruch und Bruchmann ist Gold.'"[586] Grund für das wenig schmeichelhafte Urteil war, dass Kollege Bruchmann – wohl anders als Goldmann – von den Schülern als „ein fortschrittlicher und demokratisch denkender Mann" geschätzt wurde.[587]

Goldmanns eindeutig belasteter ehemaliger Amtskollege Konrad Sanden hatte 1933 nach der Machtübernahme der Nazis eine Blitzkarriere hingelegt. Der Oberschlesier war NSDAP-Mitglied seit 1932. Seinen wenig deutsch klingenden ursprünglichen Nachnamen Piosczik hatte er 1939 in Sanden umändern lassen. Unter Umgehung der Laufbahnvorschriften war der Studienrat an einem Gymnasium in Gleiwitz 1934 zum Oberschulrat in Oppeln ernannt worden. Seine Dienststelle wurde später nach Breslau verlegt. Dort zerstritt er sich mit anderen Funktionären des Machtapparates, was ihm 1939 eine Missbilligung durch den Oberpräsidenten Schlesien und im Mai 1940 seine Versetzung nach Münster eintrug. Im September 1945 musste Sanden zwar seinen Schreibtisch als Schulrat räumen. Doch ging er zwei Jahre später aus dem Entnazifizierungsverfahren als entlastet hervor. Zwar hatte nun die Kultusministerin von Nordrhein-Westfalen seine Wiederberufung in das Beamtenverhältnis auf Lebenszeit als Studienrat verfügt, doch widersetzten sich alle Referenten des Münsteraner Schulkollegiums einer Weiterbeschäftigung Sandens in Westfalen. Hier habe er sich als bekannter Nationalsozialist unmöglich gemacht. Wegen einer Fußverletzung gelang ihm als „Entlastetem" Ende 1948 die vorzeitige Versetzung in den Ruhestand wegen dauernder Dienstunfähigkeit. Danach kämpfte er erfolgreich für eine Erhöhung seiner Pension. Seine Rückstufung vom Oberschulrat zum Studienrat sei angesichts seiner Haltung und Leistungen in Oppeln, Breslau und Münster nicht gerechtfertigt. Als Pensionär unterrichtete er noch jahrelang nebenamtlich an einem Gymnasium.[588]

Friedrich Reimpell war seit den Zeiten der späten Weimarer Republik NS-Ideologe durch und durch. Unermüdlich trommelte er auf Veranstaltungen in nah und fern für den Sieg der Hitlerbewegung. Nur deshalb hatte der schon 1927 in die NSDAP eingetretene junge Volksschullehrer aus Duisburg unmittelbar nach der Machtübernahme der Nazis kometenhaft zum Regierungs- und Schulrat in Münster aufsteigen können. Zeitweilig war gar sein Einsatz als Verwalter der Leiterstelle der Schulabteilung erwogen, dann jedoch verworfen worden. Dem „alten Kämpfer" fehlte es zwar nicht an Selbstbewusstsein, wohl aber an Erfahrung und Sachkunde wie auch Feingefühl für den Umgang mit Kirchenvertretern. Arbeitsdisziplin und gute Manieren gingen ihm ebenfalls ab. Aufbrausend und rechthaberisch wie er war, vergriff er sich nicht nur oft genug im Ton, sondern scheute auch vor dem Einsatz körperlicher Gewalt nicht zurück, wenn ihm die Nase seines Gegenübers auf der Straße, in der Partei oder im Dienst nicht passte. Mit seinem Gebrüll und Getobe war er der Mann für den Außendienst, fürs Grobe, um zum Beispiel Druck auf weltanschaulich widerborstige Lehrkräfte auszuüben. Den Zweiten Weltkrieg verbrachte er als Oberleutnant bei der Marine. Die alliierten Sieger internierten ihn für zwei Jahre. Seine vorläufige Entnazifizierung bei der Entlassung stufte ihn in Kategorie III mit Vermögenssperre ein. Er durfte in keiner Weise mehr als Lehrer, geschweige denn Schulaufsichtsbeamter angestellt werden. Jede Leitungstätigkeit in öffentlichen wie bedeutenden privaten Unternehmen wurde ihm untersagt. Außerdem sollte er keine Pension beziehen können. Das reguläre Entnazifizierungsverfahren, ein Revisionsverfahren und 1953 ein Wiederaufnahmeverfahren in Düsseldorf beließen es zwar bei seiner Einstufung in Kategorie III. Doch behielt er seine Pensionsansprüche und konnte theoretisch wieder als Lehrer beschäftigt werden. Im zweiten Anlauf gelang dem 53-Jährigen die vorzeitige Versetzung in den Ruhestand wegen Dienstunfähigkeit. Er legte jedoch nicht die Hände in den Schoß. Stattdessen tat er in der Bundesrepublik das, was er schon in der Weimarer Republik am besten gekonnt hatte – auf Veranstaltungen rechtsextremer verfassungsfeindlicher Kräfte gegen Demokratie und Siegermächte zu Felde zu ziehen. Alimentiert von einem demokratischen Deutschland, das er ablehnte.[589]

Nur der eigentlich rechtmäßige Schulleiter der Amtsrektoratschule bzw. Deutschen Oberschule Ibbenbüren stand noch Jahre nach dem 8. Mai 1945, der endgültigen Zerschlagung des Dritten Reiches, da wie ehedem. Wie mag er sich bei alledem gefühlt haben? Einen tiefen Blick in das Seelenleben des ebenfalls von den Nazis ausrangierten Polizeimeisters Bärtels wirft sein Sohn Heribert. Sein Vater gelangte nach dem Krieg nicht wieder in den Polizeidienst. Heribert Bärtels schildert eindringlich die Befindlichkeiten seines Vaters in den Nachkriegsjahren: „ Noch mehr wird ihn [seinen Vater Franz Bärtels] die Tatsache befremdet, gar verbittert haben, dass mancher Scharfmacher der NS-Zeit schnell wieder auf der Woge neuer Möglichkeiten schwamm. Belastete Büroleiter waren bald an alter Stelle im Amt. Vom Nachbarn Dr. Müller klangen bis spät in die Nacht fröhliche Zechlieder zu Vaters Schlafzimmerfenster. Dr. Müller blieb weiterhin führend bei den Freiwilligen Feuerwehren. Vater hörte den satten Klang, wenn gegenüber die Türen teurer Limousinen ins Schloss fielen und sie nachts mit aufheulenden Motoren davonbrausten."[590] Schon 1946 wurde Dr. Müller auf einer sogenannten Schwarzen Liste der Besatzungsmacht geführt.[591] Sie verzeichnete „Personen, von denen viele in beträchtlichem Comfort leben [...]".[592]

Ob Ströhmer noch einmal dienstlich an seine alte Schule zurückkehrte, bleibt unklar. Laut seinem Rechtsanwalt Dr. Erler hatte Ströhmer „sich 1945 wieder für den Schuldienst zur Verfügung gestellt, doch sind seine Dienste nicht in Anspruch genommen worden".[593] Im Juli 1946 hatte er gegenüber den Briten im schriftlichen Entnazifizierungsverfahren bekundet, gerne wieder unterrichten zu wollen – und sei es nur als nebenamtlicher Religionslehrer. „Lieber noch als Religionslehrer und Studienrat an der Oberschule in Ibbenbüren." Über den Fragebogen hatte er getippt: „Für die Höhere Schule".[594] Schon vorher - nach der verzögerten Wiedereröffnung der „Deutschen Oberschule/Amtsrektoratschule"" mit Anton Rosen sowie Frau Schulze im Februar 1946[595] - hatte ihn der kommissarische Schulleiter Grimme als Lehrer angefordert. Ströhmer sollte für zehn Monate Katholische Religionslehre unterrichten.[596] War der ehemalige Rektor tatsächlich noch einmal in die Bresche gesprungen? Eher nicht. Vier Jahre nach Kriegsende resümierte Ströhmer selbst: „1945 war ich leider schon 63 Jahre alt geworden. Trotzdem erhielt ich die Genehmigung des Bischöflichen Generalvikariates in Münster mich wieder zu bewerben. Am 20.3.1946 wurde ich von der Militärbehörde zum Schuldienst zugelassen, am 23.1.1947 endgültig zugelassen, am 16.1.1948 'entlastet.'"[597] Im Oktober 1946 meldete Grimme nach Münster: „... für die Erteilung des katholischen Unterrichts ist noch keine Lehrkraft bestimmt, doch wird für die allernächste Zeit vom hiesigen Pfarrer ein Geistlicher in Aussicht gestellt." [598] Anfang 1947 schlug das Bistum Münster jedenfalls Kaplan Teske als Lehrer für Katholische Religion vor.[599] Grimme bemerkte rückblickend, erst seit Januar 1947 sei wieder Religionsunterricht erteilt worden.[600]

Auch an anderen Schulen wurde Ströhmer allem Anschein nach nicht mehr als Lehrer tätig. Selbstverständlich war dies nicht. Gänzlich unbelastete Lehrpersonen zu finden, stellte die britischen Besatzungsbehörden vor eine schwierige Aufgabe. Sie hatten das politisch heikle Fach Geschichte von ihrer Genehmigung der Wiederaufnahme des Unterrichts zunächst ausdrücklich ausgenommen. In Ströhmer hätte man aber einen der seltenen unbelasteten Lehrer finden können, der bei Bedarf sogar Geschichte wieder hätte unterrichten können. Zwar hatte Ströhmer 1947 tatsächlich das reguläre Pensionsalter erreicht. Doch zeigten viele Beispiele aus dem Kreise ehemaliger Kollegen, dass man noch lange Jahre nebenamtlich Unterricht erteilen konnte.

Mit dem Thema Schulunterricht hatte der Rektor jedenfalls abgeschlossen. Im Familienkreis kam es spätestens seit Mitte der Fünfziger des vergangenen Jahrhunderts – anders als die Umstände des Versteckens der Rosenthals - nicht mehr auf den Tisch.[601] Umgekehrt fragte sich Dr. Müller als Zeuge in Ströhmers Wiedergutmachungsverfahren, warum denn niemand den ehemaligen Rektor unmittelbar nach dem Sturz der NS-Diktatur einfach wieder in Brot und Würden gebracht habe bzw. dieser nicht weiter unterrichtet habe. Dann hätte sich das Problem der Entschädigung für entgangene Dienstjahre ja fast von allein gelöst.[602]

Für eine persönlich zu nehmende Wut Ströhmers auf ehemals führende Nazis finden sich keine handfesten Belege. Kreisleiter Knolle, dessen Haus im April 1945 durch Brandstiftung in Flammen aufgegangen war, war längst aus Ibbenbüren verschwunden. Er saß 1948 kurz vor seiner gerichtlichen Aburteilung im Lager Staumühle bei Paderborn.[603] Nach Entlassung aus fast vierjähriger Internierung bzw. Haft lebte er seit Frühjahr 1949 als Rentner im Raum Hannover.[604] Auch NSDAP-Ortsgruppenleiter Flecks war schon im Sommer 1945 in Ibbenbüren verhaftet und in das Internierungslager Staumühle überstellt worden. Das Oberhaupt der Orts-NSDAP hatte eine zweieinhalbjährige Haftstrafe zu verbüßen.[605] Nach seiner Haftentlassung Anfang 1948 kehrte Flecks nur kurz nach Ibbenbüren zurück.[606] Richter war tot. Dem Kollegen Utsch hatte Ströhmer nach 1945 den Rücken gestärkt. Auch dem jüngeren ehemaligen Kollegen Brandt hatte er beim Entnazifizierungsverfahren mit einem guten Leumundszeugnis geholfen.[607]

Dr. Müller allerdings grollte er insgeheim immer noch, wie auch einigen Anderen, die seinen Lebensweg gekreuzt hatten: „Demjenigen, der mir entgegengetreten ist, kann ich leicht die Hand [reichen,] wenn es sich um weniger bedeutsame Dinge handelt. Wenn man aber meiner Ehre zu nahe [Falschschreibung im Original] getreten ist, dann versöhne ich mich zwar, aber nur äusserlich. Der Stachel bleibt bei mir bis zum Lebensende.“[608] Ströhmers Beispielliste der „Ehrverletzer" aus dem Jahre 1958 umfasst mehrere Namen, darunter auch den von Dr. Müller.[609] Dr. Müller war mittlerweile Träger des Bundesverdienstkreuzes erster Klasse wegen seiner Verdienste um das Feuerlöschwesen.[610] Seit 1952 lebten die Kontrahenten von einst in unmittelbarer Nachbarschaft.[611]

Dr. Kösters aus Gladbeck findet in dieser Beispielsammlung keine Erwähnung. Erstaunlich genug, denn immerhin nennt Ströhmer hier einen „Dr. Marré, Studienrat in Gladbeck" als „Stachel" in seinem Fleische.[612] Weder die Akten noch Ströhmers Nachlass ergeben einen Grund für die Antipathie gegen den etwas jüngeren Kollegen Dr. Heinrich Marré vom Realgymnasium Gladbeck.[613] Wie überhaupt keine besondere Beziehung Ströhmers zum Realgymnasium erkennbar ist. Einzig und allein während Dr. Kösters' Schwarzwaldkur im Sommer 1924 hatte zeitweilig auch

Studiendirektor Prof. Dr. Bause vom Realgymnasium dessen Stelle vertreten. In dieser Funktion hatte Prof. Dr. Bause Kösters' Beschwerde über Ströhmer nach Münster weitergeleitet.[614] Zwar könnte Ströhmer hier Personen verwechselt haben. Doch eigentlich war der geschilderte Umstand kein Grund, einem zufälligen frühen Zeugen der Affäre besonders zu zürnen.

(61) Dr. Rudolf Müller: Hier als aktiver Feuerwehrführer. Nach dem Krieg Bezirksbrandmeister und Ehrenmitglied der Freiwilligen Feuerwehr Ibbenbüren

Es war wohl eher eine allgemeine Wut Ströhmers auf die Verhältnisse, die dazu geführt hatten, dass seine Zukunftsplanungen von Kräften durchkreuzt worden waren, die er nicht überwinden konnte. „Es ist etwas hinein gekommen, ohne Plan und Ordnung. Und hat in meinem Leben herum gewühlt, wie ein Spazierstock im Ameisenhaufen. Man hat mich immer wieder [Falschschreibung im Original] verhindert, etwas Angefangenes fortzusetzen, etwas Vorgeschrittenes zu vollenden."[615]

Ströhmer bezog sich hier zunächst auf zwei gescheiterte Anläufe zu einer Promotion 1904 bzw. in den Zwanzigern. Besonders das Thema der zweiten anvisierten Doktorarbeit belegt Ströhmers überdurchschnittliches Interesse am Schicksal der später radikal verfolgten Minderheit der Juden. Es sollte lauten: Die Juden im Urteil der katholischen Kirche.

Als weitere Schicksalsjahre sah er insbesondere die Jahre 1914, 1933 und 1939. Sie hätten großen Einfluss auf sein Leben ausgeübt. „Darum besteht es aus Perioden, die anders zu Ende gingen, als sie angefangen wurden."[616] Dennoch zeigte er sich in seinem Rückblick zufrieden und betonte, wie viel Glück er doch bei fast allen jähen Wendungen seines Lebens gehabt habe: „Man kann es auch so ausdrücken, Gott hat mich bisher gnädiglich beschützt. Ich habe zwar Dramen erlebt, aber keinen katastrophalen Untergang."[617]

Als Sieger der Geschichte konnte er sich kaum fühlen. Sicher, die britische Besatzungsmacht hatte ihn als untadeligen Nazigegner mit der Säuberung der wichtigsten Ibbenbürener Büchereien von NS-Literatur beauftragt, ganz im Sinne der Umerziehung der Deutschen zu guten Demokraten.[618] Die Schulexperimente der Nazi-Zeit waren ad acta gelegt worden: Die Amtsmittelschule, die Dr. Müller durchgesetzt hatte, überlebte sie nicht.[619] Ironie der Geschichte: Die am Fortbestehen der Amtsmittelschule interessierten Ehemaligen sollten sich laut Aushang des Ibbenbürener Verwaltungschefs in der Amtsrektoratschule melden.[620]

Demgegenüber erblühte die 1944 abgewickelte katholische Mädchenschule als Vorläuferin der heutigen Roncalli-Realschule zu neuem Leben. Die 1966 gegründete Anne-Frank-Realschule sieht sich ausweislich ihrer Homepage nicht als Wiederaufnahme der Amtsmittelschule, sondern als Neugründung.[621] Über die Frage der Rekonfessionalisierung der Volksschulen stimmten Ibbenbürens Eltern 1946 ab - mit dem Ergebnis der Wiedererrichtung konfessionell gebundener Volksschulen.[622]

Ebenfalls 1946 wurde die Amtsrektoratschule um eine sechste Klasse aufgestockt. Sie war ganz und gar nicht überflüssig geworden und verschwunden, sondern bildete den Grundstein des Amtsgymnasiums bzw. Goethe-Gymnasiums. Zur Feier der „langersehnten Nachricht", wonach das Kultusministerium NRW die Schule zur Vollanstalt erklärt hatte, erschien auch Rektor Ströhmer im Juni 1950 als geladener Gast am „Neusprachlichen Gymnasium".[623] Sowohl er als auch der reformorientierte Oberschulrat Bruchmann sprachen vor den Festgästen.[624] Ströhmer skizzierte in seinem Vortrag die Entwicklung des höheren Schulwesens in Ibbenbüren seit 1819. Einen direkten Draht zu seiner alten Schule dürfte er in jenen Jahren auch über einen Mitbewohner des Hauses an der Roggenkampstraße gehabt haben: Studienrat, später Oberstudienrat Dr. Martin Kunze wirkte von 1947-1957 am Gymnasium Ibbenbüren, bevor er als Oberstudiendirektor nach Burgsteinfurt wechselte.[625]

1959 beging das Amtsgymnasium „seinen hundertsten Geburtstag als höhere Schule"[626]. Anlässlich des Festaktes bewegte sich ein Fackelzug von der Roggenkampstraße zum Hof des neuen Amtsgymnasiums. Das Zugende bildete das Kollegium samt Schulleiter Heinrich Staudigl und Rektor Ströhmer.[627] Von Seiten seiner ehemaligen Schule erfuhr er also alle gebotene Anerkennung.

(62) *Festlicher Fackelzug 1959 des Ibbenbürener Gymnasiums: Ströhmer, Dr. Staudigl und Dr. Deiting (von links nach rechts)*

Anders sah es bei der Justiz aus: Nachdem Ströhmer im März 1949 - mittlerweile im 67. Lebensjahr - seine Anerkennung als „durch das Naziregiment schwer geschädigte[er]"[628] Bürger und Staatsdiener offiziell eingefordert hatte, musste er erfahren, wie langsam die Mühlen der Gerechtigkeit mahlten, wie wenig Einfühlungsvermögen mancher Entscheider bewies.

Ein von den Briten eingesetzter „Kreissonderhilfsausschuss" in Tecklenburg lehnte im Juni 1949 Ströhmers Antrag ab. Ein nachhaltiger gesellschaftlicher oder erheblicher wirtschaftlicher Schaden sei ihm nicht entstanden. Einen Kampf gegen den Nationalsozialismus habe er nicht beweisen können.[629] Ebenso verfuhr die Bezirksberufungskammer Münster in dieser Angelegenheit. Im Oktober 1949 teilte sie dem Antragsteller mit, dass es nach Ziffer 4 der gültigen Richtlinien nur darum gehen könne, ob er ein politisch verfolgter Kämpfer gegen den Nationalsozialismus gewesen sei. Die Messlatte hierfür lag sehr hoch. Man musste schon „systematisch im Kampf gegen das Naziregimes [Fehler im Original] Handlungen begangen ... haben, die den Tatbestand der Vorbereitung zum Hochverrat erfüllten und infolgedessen entweder längere Zeit illegal leben ... oder gesundheitliche Schäden erlitten haben".[630] Diesen Anforderungen genüge Ströhmer nicht.

Er ging nun den Weg über seine Dienstherren – Amtsverwaltung Ibbenbüren, Schulkollegium Münster und Land NRW – wie auch die Verwaltungsgerichtsbarkeit. Im Januar 1950 stellte er seinen Erstantrag auf Wiedergutmachung. Es dauerte drei Jahre, bis der Rektor a.D. nachträglich zum Oberstudienrat ernannt wurde.

Vorher jedoch hatten sich die Parteien in diesem Verfahren der Hilfe von versierten Münsteraner Rechtsanwälten versichert, die vor Gericht für ihren jeweiligen Standpunkt kämpften. Hauptgegner der Ansprüche Ströhmers war anfangs weder das Münsteraner Schulkollegium noch das Düsseldorfer Kultusministerium, sondern das Amt Ibbenbüren. Alles wurde in Frage gestellt: Ob Rektor Ströhmer wirklich unter normalen Umständen Leiter einer „Deutschen Oberschule" hätte werden können, ob es überhaupt diesbezügliche Zusagen Dr. Müllers bei Ströhmers Wechsel nach Ibbenbüren gegeben habe, wie ernst sein Gesundheitszustand 1940 wirklich war bzw. wer 1940 warum die Wahrheit in Attest und Gutachten verdreht habe, inwiefern Dr. Müller oder andere überhaupt Ströhmer hätten zwingen können, vorzeitig in den Ruhestand zu gehen.

Zeitweilig konnten Akten nicht mehr aufgefunden werden oder blieben verschwunden. Mal wurde behauptet, es seien gar keine angelegt worden. Schließlich wurde fleißig über Zuständigkeiten von Ibbenbüren über Münster bis Düsseldorf gerangelt. Finanzielle Entschädigungsfragen wurden bis Mitte der fünfziger Jahre verhandelt.[631] Diesen Kampf hatte Ströhmer als Sieger beendet.

1959 schrieb Anton Rosen über den Rektor im Ruhestand: „Der Retter der höheren Schule in Ibbenbüren hat [1941] den schmählichsten Undank hinnehmen müssen. Was seine Vorgänger Tigges, Strumann und Schrull zum Besten der Schule erstrebten, hatte Ströhmer mit der größten Zähigkeit fortgeführt und in schweren Kämpfen unsere 'schola latina' vor dem Absinken zur Mittelschule bewahrt. Mit innerer Befriedigung vernahmen wir später die Nachricht, daß er nach dem Kriege auf dem Wege der Wiedergutmachung zum Oberstudienrat befördert wurde und seine Verdienste wenigstens in etwa belohnt wurden."[632] Die Erleichterung über die positive Wendung seines Schicksals erfasste offenkundig auch sein weiteres persönliches Umfeld.

Als die „Ibbenbürener Volkszeitung" 1972 ihre Leserschaft um Anregungen zur Namensgebung für das Städtische Gymnasium – das ehemalige Amtsgymnasium – gebeten hatte, landeten auch die Vorschläge „August-Ströhmer-Gymnasium" und „Heinrich-Staudigl-Gymnasium" auf dem Tisch der Redaktion.[633] Beide Namen konnten sich aber in der Debatte nicht durchsetzen.

Schweigen ist Silber, Reden ist Gold: Ströhmers Rolle bei der Aufarbeitung der NS-Vergangenheit und beim Aufbau der zweiten deutschen Demokratie

Ströhmers Rettungsmaßnahme aus der Zeit brutaler Judenverfolgung kam selbst 1959 weder bei Anton Rosen noch anderswo öffentlich zur Sprache.[634] Erst der Abriss des „Judenhauses", in dem einst die Familie Rosenthal gewohnt hatte, bewog den bald achtzigjährigen Pensionär, einen Artikel über das Haus und seine ehemaligen Bewohner zu verfassen. Sein Beitrag „Das alte Haus und die Juden in Ibbenbüren." erschien am 22. Mai 1962 in der „Ibbenbürener Volkszeitung" Fast nebenbei erwähnt und beschreibt er hier seine Nothilfe - und die anderer Nachbarn - für Rika und Meyer Rosenthal in den Pogromtagen.

Der gesamte Artikel war anscheinend primär nicht als präzise Beschreibung von Vorgängen während der Nazi-Zeit gedacht. Er ist eine Mischung aus eigenen – bunt gestreuten - Erinnerungen und Beobachtungen, angelesenen Fakten sowie von Reflexionen über die Bedeutung der Geschichte(n) für die Gegenwart.

Deutlich wird hier wie auch in einer Artikelsammlung in seinem Nachlass, wie intensiv sich Ströhmer, der ja unter anderem Hebräisch studiert hatte, mit der Geschichte der Juden seit der Antike auseinandergesetzt hatte. In der Gegenwart des Jahres 1962 machte er sich Sorgen wegen eines neuen Antisemitismus „ohne Juden" unter den Jüngeren. Dieser nähre sich von dumpfen Vorurteilen der Vor-Generation, die die HJ oder den BDM durchlaufen hatte. Auch unter den Alten gebe es zu viele, die den Schleier des Vergessens über die Jahre des Nationalsozialismus ausbreiten wollten. Hier helfe nur Aufklärung, der auch sein Artikel dienen solle.[635]

Eine unmittelbare größere Wirkung im Sinne gezielter Auseinandersetzung mit der jüngeren Vergangenheit verzeichnete der Beitrag wohl nicht. Niemand fragte anscheinend bei dem Autor als wertvollem Zeitzeugen mit profunden Kenntnissen nach, wie es sich denn mit dieser oder jener Mitteilung verhielte. Niemand ergänzte Ströhmers Text durch eigene Erinnerungen. Insofern schien sein leicht resignativer Ton berechtigt. Ströhmers Reminiszenzen an die Ibbenbürener Pogromtage und Verfolgung der Juden blieben für längere Zeit eine der wenigen allgemein zugänglichen Quellen. Bezeichnend ist, dass die „Ibbenbürener Volkszeitung" noch im November 1985 zur Erinnerung an die Pogromtage des Jahres 1938 auf Ströhmers Artikel von 1962 zurückgriff und ihn in gekürzter Fassung wieder veröffentlichte.[636]

Nach dem endgültigen Abschied von der schulischen Unterrichtstätigkeit konzentrierte sich August Ströhmer auf die Wahrnehmung anderer Aufgaben. Der Kapelle im Elisabeth-Krankenhaus, in der früher auch Schulgottesdienste abgehalten wurden, blieb er verbunden, las dort Messen.[637]

(63) Seelsorger Ströhmer (rechts)

Die während der NS-Diktatur unterbundene Fronleichnamsprozession wurde wieder aufgenommen und von Tausenden begleitet.[638] Traditionsgemäß war Rektor Ströhmer für den letzten Abschnitt vor dem Einzug in die Mauritiuskirche zuständig.[639] Nachhaltig unterstützte er seit 1947 den Aufbau einer eigenständigen Gemeinde in Ibbenbüren-Dörenthe. Bis ins hohe Alter ließ er sich seit 1949 dorthin fahren, um regelmäßig die Sonntagsmesse mit der jungen Gemeinde zu feiern.[640]

Zum 1. November 1963 war Dörenthe zum Pfarrrektorat mit eigener Vermögensverwaltung erhoben worden. Da ein ursprünglich ausersehener Rektor im Ruhestand aus gesundheitlichen Gründen seinen Dienst nicht antreten konnte, übernahm Ströhmer auf Bitten Münsters die verantwortliche Leitung des Pfarrrektorates „bis auf weiteres".[641] Nach Ernennung eines neuen Seelsorgers wurde er im Alter von 82 Jahren von dieser Aufgabe entbunden, doch zelebrierte er weiterhin im Kloster Waldfrieden, St. Michael in Ibbenbüren-Bockraden und eben der Krankenhauskapelle.[642]

Seine pädagogische Ader und sein demokratischer Impetus kamen nach dem Krieg auf anderen als schulischen Wegen wieder zum Vorschein. Prägend war die – bestimmt nicht jedem einleuchtende - Überzeugung, dass nach 1945 die seelische und geistige Not größer als die materielle sei.[643] Seit 1951 engagierte er sich, unterstützt von Rektor a.D. Stake, nachhaltig in der katholischen Jugend- und Bildungsarbeit Ibbenbürens, vor allem in der staatsbürgerlichen

Bildung.[644] Hier erzielte er eindrucksvolle Ergebnisse als Initiator, Organisator und Moderator des „Sozialem Seminars" im Kolping-Haus und im damaligen AOK - Gebäude. Die Dozenten kamen aus Münster und anderen Orten. Unter ihnen war auch Dr. Deiting, zwischenzeitlich Realschulleiter in Mettingen, der die Rolle Preußens in der deutschen und europäischen Geschichte näher beleuchtete. [645]

Historische Themen waren besonders gefragt, weil viele Jugendliche das Fach Geschichte nur als schulische Propaganda-Veranstaltung erlebt hatten und das anfängliche britische Unterrichtsverbot für Geschichte den Mangel nur verschärft hatte. Ein Teilnehmer erinnert sich noch heute gern an die prägende Kraft, die von Ströhmer und seinen Veranstaltungen ausging: „Wir haben ihn erlebt als jemanden, der die neue Zeit mit uns gestalten wollte."[646] Was umso erstaunlicher war, als ihn nun von seinen Eleven mehr als fünfzig Jahre Altersunterschied trennten.

(64) Klebezettel der CDU für den Aufbau einer bundesrepublikanischen Armee, 1952

Auch aktuelle politische Streitfragen wurden packend aufgegriffen. Ströhmer regte zum Beispiel 1952 die Jugendlichen an, bei einem „Parlamentarischen Abend" die heiß diskutierte Frage der Wiederbewaffnung der Bundesrepublik in einem Jugendparlament aufzugreifen. Argumente für und gegen die Einführung der Bundeswehr wurden wie bei einer Debatte im Bundestag ausgetauscht. Der Berichterstatter der „Ibbenbürener Volkszeitung" war voll des Lobes: „ Erstaunlich, wie die einzelnen, doch alle aus dem christlichen Lager stammenden 'Abgeordneten' sich in die Rolle eines Vertreters der KPD [Kommunistische Partei Deutschlands], SPD oder auch SRP [Sozialistische Reichspartei = Rechtsextreme] einarbeiteten. Die Schlagfertigkeit der KPD-Abgeordneten [...] machte es den Vertretern der Regierungsparteien nicht leicht, eine eindeutige und klare Begründung für einen Wehrbeitrag zu formulieren. [...] Die Vertreter der Presse nahmen den Eindruck mit, daß die Jugend Ibbenbürens auf dem besten Wege ist, echte 'Parlamentarier' heranzubilden."[647]

Ein weiteres Standbein seiner bildungspolitischen Aktivitäten war der gemeinsam mit einem Dr. Borgmann verantwortete „Katholische Vortragsring" im Rahmen der „Pax Romana", einem weltweiten Netz von Verbänden katholischer Akademiker und Studierender. Seit 1951 referierten und diskutierten ausgewiesene Experten mit den Ibbenbürener Zuhörern.[648] Beispielsweise war 1969 der renommierte Münsteraner Philosoph Josef Pieper zu einem Vortrag über „Hoffnung und Geschichte" eingeladen.[649]

In der Erinnerung an Ströhmers Eigenarten als Priester blitzen Züge auf, die an den Ströhmer der Gladbecker Zeit denken lassen. Ein jüngerer Zeitgenosse der Nachkriegsjahre und der frühen bundesrepublikanischen Zeit bescheinigt ihm „Narrenfreiheit" innerhalb des Ibbenbürener Klerus. Er sei eben nicht in die Hierarchie eingebunden gewesen – mit Pfarrer Heufers an der Spitze und vier bis fünf ihm unterstellten Kaplänen: „Da war Ströhmer außen vor."[650] Zu Clemens Niermann, seinem in mancherlei Hinsicht bemerkenswerten jüngeren Priesterkollegen, soll er ein gutes Verhältnis gehabt haben.[651]

Manche Vorliebe, mancher Charakterzug jener Jahre war sicher schon vorher ausgeprägt. So soll er mit Fleiß fast immer „auf den letzten Drücker", wenn nicht zu spät zu seinen Messen erschienen sein. Um dann gewohnheitsmäßig die wartenden Messdiener zu fragen: „Wie viel Zeit haben wir noch?"[652] Schroffheit im Umgang scheint in den Erinnerungen eines langjährigen Messdieners bei seinen Gottesdiensten im St. Elisabeth-Krankenhaus auf: „Wenn ich ihm zur Opferung Wein und Wasser in den Kelch einschüttete, haute er mir oft den Kelch an das Wasserkännchen, was mir im Laufe der Jahre mehrmals aus der Hand geschlagen wurde. Das hieß: nicht soviel Wasser. Nach der Messe kümmerte er sich nicht um die Messdiener."[653] Einer der damals Jüngsten erinnert sich, dass er schnell ungeduldig werden konnte: Verpassten Messdiener ihren Einsatz, fackelte er nicht lange, sondern erledigte deren Aufgabe lieber gleich selbst.[654]

Ströhmers Privatleben ist für die Jahre nach 1945 recht gut dokumentiert. In der weitverzweigten Familie war August Ströhmer der unbestrittene Patriarch. Die Ströhmer-Familie war sich ihrer historischen Wurzeln bewusst und pflegte engen sozialen Zusammenhalt. Dies musste auch das bischöfliche Generalvikariat in Münster zur Kenntnis nehmen. Ströhmers Haupterbe, sein Neffe Viktor Ströhmer, lehnte die geforderte Rückgabe von Originalurkunden seines Onkels an das Bistum rundweg ab: „Ich betrachte die Urkunden als ein Vermächtnis meines Onkels. Da wir von jeher innerhalb unserer Familie großen Wert auf Familiensinn gelegt haben, und selbst eine Familienchronik seit Jahren betreiben, kann ich die Urkunden nicht aus den Händen geben."[655] Als informelles Familienoberhaupt sorgte er sich nicht nur um die anderen Mitglieder, sondern sorgte für sie.

(65)   Die „Confraternitas Ibbenburensis", die Versammlung der katholischen Geistlichen Ibbenbürens, auch „Papenlandtag" genannt, stellte sich am 11. April 1961 dem Fotografen. Der hier wegen Krankheit nicht abgebildete Pater Wendelin Meyer beging sein Goldenes Priesterjubiläum. In der Mitte unten: Rektor August Ströhmer. Links von ihm Hermann Jaspers, rechts von ihm Propst Konermann.

Die „Jakobsburg" war sozusagen der Stammsitz der Ströhmers. Selbst die Autorität eines August Ströhmer hatte jedoch einst nicht gereicht, um eine ihm missliebige, weil konfessionell gemischte Ehe in der Großfamilie zu verhindern.[656] Wobei er sich damit doch einmal von seinen in jungen Jahren bekundeten Grundsätzen entfernte. Allerdings hatte ihn nach eigenem Bekunden an der Braut weniger ihre Konfession gestört, die er vielleicht noch toleriert hätte: „ [Sie war] nicht nur evangelisch [,] sondern auch lebenshungrig … . Sie brachte es sogar fertig, für ein hübsches Kleid als Mannequin aufzutreten."[657] Hier tritt er ähnlich auf wie gegenüber der aus seiner Sicht im Sportunterricht anstößig bekleideten Turnlehrerin der Gladbecker Zeit. Wobei diese seine Kritik ja in den falschen Hals bekommen hatte. Die Strenge und Reserviertheit seiner Person (Im

Familienkreis kursierte die Redewendung: „Aber das musst du nicht Onkel August sagen!") relativierte sich durch seine Vorliebe für verschiedene Spiele einerseits, guten Wein in Gesellschaft andererseits.[658] Den Genuss höherprozentiger Getränke wusste er ebenso zu schätzen. Ein Jugendlicher jener Jahre erinnert sich lebhaft daran, wie er von ihm anlässlich einer Geburtstagsfeier in der Kunst des Cognac-Schwenkens unterwiesen wurde.[659] Telefonisch zitierte er Verwandte zu geselligen Doppelkopf- Runden in der „Jakobsburg".[660] Auch mit anderen Honoratioren traf er sich zum Kartenspiel daheim oder aber auswärts in Gaststätten.[661] Oder erwies sich als überlegener Schachspieler im Duell mit Kaplan Jaspers.[662] Den dabei verkosteten Wein besorgte er auch schon mal persönlich von den Winzern. Er besaß einen Pkw, mit dem er Touren nicht nur an die Mosel[663], sondern auch in die Niederlande unternahm. Chauffieren ließ er sich von seinem Neffen Viktor, von Kaplan Jaspers und anderen.[664] In den Niederlanden besuchte Ströhmer mit Kaplan Jaspers in Leeuwarden Bekannte aus einem Zweig der Familie Brenninkmeijer – der Kontakt kam wohl über Mettingen zustande.[665]

Ende der Fünfziger zeigte er sich - als Bewohner der „Jakobsburg" und rehabilitierter Oberstudienrat i.R. - trotz aller Rückschläge und Nackenschläge rundum zufrieden mit seinem Leben: „Nun sitze ich am Dienstag, dem 6. August 1958 im runden Turm der Jakobsburg. Nulla re in hac terrarum valle magis delector quam arce Jacobi in pace silvana. [Lat.: Kein Ding in diesem Erdental bereitet mir mehr Freude als die Jakobsburg in Waldfrieden.] H. K. [im Original ausgeschrieben], Dr. jur. und Landgerichtsrat [korrigierte Rechtschreibung] in Hagen, den ich in der vorigen Woche besucht habe, wohnt schön im Grünen, aber zur Miete und in der Etage. Auf der Veranda habe ich wie gewöhnlich im Sommer von 4 bis 5 das Brevier gebetet; die dicken Sommeräpfel an der Straße, die süßen Birnen am Haus, die üppige Haselnußhecke, der nie versagende Zwetschgenbaum versprechen eine herrliche Ernte. Heute abend kommen Krankenkasseninspektor N. [im Original ausgeschrieben] und Frau, morgen spielen P. und Rechtsanwalt Dr. H. [beide im Original ausgeschrieben] bei mir Doppelkopf, übermorgen spielen Dr. K., K., Dr. E., B. [alle im Original ausgeschrieben] und ich bei Tirsch in Gravenhorst, am Samstag mache ich die Predigt, wenn die Sternschnuppentränen des hl. Laurentius fallen, am Sonntag gehe ich nach meinem Dörenthe und am folgenden Sonntag fahren wir zu vieren mit unserem Viktor nach Bad Salzuflen."[666]

Für die Erforschung seiner Familiengeschichte zeigte August Ströhmer nachhaltiges Interesse. Er unternahm schon als Student und noch einmal 1933 Reisen an die Wirkungsstätten seiner Vorfahren und entfernter Verwandter in Sachsen.[667]

Als Ahnherr der Ströhmer-Familie gilt ein schwedischer Soldat namens Strömer. In den Wirren des Dreißigjährigen Krieges war der Schwede in Torgau an der Elbe hängengeblieben. Ironie der

Geschichte: Die Ströhmers – ein Nachfahre schrieb sich seit Mitte des 18. Jahrhunderts mit „h" - waren ursprünglich Protestanten. Der Sattlermeister Adolf Friedrich Ströhmer - geboren 1801 in Herzberg bei Torgau, gestorben 1878 in Burgsteinfurt) war Lutheraner, heiratete jedoch eine Katholikin. Ihr römisch-katholisch getaufter Sohn August Friedrich war Ströhmers Vater.[668] Dessen zweite Ehefrau Maria (eigentlich Anna Maria), die Mutter August Ströhmers, stammte von einer verarmten Nebenlinie der Adelsfamilie derer von Hausen aus dem heutigen Saarland ab.[669]

Ein Parteipolitiker wie vor der Zeit des Nationalsozialismus war Ströhmer nun nicht mehr. Zwar wird er in einem der Nachrufe als Mitbegründer der CDU im heimischen Raum apostrophiert.[670] Doch ging sein Einsatz für die neue Partei mit großer Wahrscheinlichkeit nicht so weit: „Am Tage Christi Himmelfahrt [1945], (vielleicht aber war es auch Fronleichnam gewesen) und in der Folge noch häufiger traf sich eine kleine Gruppe im Hause Breite Str. 5, dann zunächst in Ignatz Mohrmanns „Privatkontor" und später auch bei Zumkley [Café] und an anderen Orten. Ein erstes „Werbeschreiben" wurde von [Rektor] Wilhelm Stake verfasst, und das lief noch unter „CDP " [ursprüngliche Bezeichnung der CDU]. Im Originalton Stake liest man: „Besprechungen und Zusammenkünfte lösten sich ab wie Posten vor dem Schilderhause." Ignatz Mohrmann hatte die Führung. Er nahm, um klarer zu sehen, mit dem Prälaten Professor Schreiber Verbindung auf, der vor 1933 im Zentrum führend tätig war. Der kam zu einer Aussprache nach Ibbenbüren. Dieser und alle dabei Anwesenden erklärten, dass für sie nur die CDP infrage komme. In diesen Wochen und Monaten trafen sich hauptsächlich folgende Männer: Ignatz Mohrmann, in dessen Räumen die ersten Zusammenkünfte stattfanden, Albert (die treibende Kraft der ersten Wochen und erster Kreisvorsitzender) und Theo Niemöller, Wilhelm Stake, Moritz Drees, Heinrich Budke (vor der Nazizeit Gewerkschaftssekretär und mit guten Verbindungen), Dr. Schedding, (dem vor allem das Zusammengehen von Katholiken und Protestanten am Herzen lag), Fritz Maug, Anton Zumkley, Malermeister Franz Falke (der später dem Bundestag angehören sollte), Dr. Richard Borgmann (der später viele Ehrenämter innehatte und 1958 Landrat wurde), Bauer Josef Verlemann (erfolgreicher Kommunalpolitiker, nach 1945 Gemeinde-und Amtsbürgermeister und erster gewählter Landrat), Rektor Franz Remke und Laurenz Börgel, der erst im Sommer aus dem Kriege heimkehrte. - Die formale Gründung der ersten Ortsunion fand aber erst am 31.3.1946 in Ibbenbüren statt."[671]

In diesem Bericht, der auf einer Darstellung Wilhelm Stakes von 1955 fußt, findet Ströhmer keine Erwähnung. Wohl aber stand er mit Rektor Wilhelm Stake in Verbindung und kannte den Prälaten Professor Schreiber aus Münster. Zudem war er ein enger Vertrauter Ignatz Mohrmanns, der zusammen mit einigen anderen Persönlichkeiten die Ibbenbürener CDU aus der Taufe gehoben hatte. In den Kriegsjahren hatten sie oft gemeinsam die deutschsprachigen Sendungen von BBC London gehört.[672]

August Ströhmer mag andere Momente seines Lebens als Höhepunkte empfunden haben. Aber sein unerschrockener Griff in das „Rad der Geschichte" lässt seine – im Umgang nicht immer einfache – Person herausragen aus der Masse der Zeitgenossen, deren Hand sich nicht rührte, als Unschuldige verfolgt wurden.

(66) Im Garten der „Jakobsburg": August Ströhmer und Hermann Jaspers, 1961

Abkürzungen

ACDP	Archiv für Christlich-Demokratische Politik
BA	Bistumsarchiv
BARCH	Bundesarchiv
BDM	Bund Deutscher Mädel, Jugendorganisation (Mädchen) der NSDAP
E	Eigene Aufnahme des Autors
HJ	Hitler-Jugend, Jugendorganisation (Jungen) der NSDAP
ITS	International Tracing Service
IVD	Ibbenbürener Vereinsdruckerei
KA	Kreisarchiv
KAS	Konrad-Adenauer-Stiftung e.V.
LAV	Landesarchiv
NSDAP	Nationalsozialistische Deutsche Arbeiterpartei
NSLB	Nationalsozialistischer Lehrerbund
OF	Keine Angabe zum Fotografen/Fotograf unbekannt
OP	Oberpräsidium/Oberpräsident
PfA	Pfarrarchiv
PSK	Provinzialschulkollegium, Schulaufsichtsbehörde
RP	Regierungspräsidium/Regierungspräsident
SA	Sturmabteilung der NSDAP
SS	Schutzstaffel der NSDAP
StA	Stadtarchiv
UA	Universitätsarchiv

Abbildungsverzeichnis

Bild-Nummer:

(1) Sammlung Hilgemann/OF
(2) Sammlung Balzer/Kiepker
(3) Sammlung Balzer/Kiepker
(4) StA Gladbeck, StA Gla_F 39-2-1/OF
(5) StA Gladbeck, StA Gla_FA-17-4/OF
(6) StA Gladbeck, StA Gla_S 70_Dr. Kösters/OF
(7) StA Gladbeck, StA Gla_FA_17-26_Jovy/OF
(8) BARCH, Bild 183-R27601 OF
(9) BARCH, Bild 102-09896 OF
(10) BARCH, Bild 102-14186/Georg Pahl
(11) LAV NRW W, K 201/Regierung Arnsberg Nr. 14510
(12) BARCH, Bild 102-13370/Georg Pahl
(13) BARCH, Bild 102-01297/Georg Pahl
(14) PfA Gladbeck/OF
(15) StA Gladbeck, StA Gla_24444045/OF
(16) Sammlung Stadtmuseum Ibbenbüren/OF
(17) „100 Jahre höhere Schule im Amt Ibbenbüren", S. 38/Dreverhoff. ©ivd GmbH & Co. KG, alle Rechte vorbehalten
(18) Sammlung Stadtmuseum Ibbenbüren/OF
(19) „100 Jahre höhere Schule im Amt Ibbenbüren", S. 37/Schularchiv/OF. ©ivd GmbH & Co. KG, alle Rechte vorbehalten
(20) Sammlung Stadtmuseum Ibbenbüren/OF
(21) KAS/ACDP 10-043-2
(22) Sammlung Stadtmuseum Ibbenbüren/OF
(23) „Ibbenbürener Volkszeitung", 16.12.1998, S. 37/OF. ©ivz.medien GmbH & Co. KG , alle Rechte vorbehalten
(24) UA Münster, Bestand 342, Nr. 1/OF
(25) LAV NRW W, K 359/Kreis Tecklenburg, Landratsamt Nr. 1675/OF
(26) LAV NRW W, K 359/Kreis Tecklenburg, Landratsamt Nr. 1675/OF
(27) LAV NRW W, R 001/Personalakten, Nr. I 1346 (Karl Pöpel)
(28) Familie Bitter/Sammlung Stadtmuseum Ibbenbüren/OF
(29) BARCH, Bild 183-R27601/OF
(30) „100 Jahre höhere Schule im Amt Ibbenbüren", S. 36/Schularchiv/OF. ©ivd GmbH & Co. KG, alle Rechte vorbehalten
(31) LAV NRW W, R 001/Personalakten Nr. 9775/OF
(32) LAV NRW W, R 001/Personalakten Nr. A W 485/OF
(33) LAV NRW W, R 001/Personalakten Nr. 11415/OF
(34) „100 Jahre höhere Schule im Amt Ibbenbüren", S. 43/Schularchiv/OF. ©ivd GmbH & Co. KG, alle Rechte vorbehalten
(35) Robert Herkenhoff/Sammlung Stadtmuseum Ibbenbüren/OF
(36) StA Ibbenbüren, D 1750
(37) BARCH, Bild 183-S38324/Theo Eisenhart
(38) LAV NRW W, S 003/Gauleitung Westfalen-Nord, Gauschulungsamt Nr. 236/OF
(39) LAV NRW W, K 201/ Regierung Münster, Nr. 9304
(40) StA Ibbenbüren, D 1750
(41) Sammlung Stadtmuseum Ibbenbüren/OF

(42) Sammlung Stadtmuseum Ibbenbüren/OF

(43) LAV NRW W, K 359/Landratsamt Tecklenburg Nr. 1752/OF

(44) E

(45) Sammlung Stadtmuseum Ibbenbüren/OF

(46) Sammlung Stadtmuseum Ibbenbüren/OF

(47) Sammlung Stadtmuseum Ibbenbüren/OF

(48) StA Ibbenbüren, Meldekartei, Meldekarte Karl Rosenthal, Schulstr. 2

(49) PfA Ibbenbüren/OF

(50) LAV NRW W, L 001a/Oberfinanzdirektion Münster Nr. 8077

(51) LAV NRW W, R 001/Personalakten Nr. 15432, Bd. 1/OF

(52) LAV NRW W, R 001/Personalakten Nr. 7506/OF

(53) BARCH, R 49 Bild-0131/Wilhelm Holtfreter

(54) „100 Jahre höhere Schule im Amt Ibbenbüren", S. 48/Schularchiv/OF. ©ivd GmbH & Co. KG, alle Rechte vorbehalten

(55) StA Ibbenbüren, Fotoarchiv, Bestand Anton Rosen 183/184, Stadtverwaltung Ibbenbüren/OF

(56) LAV NRW W, R 001/Personalakten Nr. 4132/OF

(57) LAV NRW W, R 001/Personalakten Nr. 6483/OF

(58) LAV NRW W, R 001/Personalakten Nr. 5633/OF

(59) LAV NRW W, R 001/Personalakten Nr. A K 100/OF

(60) PfA Ibbenbüren/OF

(61) Dr. Rudolf Koch/Stadtmuseum Ibbenbüren/OF

(62) Sammlung Josef Bröker/Dreverhoff

(63) Sammlung Josef Bröker/OF

(64) ACDP, Plakatsammlung, 10-031-755

(65) BA Münster, PfA Ibbenbüren, St. Mauritius, A 318/Josef Vorholt

(66) Sammlung Hermann Jaspers/OF

Literaturverzeichnis

1) Archivalien

Landesarchiv NRW, Abteilung Westfalen, Münster

R 001/ Bestand Personalakten
- Walter Brandt. Signatur: 11415. Kurztitel: PA Brandt
- Dr. Heinrich Deiting. Signatur: D 136. Kurztitel: PA Deiting
- Hermann Franz Eugen Hugo Alexander Elbertzhagen. Signatur: A E 6. Kurztitel: PA Elbertzhagen
- Hermann Goldmann. Signatur: A G 172. Kurztitel: PA Goldmann
- Wilhelm Adolf Fikuart. Signatur: I 5083. Kurztitel: PA Fikuart
- Fritz Heemann. Signatur: 09775. Kurztitel: PA Heemann
- Dr. Thea Klasen. Signatur: 6483. Kurztitel: PA Klasen
- Wilhelm Knebel. Signatur: 10443. Kurztitel: PA Knebel
- Dr. Joseph [Josef] Kösters. Signatur: 39,102/A K 102. Kurztitel: PA Kösters
- Dr. Maria Konerding. Signatur: K 166. Kurztitel: PA Konerding
- Frieda Mardicke. Signatur: 11577. Kurztitel: PA Mardicke
- Maria Moseke. Signatur: 5633. Kurztitel: PA Moseke
- Hermann Nickolay. Signatur: 38,33. Kurztitel: PA Nickolay
- Josef Notz. Signatur: 7506. Kurztitel: PA Notz
- Heinrich Peters. Signatur: 03/587. Kurztitel: PA Peters
- Karl Pöpel. Signatur: I 1346. Kurztitel: PA Pöpel
- Friedrich Wilhelm Reimpell. Signatur: 11 + 768. Kurztitel: PA Reimpell
- Josef Richter. Signatur: R 4. Kurztitel: PA Richter
- Anton Rosen. Signatur: R 297. Kurztitel: PA Rosen
- Dr. Konrad Sanden. Signatur: A S 1. Kurztitel: PA Sanden
- Dr. Raimund Scharlach. Signatur: A SCH 78. Kurztitel: PA Scharlach
- Friedrich Scholmeyer. Signatur: I 1337. Kurztitel: PA Scholmeyer
- Felix Schulz. Signatur: 15432, Bde. 1+2. Kurztitel: PA Schulz
- Wilhelmine Schulze. Signatur: 5885. Kurztitel: PA Schulze
- Wilhelm Stake. Signatur: 03/405. Kurztitel: PA Stake
- August Ströhmer. Signatur: A S 210. Kurztitel: PA Ströhmer
- Ludwig Utsch. Signatur: A U 17. Kurztitel: PA Utsch.
- Bernhard Anton Volbert. 655 + 2875. Kurztitel: PA Volbert
- Hedwig Weber. Signatur: 04132. Kurztitel: PA Weber
- Kurt Wilhelm. Signatur: W 485. Kurztitel: PA Wilhelm

P 101/ Bestand Provinzialschulkollegium
- Lyzeum Gladbeck/Deutsche Oberschule: Entlassung von Zöglingen, Disziplinarfälle und Rückforderung der Benefizien (1919-1932). Signatur: PSK 3635. Kurztitel: Disziplinarfälle Gladbeck
- Dt. Oberschule Gladbeck. Elternbeirat (1920-1935). Signatur: PSK 3637. Kurztitel: Elternbeirat Gladbeck
- Lyzeum Gladbeck/Deutsche Oberschule. Religionsunterricht und Gottesdienst (1915-1930). Signatur: PSK 3639. Kurztitel: Religionsunterricht Gladbeck

- Lyzeum Gladbeck. Lehrer (1914-1932). Signatur: PSK 3641. Kurztitel: Lehrer Gladbeck
- Umwandlung von Rektoratschulen (1939), Bd. 1. Signatur: PSK 6514
- Erlasse über die Anerkennung der Zubringeschulen. Signatur: PSK 7473
- Deutsche Oberschule/Lyzeum Gladbeck. Kuratorium (1914-1919). Signatur: PSK 7732. Kurztitel: Kuratorium Gladbeck
- Lyzeum/Deutsche Oberschule Gladbeck. Programme, z.T. Schuljahresberichte (1915-1934). Signatur: PSK 7733. Kurztitel: Schuljahresberichte Gladbeck
- Rektoratschule Ibbenbüren. Verwaltung, Schulbetrieb (1909-1940). Signatur: PSK 7859.1 Kurztitel: Schule Ibbenbüren A
- Städtisches neusprachliches Gymnasium (Ibbenbüren). Lehrpersonal (1940-1954). Signatur: PSK 9224. Kurztitel: Lehrpersonal Ibbenbüren
- Städtisches neusprachliches Gymnasium (Ibbenbüren). Schüler (1940-1959). Signatur: PSK 9228. Kurztitel: Schüler Ibbenbüren
- Städtisches neusprachliches Gymnasium (Ibbenbüren). Unterricht (1940-1950). Signatur: PSK 9231. Kurztitel: Unterricht Ibbenbüren.
- Städtisches neusprachliches Gymnasium (Ibbenbüren). Verwaltung, Schulbetrieb (1938-1962). Signatur: PSK 9234. Kurztitel: Schule Ibbenbüren B

K 201/ Bestand Regierung Münster
- Wiedergutmachungen. Entschädigungsakte Hermann Goldmann. Signatur: Nr. 132. Kurztitel: WGA Goldmann
- Durchführung des Reichsgesetzes zur Wiederherstellung des Berufsbeamtentums (Reichsgesetzbl. I, S. 145) (1933-Dezember 1934). Signatur: 9017: Kurztitel: Durchführung BBG
- Beamte (01.08.1933-Dezember 1937) [1942]. Signatur: 9142
- Das Lehrervereinswesen (1920-1942). Signatur: 9186. Kurztitel: Lehrervereine
- Fachlich-berufliche Fortbildung der Lehrerschaft (1940- [1941] [1939]). Signatur: 9261
- Judenschulen (1935-1943). Signatur: 9272. Kurztitel: Judenschulen
- Wissenschaftliche Fortbildungskurse für Lehrerinnen und Lehrer (September 1931-[1941]). Signatur: 9304. Kurztitel: Wissenschaftliche Fortbildungskurse für Lehrerinnen und Lehrer
- Die Rektoratschule in Ibbenbüren (1921-22.01.1929). Signatur: 9453. Kurztitel: Rektoratschule
- Acta betreffend die evangelische Schule zu Ibbenbüren (1906-09.01.1940). Signatur: 9471. Kurztitel: Evangelische Volksschule Stadt
- Die öffentliche Mädchenschule zu Gladbeck (1907-[1912]). Signatur: 9699. Kurztitel Mädchenschule Gladbeck
- Die öffentliche Höhere Mädchenschule zu Gladbeck (1913-[1914]); [1925]. Signatur: 9702. Kurztitel: Höhere Mädchenschule Gladbeck
- Die allgemeinen Schulangelegenheiten der Stadt Gladbeck (06.06.1926-19.02.1929). Signatur: 10227
- Die allgemeinen Schulangelegenheiten der Stadt Gladbeck. Signatur: 11915
- Schulakten der Evgl. Volksschule in Ibbenbüren, Krs. Tecklenburg (04.07.1947-13.04.1960). Signatur: 30489. Kurztitel: Evangelische Volksschule Stadt 2
- Katholische Schule zu Ibbenbüren (August 1922-27.09.1949). Signatur: 30492. Kurztitel: Katholische Volksschule Stadt
- Die evangelische höhere private Mädchenschule in Ibbenbüren (1923-1940). Signatur: 33576. Kurztitel: Evangelische höhere Mädchenschule

- Öffentliche Mittelschule für Jungen und Mädchen zu Ibbenbüren (1938-1944). Signatur: 33578. Kurztitel: Öffentliche Mittelschule
- Öffentliche Realschule für Jungen in Ibbenbüren [1940-1944]; (1953-1965). Signatur: 33579. Kurztitel: Öffentliche Realschule
- Die katholische höhere Mädchenschule zu Ibbenbüren (1924-1941). Signatur: 33580. Kurztitel: Katholische höhere Mädchenschule
- Amtsgymnasium in Ibbenbüren. E: Grundstücke, Gebäude, Steuern (1940-1970). Signatur: 44052

Q 121/ Bestand Landgerichte, Rückerstattungen
- Landgericht Münster, Erben des Viehhändlers Meyer Rosenthal (früher Ibbenbüren) ./. Stadt Ibbenbüren: Grundstück in Ibbenbüren. Aktenzeichen: MS RÜT 0454/51 (1948-1951, 1956). Signatur: 14918. Kurztitel: Rückerstattungsakte Meyer Rosenthal
- Jewish Trust Corporation anstelle von Meyer Rosenthal ./. Deutsche Reich [so im Original]: Bewegliches Vermögen (Bankguthaben). Aktenzeichen: MS RÜ 0160/50, MS RÜT 0001/51 (1948-1953). Signatur: 15734. Kurztitel: JTC Vermögen Meyer Rosenthal

L 001a/ Bestand Oberfinanzdirektion Münster, Devisenstelle
- Name: Rosenthal, Vorname: Meyer, Geburtsdatum: 07.04.1869, Geburtsort: Ibbenbüren, Wohnort: Ibbenbüren, Schulstr. 2. Signatur: 8077. Kurztitel: Devisenstelle Meyer Rosenthal

L 354/Bestand Ämter für gesperrte Vermögen, Kreisamt Warendorf
- Nr. 92 Gerhard Hohnhorst. Kurztitel: Gesperrte Vermögen Hohnhorst
- Nr. 155 [ohne Titel]
- Nr. 196 Allgemeines. Berichte und Abrechnungen
- Nr. 249 Heinrich Knolle. Kurztitel: Gesperrte Vermögen Knolle
- Nr. 250 Reinhold Flecks: Kurztitel: Gesperrte Vermögen Flecks

K 350/ Bestand Kreis Tecklenburg, Landratsamt
- Juden (Verehelichung etc.). Signatur: Nr. 917. Kurztitel: Krs. Tecklenburg, Juden
- Politische Vereine und Bünde. Überprüfung der politischen Versammlungen und Flugblätter (1931-1932). Signatur: 1002
- Schulwesen (Juli 1939- [November 1939]). Signatur: 1024
- Schulwesen. Stellen, Bauten, Schülerzahlen (1938-Juli 1939). Signatur: 1027
- Rektoratschule zu Ibbenbüren (1879- [1939]). Signatur: 1070
- Politische Vereine und Bünde. Überprüfung der politischen Versammlungen und Flugblätter (1923-[1933]). Signatur: 1379
- NSDAP, SA, SS und Nebenorganisationen (1934-[1940]). Signatur: 1443
- NSDAP, SA, SS und Nebenorganisationen (1934-[1939]). Signatur: 1455
- Die evangelische Stadtschule zu Ibbenbüren (1903-1925, 1939). Signatur: 1503
- Sicherheitspolizei (1934-[1935]). Signatur: 1604. Kurztitel: Sicherheitspolizei (1934-1935)
- Kreistreffen des Kreises Tecklenburg (1939). Signatur: 1675
- Sicherheitspolizei (1935). Signatur: 1752
- Versetzungen (1935). Signatur: 1842
- Juden (1938-1939). Signatur: 1896a. Kurztitel: Juden I
- Juden (1935-1941), Signatur: 1896b. Kurztitel: Juden II

S 003/ Bestand NSDAP, Gauleitung Westfalen-Nord
- Gauschulungsamt, Nr. 236 Erwin Kaul. Kurztitel: Gauschulungsamt Kaul

Landesarchiv NRW, Abteilung Rheinland, Duisburg

Bestand Entnazifizierungsakten
- Walter Brandt. Signatur: NW 1046, Nr. 4026. Kurztitel: ENA Brandt
- Dr. Heinrich Deiting. Signatur: NW 1046, Nr. 569. Kurztitel: ENA Deiting
- Friedrich Heemann. Signatur: NW 1039-H-04438 (digitalisiert). Kurztitel: ENA Heemann
- Maria Moseke. Signatur: NW 1039-M-02402 (digitalisiert). NW 1037-RS Nr. 2269. Kurztitel: ENA Moseke
- Wilhelmine Schulze. Signatur: NW 1046, Nr. 5157. Kurztitel: ENA Schulze
- August Ströhmer. Signatur: NW 1046, Nr. 980. Kurztitel: ENA Ströhmer
- Ludwig Utsch. Signatur: NW 1046, Nr. 797. Kurztitel: ENA Utsch
- Kurt Wilhelm. Signatur: NW 1039-W-02461 (digitalisiert). NW 1037-BIV Nr. 4478 Kurztitel: ENA Wilhelm

Stadtarchiv Ibbenbüren

Bestand E.[rich] Weichel/W.[erner] Suer
„Oral-History-Projekt. Ibbenbürener erinnern sich." Band 01: Interviews, 1988-2002; Band 02: Dokumente (Kopien), 1930-2002. Kurztitel: Weichel/Suer, Oral History 01; 02

Bestand D
- Niederschriften Amtsvertretung (1920-1930). Signatur: D 184. Kurztitel: Amtsvertretung (1920-1930)
- Niederschriften Amtsvertretung (1931-1945). Signatur: D 185. Kurztitel: Amtsvertretung (1931-1945)
- Niederschriften über ordentliche und nichtöffentliche Sitzungen des Rates des Amtes (1947-1952). Signatur: D 170. Kurztitel: Rat des Amtes (1947-1952)
- Einrichtung konfessioneller Schulen (1946-1949). Signatur: D 1597
- Gymnasien. Verschiedene Angelegenheiten der Lehrkräfte. Personalakten nebenberuflicher Lehrkräfte. Allgemeines (1943-1955). Signatur: D 1699. Kurztitel: Gymnasien. Verschiedene Angelegenheiten
- Gymnasien. Lehrkräfte B – G (1950-1960). Signatur: 1700. Kurztitel: Lehrkräfte B – G
- Gymnasien. Lehrkräfte H – Ko (1935-1967). Signatur: 1701. Kurztitel: Lehrkräfte H – Ko
- Gymnasien. Lehrkräfte Kr – O (1940-1958). Signatur: 1702. Kurztitel: Lehrkräfte Kr – O
- Gymnasien. Lehrkräfte Oe – St (1949-1967). Signatur: 1703. Kurztitel: Lehrkräfte Oe – St
- Gymnasien. Lehrkräfte T – W (1941-1954). Signatur: 1704. Kurztitel: Lehrkräfte T – W
- Gymnasien. Wiedereröffnung der Oberschule für Knaben (1945-1946). Signatur: D 1712. Kurztitel: Gymnasien. Wiedereröffnung
- Gymnasien. Angelegenheiten der Lehrkräfte, Anstellung, Bezahlung (1933-1950). Signatur: D 1714. Kurztitel: Gymnasien. Lehrkräfte (1933-1950)
- Gymnasien. Verfügungen, Kuratorium, Schulanmeldungen, Schulgeschichte (1933-1947). Signatur: D 1715. Kurztitel: Gymnasien. Verfügungen

- Volks- und Hilfsschulen. Schulverwaltung. Allgemein. Statistik. Eröffnung der Schulen. Rassentrennung (1934-1948). Signatur: D 1750.
- Einrichtung konfessioneller Schulen (1946-1949. Signatur: D 1597
- Besitz Meyer Rosenthal/ehem. Altes Judenhaus/Schulstr. 2 (1896-1962). Signatur: D 2852. Kurztitel: Altes Judenhaus
- Schulchroniken Evangelische Stadtschule (1831-1945), Signatur: D 3303.
- Schulchronik der Katholischen Stadtschule Ibbenbüren (1837-1952). Signatur: D 3304.

Bestand G
- Sebastian Rolf, Die Vertreibung der jüdischen Gemeinde Ibbenbürens (1933-1942), Examensarbeit, Westfälische Wilhelms-Universität Münster 2009. Signatur: A G/41247. Kurztitel: Rolf 2009
- Miriam Lange, Die Umbenennung der Schulstraße in Synagogenstraße, 16.10.1997. Proseminararbeit im Seminar für Didaktik der Geschichte (Dr. A. Kenkmann) an der WWU Münster. Signatur : G/41184.
- Stefan Buchholz, Ibbenbüren 1933 – 1939. Aspekte nationalsozialistischer Herrschaft in einer Kleinstadt. Wissenschaftliche Hausarbeit zur Erlangung des akademischen Grades des Magister Artium an der Universität Osnabrück 2003. Signatur: A G/41219. Kurztitel: Buchholz 2003
- „Juden in Ibbenbüren." Ein Projekt der Klasse 10 b. Bodelschwinghschule 1981. Signatur: 410/192

Stadtarchiv Gladbeck

Bestand 1-B
- Protokollbuch der Stadtverordnetenversammlung (6. Juni 1924 - 20. August 1931), Signatur: 449. Darin: Sitzung vom 30.07.1924. Als Digitalisat: 1924-07-30. Kurztitel: Protokollbuch Gladbeck

Bestand 1-105-Personalakten
- Johanna Meuskens. Signatur: 898/Alt-Signatur: M 120
- August Ströhmer. Signatur: 2748/Alt-Signatur: St 76. Kurztitel: PA Ströhmer GLA

Bestand III-9
- Erinnerungen Fr. [Eleonore] Jovy

Universitätsarchiv Münster

Rektor (1902-1970), Sachakten:
Bestand 004 – Studentische Angelegenheiten
- Freier Sozialistischer Studentenbund an der Westfälischen Wilhelms-Universität (Juli 1929 - 1933). Signatur: 733

Bistumsarchiv Münster

Bestand Kirchengemeinde Ibbenbüren
- Angelegenheiten der „Schulfreunde", einer Vereinigung zur Begründung der Rektoratsschule [sic!] in Ibbenbüren (1880-1929). Signatur: A 265. Kurztitel: Schulfreunde
- Mitgliederverzeichnis des Vereins der Schulfreunde e.V. (1903-1920). Signatur: A 266. Kurztitel: Schulfreunde Mitglieder
- Protokollbuch des Vereins der Schulfreunde der Rektoratschule. Von hinten: Protokolle des Rektoratschulkuratoriums 1895-1901 (1901-1930). Signatur: A 267. Kurztitel: Schulfreunde Protokolle
- „Das Dekanat Ibbenbüren." Für Dechant Bernhard Heufers zum 40. Priesterjubiläum. Zusammengestellt und kommentiert von Jos. Vorholt. Signatur: A 318

Bestand Generalvikariat - Neues Archiv
- Bericht „Ibbenbüren" von 1946. In: 1 Generalvikar, Materialsammlung Drittes Reich. Signatur:GV NA A 101-11. Kurztitel: Materialsammlung Drittes Reich I
- Bericht „Laggenbeck" vom 14.04.1946. In: 1 Generalvikar, Materialsammlung Drittes Reich. Signatur: GV NA A 101-11. Kurztitel: Materialsammlung Drittes Reich II
- [Anton] Rosen, Schreiben an die St. Mauritius-Kirchengemeinde vom 11.12.1964 mit Aufstellung der Namen von Personen, die in der Zeit des Nationalsozialismus verfolgt wurden. In: 1 Generalvikar, Materialsammlung Drittes Reich, Ibbenbüren/Kirchhellen. Signatur: GV NA A 101-10 R. Kurztitel: Materialsammlung Drittes Reich III
- Seelsorge-Personal (Geistliche), August Ströhmer. Sammlungen. Klerusbiographie. August Ströhmer (1882-1971). Signatur: GV NA A 05/500 HA; A 832. Kurztitel: PA Bistum

Archiv der Pfarrgemeinde St. Mauritius Ibbenbüren
- Pfarrchronik
- Zeitungsausschnitt: Jürgen Bank, „Nach der 'Reichskristallnacht' wurden zahlreiche Ibbenbürener Juden in Konzentrationslagern umgebracht." In: „Westfälische Nachrichten", 09.11.1993

Bezirksregierung Düsseldorf/Dez. 15 (Angelegenheiten n.d. BEG u. d. Härtefonds NRW; Bundeszentralkartei):
- Regierungspräsident Münster-Entschädigungsbehörde (BEG). Entschädigungsakte August Ströhmer, geb. 10.06.1882/Burgsteinfurt. Reg.-Nr.: 2168/Zentralkartei-Nr.: 442937. Kurztitel: EA Ströhmer

Archiv des ITS, Bad Arolsen

Bestand ZNK (Zentrale Namenskartei)
- TD 1008597 Meyer Rosenthal, geb. 07.04.1879 [Fehler im Original]
- TD 1008598, Ricka [Falschschreibung wie im Original] Rosenthal, geb. 17.03.1875

www.galen-archiv.de

Online-Datenbank des Volksbundes deutsche Kriegsgräberfürsorge e.V.
www.volksbund.de/graebersuche:
Ludwig Bitter, 05.03.1908 Ibbenbüren -27.09.1942, Kr. Laz 2/500 (509) Kursk
Josef Georg Richter, 18.04.1904 Ibbenbüren – 21.04.1944 Harasyanow

www.dionysianer.de:
Jahrgangsseite 1929, Nr.4: Ludwig Bitter

Archivdatenbank der Bibliothek für Bildungsgeschichtliche Forschung (BBF) des Deutschen Instituts für Internationale Pädagogische Forschung Berlin. Gutachterstelle für deutsches Schul- und Studienwesen im Berliner Institut für Lehrerfort- und weiterbildung und Schulentwicklung Personalbögen (PEB)/Lehrerkartei(LEK)/Volksschullehrerkartei (VLK)/
www.archivdatenbank.bbf.dipf.de:

- Kaul, Erwin, 03.03.1900. BBF/DIPF/Archiv, Gutachterstelle des BIL - Preußische Volksschullehrerkartei, Regierungsbezirk Münster, GUT LEHRER (Personalunterlagen von Lehrkräften), 110543
- Lenfort, August, 26.08.1890. BBF/DIPF/Archiv, Gutachterstelle des BIL - Preußische Volksschullehrerkartei, Regierungsbezirk Münster, GUT LEHRER (Personalunterlagen von Lehrkräften), 106374
- Marré, Heinrich, 06.06.1890. BBF/DIPF/Archiv, Gutachterstelle des BIL - Personalbögen der Lehrer höherer Schulen Preußens. Bestellsignatur: GUT LEHRER (Personalunterlagen von Lehrkräften), 146102
- Hohendorff, Arthur Albert Traugott, 08.04.1893, BBF/DIPF/Archiv, Gutachterstelle des BIL - Preußische Volksschullehrerkartei, Regierungsbezirk Münster, GUT LEHRER (Personalunterlagen von Lehrkräften), 109797
- Stenzel, Josef, 28.07.1896. BBF/DIPF/Archiv, Gutachterstelle des BIL - Preußische Volksschullehrerkartei, Regierungsbezirk Oppeln. Bestellsignatur: GUT LEHRER (Personalunterlagen von Lehrkräften), 129271
- Ströhmer, August, 10.06.1882. BBF/DIPF/Archiv, Gutachterstelle des BIL - Personalbögen der Lehrer höherer Schulen Preußens. BBF/DIPF/Archiv, Gutachterstelle des BIL - Personalkartei der Lehrer höherer Schulen Preußens. Bestellsignatur: GUT LEHRER (Personalunterlagen von Lehrkräften), 167905

2) Nachlässe

2.1) August Ströhmer/Sammlung Marlis Ströhmer

- Erinnerungen und Gedanken eines alten Mannes: Meminisse iuvat! Pro familia consanguinea, mihi carissima. [1959 abgeschlossenes Typoskript mit handschriftlichen Ergänzungen und Korrekturen.] Kurztitel: Ströhmer 1959
- Pennälererinnerungen. [Ca. 1958/59 abgeschlossenes Typoskript.] Kurztitel: Pennälererinnerungen
- Schreiben Dr. Erlers an die Amtsverwaltung Ibbenbüren - Schulamt – vom 17.11.1950

2.2) Dr. Rudolf Müller/Sammlung Dr. Koch im Stadtmuseum Ibbenbüren

- Brief von Rektor Ströhmer an Bürgermeister Dr. Müller vom 11.10.1928. Kurztitel: Ströhmer/Dr. Müller 1928

3) Mitteilungen

3.1) Mündliche Mitteilungen

- Hubert Bitter, 16.04.2018
- Kai Bosecker, 18.02.2016
- Josef Bröker, 23.10.2017
- OStR. i.R. Eckart Frieling, 18.03. 2016
- Pfarrer em. Hermann Hinse, 19.10.2015
- Pfarrer em. Hermann Jaspers, 05.10.2015
- Pfarrer em. Bernard Krause, 24.05.2017
- Karl-Heinz Mönninghoff, 17.03.2016
- Marlis Ströhmer, 26.11.2015
- Marlis Ströhmer, 13.09.2017

3.2) Schriftliche Mitteilungen

- Kai Bosecker, 04.03.2016
- Kai Bosecker, 22.03.2016
- Günther Hilgemann, 31.08.2018
- Pfarrer em. Hermann Jaspers, 23.09.2015
- Pfarrer em. Hermann Jaspers, 06.10.2015
- Jürgen Mohrmann, 22.03.2016
- Jürgen Mohrmann, 24.05.2016

4) Veröffentlichte Quellen (Dokumente, Monumente, historische Fachliteratur)

- „Amtsrektoratschule." In: „Ibbenbürener Volkszeitung", 18.02.1929
- (Anonymer Autor), „Als in Ibbenbüren die Synagoge brannte." In: „Ibbenbürener Volkszeitung", 24.12.1996
- (Anonymer Autor), „Wie Heinrich Staudigl sich gegen den Vorwurf der 'Standesschule' wehrte." In: „Ibbenbürener Volkszeitung", 19.02.1977
- 50 Jahre DJK Arminia Ibbenbüren e.V. 1929 – 1979, Ibbenbüren 1979
- 60 Jahre CDU-Kreisverband Steinfurt (1945-2005). Die Geschichte des CDU-Kreisverbandes Steinfurt. Erzählt und kommentiert von Franz Abels. In: www.cdu-kreis-steinfurt.de/index.php/ber-uns-mainmenu-30/geschichte-mainmenu-42www.cdu-kreis-steinfurt.de/chronik2005 (Zugriff:18.06.2018)
- 850 Jahre Ibbenbüren. Porträt einer Stadt in Text und Bild, 2., überarbeitete u. erw. Aufl., herausgegeben vom Historischen Verein Ibbenbüren, (Ibbenbüren) 1997

- Hans-Ludwig Abmeier, „Ibbenbüren. Stadt der höheren Schulen, Rektoratschule Keimzelle des Städtischen Gymnasiums." In: „Ibbenbürener Volkszeitung", 03.06.1971

- Adreßbuch der Stadt- und Landgemeinden des Kreises Tecklenburg 1939, 3. erweiterte Ausgabe, Ibbenbüren 1939. Kurztitel: Adressbuch 1939

- Adreßbuch für den Kreis Tecklenburg, hrsg. von der Lengericher Handelsdruckerei, Lengerich 1952. Kurztitel: Adressbuch 1952

- Gertrud Althoff, Artikel „Hopsten." In: Susanne Freund/Franz Josef Jakobi/Peter Johanek (Hrsg.), Historisches Handbuch der jüdischen Gemeinschaften in Westfalen und Lippe. Die Ortschaften und Territorien im heutigen Regierungsbezirk Münster, Münster 2008, S. 398-402. (Veröffentlichungen der Historischen Kommission für Westfalen XLV. Quellen und Forschungen zur jüdischen Geschichte in Westfalen, Bd 2). Kurztitel: Althoff, Hopsten

- Gertrud Althoff, Wolfhart Beck, Frank Specht, Doris Vietmeier, Geschichte der Juden in Lengerich. Von den Anfängen bis zur Gegenwart. Eine Dokumentation, herausgegeben von der Stadt Lengerich (Westfalen), Lengerich (Westfalen) 1993

- Diethard Aschoff/Gisela Möllenhoff, Fünf Generationen Juden in Laer. Leben und Schicksal der Juden in einer westmünsterländischen Kleinstadt. Mit einem autobiographischen Beitrag von Irmgard Ohl, geb. Heimbach, Berlin 2007. Kurztitel: Aschoff/Möllenhoff 2007

- Heribert Bärtels, Rosenkranzende. 200 Jahre Geschichten einer Familie im Tecklenburger Land (1800 – 2000), Ibbenbüren 2000. Kurztitel: Bärtels 2000

- Kurt Bauer, Hitlers zweiter Putsch. Dollfuß, die Nazis und der 25. Juli 1934, St. Pölten/Salzburg/Wien 2014. Kurztitel: Bauer 2014

- Lars Boesenberg, Jürgen Düttmann, Norbert Ortgies, Machtsicherung. Ausgrenzung.Verfolgung. Nationalsozialismus und Judenverfolgung in Ibbenbüren. Mit einem Beitrag von Marlene Klatt und Rita Schlautmann-Overmeyer, hrsg. vom Historischen Verein Ibbenbüren e.V., 1. Aufl., Ibbenbüren 2010 (Ibbenbürener Studien, Bd. 6). Kurztitel: Boesenberg/Düttmann/Ortgies 2010

- Chronik der Rektoratschule zu Ibbenbüren. In: http://www.stadtmuseum-ibbenbueren.de/grafik_archiv_nachlaesse/rektoratschule-chronik-1.pdf. (Zugriff: 05.01.2016). [Transkription der handschriftlichen Teile des Originals in Maschinenschrift, umfasst die Jahre 1819 bis 1929 und 1941 bis 1953]. Ergänzt aus den Beständen des Stadtmuseums durch maschinenschriftliche Zusammenfassung von Notizen August Ströhmer für die Jahre 1929-1941. Kurztitel: Chronik

- Wilhelm Damberg, Der Kampf um die Schulen in Westfalen 1933-1945, Mainz 1986. Kurztitel: Damberg 1986

- [Wilhelm Damberg,] Die Katholische Kirche und die Juden im Dritten Reich. Das Lebenszeugnis des P. Elpidius Markötter. Zum 100. Geburtstag. 8. Oktober 1911-2011. In: www.heimatvereinsuedlohn.de/media/pressearchiv_repros/manuskript_professor_damberg.pdf (Zugriff: 02.01.2018). Kurztitel: Damberg 2011

- „Das Bildungsziel des Gymnasiums." In: „Ibbenbürener Volkszeitung", 26.09.1959

- „Das Soziale Seminar in Ibbenbüren eröffnet." In: „Ibbenbürener Volkszeitung", 23.11.1951

- „Der Politische Diskussionsabend der Zentrumspartei Ibbenbüren." In: „Ibbenbürener Volkszeitung", 12.11.1929

- Lucile Dreidemy, Der Dollfuß-Mythos. Eine Biographie des Posthumen, Wien/Köln/Weimar 2014. Kurztitel: Dreidemy 2014

- „Die Wahlvorschläge zu den Kommunalwahlen." In: „Ibbenbürener Volkszeitung", 28.02.1933

- „Drei Jahre Soziales Seminar Ibbenbüren." In: „Ibbenbürener Volkszeitung", 16.11.1954

- „Ein wichtiger Tag der Ibbenbürener Oberschule." In: „Ibbenbürener Volkszeitung", 09.06.1950

- Einwohnerbuch der Stadt Münster Westf., Jg. 59. (1934/1935), Münster: Verlag des Einwohnerbuches der Stadt Münster Westf.; München : Ancestry.com Deutschland GmbH, 2014-[2018]. Digitalisiert von: Universitäts- und Landesbibliothek Münster, 2014. (Digitale Sammlungen der Universitäts- und Landesbibliothek Münster). Digitalisiert von: München, Ancestry.com Deutschland GmbH, 2016-2018. Kurztitel: Einwohnerbuch Münster 1934/1935
- Philipp Erdmann, Entnazifizierung in Münster : eine Stadt verhandelt ihre Vergangenheit 1945 - 1952, Münster 2018
- „Erklärung der Geistlichen des Dekanates Ibbenbüren." In: „Ibbenbürener Volkszeitung", 14.06.1930
- Willi Feld, Synagogen im Kreis Steinfurt. Geschichte, Zerstörung, Gedenken. Herausgegeben vom Kreis Steinfurt, Projektleitung: Ute Langkamp, Steinfurt 2004.
- Willi Feld/Thomas Starosta, Die Geschichte der Juden im Kreis Steinfurt von den Anfängen bis zur Vernichtung. Herausgegeben vom Kreis Steinfurt, Steinfurt (1990).
- Festschrift der Freiwilligen Feuerwehr Ibbenbüren zum 100jährigen Bestehen (1877 – 1977), (Ibbenbüren) 1977
- Hagen Fleischer, Die deutsche Besatzung(spolitik) in Griechenland und ihre 'Bewältigung.' Überarbeitete Fassung seines Vortrags beim internationalen Symposion der Südosteuropa-Gesellschaft zum Thema „Vor- und Gründungsgeschichte der Südosteuropa-Gesellschaft: Kritische Fragen zu Kontexten und Kontinuitäten." 16./17. Dezember 2013. Carl Friedrich von Siemens Stiftung München. (Redaktion des Beitrags: Dr. Claudia Hopf) In: www.sogde.org/wp-content/uploads/2015/05/sog_geschichte_fleischer.pdf (Zugriff: 09.12.2015). Kurztitel: Fleischer 2013
- Christian Frieling, Priester aus dem Bistum Münster im KZ. 38 Biographien, 2. Aufl. Münster 1993. Kurztitel: Frieling 1993
- Susanne Freund (Hrsg.), Historisches Handbuch der jüdischen Gemeinschaften in Westfalen und Lippe. Grundlagen-Erträge-Perspektiven, Münster 2013 (Veröffentlichungen der Historischen Kommission für Westfalen. Neue Folge 11)
- „Fünfzig Jahre Priester und Erzieher." In: „Ibbenbürener Volkszeitung", 20.06.1955
- Gesetz zur Wiederherstellung des Berufsbeamtentums vom 7. April 1933. In: www.documentarchiv.de/ns/beamtenges.html (Zugriff: 29.10.2015)
- Christoph Goldt, „Woher rührt dieses seltene Verhältnis?" St. Modestus in Dörenthe: Wurzeln, Tradition und Entwicklung der katholischen Gemeinde seit der Reformation, Ibbenbüren 1999
- Raphael Gross, November 1938. Die Katastrophe vor der Katastrophe, München 2013. Kurztitel: Gross 2013
- André Hagel, „Brandnacht." In: „Mittendrin", Nr. 11; 2004, S. 26-29
- Karl Friedrich Herhaus, Die jüdisch-christliche Episode des 1853 wiederbegründeten Gymnasium Arnoldinum in Burgsteinfurt 1853 – 1937, Münster (2013, aktualisiert 2014). In:www.stolpersteine-steinfurt.de/wp-content/uploads/burgsteinfurt_doku/arnoldinum_1853_1937.pdf (Zugriff: 28.02.2018)
- Fritz Hilgemann, Burgsteinfurt in alten Ansichten. Ein Buch der Erinnerung, 3. Aufl., Zaltbommel/Niederlande 1983. Kurztitel: Hilgemann 1983
- Frank Friedhelm Homberg, Retterwiderstand in Wuppertal während des Nationalsozialismus, Diss. Heinrich-Heine-Universität Düsseldorf 2008. In: www.docserv.uni-duesseldorf.de (Zugriff: 02.09.2018). Kurztitel: Homberg 2008
- Friedrich E. Hunsche, „Von Ibbenbürens Heimatmuseum ist fast nichts übriggeblieben. Viele alte Häuser sind leider verschwunden." In: „Ibbenbürener Volkszeitung", 14.12.1985

- Friedrich Ernst Hunsche, Ibbenbüren – vom ländlichen Kirchspiel zur modernen Stadt, Ibbenbüren 1974
- Heinz Hürten, Deutsche Katholiken 1918-1945, Paderborn/München/Wien/Zürich 1992. Kurztitel: Hürten 1992
- Hermann Jaspers, „Meine erste Stelle als Kaplan an St. Mauritius in Ibbenbüren von 1952 bis 1957." In: www.alt.heiligkreuz.info/gemeinde/download (Zugriff: 11.01.2016)
- Peter Junk/Martina Sellmeyer, Stationen auf dem Weg nach Auschwitz. Entrechtung, Vertreibung, Vernichtung – Juden in Osnabrück 1900-1945, 3. Aufl., Bramsche 2000
- Jürgen Kampmann, „Theologie ohne Raum für Theodizee. Die Rede von Gott bei den 'Gottgläubigen', den 'Deutschen Christen' und in der nationalsozialistischen Propaganda." In: www.evangelische-aspekte.de/religion/theodizee/theologie-ohne-theodizee, Mai 2009 (Zugriff: 12.04.2016)
- „Katholische Jugend als Parlamentarier." In: „Ibbenbürener Volkszeitung", 01.03.1952
- Vera Konermann, „'Mama, wieso löscht die Feuerwehr denn nicht?' Ibbenbürener erinnern sich an den Brand der Synagoge vor 70 Jahren/Kinder und Jugendliche wurden damals Augenzeugen." In: „Ibbenbürener Volkszeitung", 08.11.2008
- Joachim Kuropka (Bearb.), Meldungen aus Münster 1924-1944. Geheime und vertrauliche Berichte von Polizei, Gestapo, NSDAP und ihren Gliederungen, staatlicher Verwaltung, Gerichtsbarkeit und Wehrmacht über die politische und gesellschaftliche Situation in Münster, Münster 1992. Kurztitel: Kuropka 1992
- Laggenbecker Schulchronik. Von den Anfängen bis zum Jahre 1949, überarbeitet von Heinrich Westerkamp, herausgegeben vom Heimatverein Laggenbeck, Ibbenbüren 1998. Kurztitel: Laggenbecker Schulchronik
- Lustiger, Arno, Rettungswiderstand. Über die Judenretter in Europa während er NS-Zeit, Göttingen 2011
- Hubert Mockenhaupt, Artikel „Franz Hitze." In: Lexikon für Theologie und Kirche, hrsg. von Walter Kasper, 3., völlig neu bearb. Aufl., Bd. 5, Freiburg im Breisgau/Basel/Rom/Wien 1996, S. 172
- Hans J. Münk, Artikel „Georg Schreiber." In: Lexikon für Theologie und Kirche, hrsg. von Walter Kasper, 3., völlig neu bearb. Aufl., Bd. 9, Freiburg im Breisgau/Basel/Rom/Wien 2000, S. 250
- Thomas Muncke, Nachkriegsjahre im Kreis Steinfurt (Schriftenreihe des Kreises Steinfurt. Beiträge zur Geschichte, Kultur und Wissenschaft, Bd. 5.), Steinfurt 1986. Kurztitel: Muncke 1986
- Peter Ost/Hedwig Schrulle, „200 Jahre Bezirksregierung Münster – ein Blick zurück." In: 200 Jahre Bezirksregierung Münster. Rückblick und Perspektive, 2., überarbeitete Aufl., herausgegeben von der Bezirksregierung Münster, (Münster) 2003, S. 245-305
- Marlene Plum, „Die Feuerwehr hatte 1938 den Auftrag, das Gebäude 'ausbrennen zu lassen'." Zur Geschichte der Ibbenbürener Synagoge. In: „Ibbenbürener Volkszeitung", 10.04.1993
- „Prälat August Ströhmer." Nachruf. In: „Ibbenbürener Volkszeitung", 15.02.1971
- Hans-Walter Pries, Markt und Märkte in Burgsteinfurt, Steinfurt 1989. Kurztitel: Pries 1989
- „Reifeprüfung am Dionysianum in Rheine." In: „Ibbenbürener Volkszeitung", 22.03.1929
- Anton Rosen, Entstehung und Entwicklung der höheren Schule im Amt Ibbenbüren. In: 100 Jahre Höhere Schule im Amt Ibbenbüren 1859-1959. 24. bis 27. September 1959. Festschrift hrsg. vom Gymnasium Ibbenbüren, (Ibbenbüren) (1959), S. 7 - 66. Kurztitel: Rosen 1959
- Anton Rosen, Ibbenbüren. Einst und jetzt, Ibbenbüren 1952. Kurztitel: Rosen 1952
- Anton Rosen, Ibbenbüren von der Vorzeit bis zur Gegenwart, Ibbenbüren 1969. Kurztitel: Rosen 1969

- Änne Sackarndt, Kirchengeschichte St. Modestus Dörenthe, Hörstel 1990. Kurztitel: Sackarndt 1990
- Rita Schlautmann-Overmeyer/Marlene Klatt, Artikel „Ibbenbüren." In: Susanne Freund/Franz Josef Jakobi/Peter Johanek (Hrsg.), Historisches Handbuch der jüdischen Gemeinschaften in Westfalen und Lippe. Die Ortschaften und Territorien im heutigen Regierungsbezirk Münster, Münster 2008, S. 412-429. (Veröffentlichungen der Historischen Kommission für Westfalen XLV. Quellen und Forschungen zur jüdischen Geschichte in Westfalen, Bd 2). Kurztitel: Schlautmann-Overmeyer/Klatt, Ibbenbüren
- Rita Schlautmann-Overmeyer, Von der Öffentlichen Volksbücherei 1938 zur Stadtbücherei Ibbenbüren im 21. Jahrhundert. Eine Chronik, Ibbenbüren 2003
- Hedwig Schrulle, Verwaltung in Diktatur und Demokratie. Die Bezirksregierungen Münster und Minden/Detmold von 1930 bis 1960, Paderborn/München/Wien/Zürich 2008 (Forschungen zur Regionalgeschichte, Bd. 60, herausgegeben von Bernd Walther)
- „Schüler mussten SS-Schergen bei Synagogenbrand helfen." In: „Westfälische Nachrichten", 10.11.1978
- Ferdinand Schulte, „Jüdische Familien in Ibbenbüren." In: „Ibbenbürener Volkszeitung", 03.06.1971
- Felix Schulz, Heimatchronik Laggenbeck, 2., überarbeitete Auflage, herausgegeben vom Heimatverein Laggenbeck, Ibbenbüren (1986). Kurztitel: Heimatchronik Laggenbeck
- H. Staudigl, Zum Geleit. In: Rosen 1959, S. 3
- Alan E. Steinweis, Kristallnacht 1938. Ein deutscher Pogrom, Stuttgart 2011. Kurztitel: Steinweis 2011
- Wolfgang Stelbrink, Die Kreisleiter der NSDAP in Westfalen und Lippe. Versuch einer Kollektivbiographie mit biographischem Anhang, Münster 2003. (Veröffentlichungen der staatlichen Archive des Landes Nordrhein-Westfalen. Reihe C. Quellen und Forschungen, Bd. 48, im Auftrag des Ministeriums für Städtebau und Wohnen, Kultur und Sport herausgegeben vom nordrhein-westfälischen Staatsarchiv Münster). Kurztitel: Stelbrink 2003
- August Ströhmer, „Fronleichnam 1947. Fronleichnamsprozession in Ibbenbüren." (Chronik Pfarrarchiv). In: www.stadtmuseum-ibbenbueren.de/ stadtgeschichte_aufsaetze_30.htm (Zugriff: 20.02.2017). Kurztitel: Ströhmer 1947
- August Ströhmer, „Das alte Haus und die Juden in Ibbenbüren." In: „Ibbenbürener Volkszeitung", 22.05.1962
- Theresienstädter Gedenkbuch. Die Opfer der Judentransporte aus Theresienstadt 1942-1945, herausgegeben vom Institut Theresienstädter Initiative, Prag 2000
- Heinz-Jürgen,Trütken-Kirsch, Der Kirchenkreis Tecklenburg in der NS-Zeit, Bielefeld 1996. Kurztitel: Trütken-Kirsch 1996
- Heinz-Jürgen, Trütken-Kirsch, Die Geschichte der evangelischen Kirchengemeinde Ibbenbüren 1933 – 1939. In: Historischer Verein Ibbenbüren (Hrsg.), 850 Jahre Ibbenbüren. Porträt einer Stadt in Text und Bild, 2. überarbeitete u. erw. Aufl., Ibbenbüren 1997, S. 431-441
- „Volksverein für das Katholische Deutschland." In: „Ibbenbürener Volkszeitung", 11.10.1926
- Maria von Borries, Euer Name lebt. Zur Geschichte der Juden in der Region Bersenbrück, Bramsche 1997. Kurztitel: von Borries 1997
- Ulrich von Hehl (Hrsg.) u.a., Priester unter Hitlers Terror. Eine biographische und statistische Erhebung, 3., wesentlich erweiterte Aufl., 2 Bde., Paderborn/München/Wien/Zürich 1996. Kurztitel: von Hehl 1996, I/II

- Ulrich von Hehl, (Hrsg.) u.a., Priester unter Hitlers Terror. Eine biographische und statistische Erhebung, 4. durchgesehene und ergänzte Aufl., 2 Bde., Paderborn/München/Wien/Zürich 1998. Kurztitel: von Hehl 1998, I/II
- Ludger Graf von Westphalen; 150 Jahre Schulkollegium in Münster. Ein Beitrag zu seiner Geschichte, Münster 1976. Kurztitel: von Westphalen 1976
- „Was sagen Sie dazu?" In: „Ibbenbürener Volkszeitung", 17.05.1972
- Erich Weichel, Geschichte der Schule. Dokumente und Kommentare zur Schulgeschichte, S. 9-14. In: Karl-Heinz Engstfeld (Hrsg.), Goethe-Gymnasium – gestern und heute: eine Dokumentarschrift, Ibbenbüren 1986. Kurztitel: Weichel 1986
- www.abtei-gymnasium.de/unsere-schule/profil/geschichte/09.09.2015 (Zugriff: 04.02.2016)
- www.cdu-kreis-steinfurt.de/index.php/ber-uns-mainmenu-30/geschichte-mainmenu-42www.cdu-kreis-steinfurt.de/chronik2005
- www.de.wikipedia.org/wiki/Katholische_Arbeitnehmer-Bewegung (Zugriff: 21.03.2017)
- www.dorfgespraech-recke.de (Zugriff: 08.02.2017)
- www.dorsten-lexikon.de/v/verron-heinrich (Zugriff: 09.03.2017) www.einkaufszentrum-riesenbeck.de/artikel/3782/85-jahre-maennerchor-bevergern (Zugriff: 05.03.2016)
- www.gedenkstaette-esterwegen.de/geschichte/lager-esterwegen/konzentrations-und-strafgefangenenlager (Zugriff: 21.03.2018)
- www.gladbeck.de/Kultur_Tourismus/Stadtportrait/ReferenzStadtgeschichte.asp?highmain=2&highsub=4&highsubsub=0 (Zugriff: 03.01.2016)
- www.heimatvereine-hoerstel.de/heimatvereine/bevergern (Zugriff: 24.02.2016)
- www.historisches-lexikon-bayerns.de/Lexikon/Allgemeine_Rundschau._Wochenschrift_für_Politik_und_Kultur (Zugriff: 21.03.2017)
- www.lwl.org/westfaelischer-heimatbund. Artikel „Bevergern" (Zugriff: 08.02.2017)
- www.meintgens.de/famzweig/ambu/ambu001.html (Zugriff: 10.12.2015)
- www.pl.wikipedia.org/wiki/Sompolno (Zugriff: 16.03.2016)
- www.riesener-gymnasium.de/die-geschichte-des-riesener-gymnasiums-in-gladbeck (Zugriff: 11.12.2015)
- www.roncalli-realschule.de/index.php/unsere-schule/geschichte-der-schule (Zugriff: 08.02.2016)
- www.sankt-lamberti.de/leben/pfarreigeschichte (Zugriff: 07.01.2016)
- www.stadtmuseum-ibbenbueren.de/ibbenbueren_gestern_heute_roggenkampstrasse (Zugriff: 04.10.2017)
- www.sv-grossemast-klosterhook.de (Zugriff: 15.02.2016)
- www.verkehrsverein-hoerstel.de (Zugriff: 08.02.2017)
- www.wikipedia.de/org/wiki/Mordfall_Helmut_Daube (Zugriff: 02.02.2016)
- www.wikipedia.de/org/wiki/Gottgläubig (Zugriff: 12.02.2017)
- „Zehn Jahre Pax Romana Ibbenbüren mit festlicher Stunde begangen." In: „Ibbenbürener Volkszeitung", 09.11.1961
- Erich Weichel, Geschichte der Schule. Dokumente und Kommentare zur Schulgeschichte, S. 9-14. In: Karl-Heinz Engstfeld (Hrsg.), Goethe-Gymnasium – gestern und heute: eine Dokumentarschrift, Ibbenbüren 1986. Kurztitel: Weichel 1986
- www.abtei-gymnasium.de/unsere-schule/profil/geschichte/09.09.2015 (Zugriff: 04.02.2016)
- www.cdu-kreis-steinfurt.de/index.php/ber-uns-mainmenu-30/geschichte-mainmenu-42www.cdu-kreis-steinfurt.de/chronik2005
- www.de.wikipedia.org/wiki/Katholische_Arbeitnehmer-Bewegung (Zugriff: 21.03.2017)

- www.dorfgespraech-recke.de (Zugriff: 08.02.2017)
- www.dorsten-lexikon.de/v/verron-heinrich (Zugriff: 09.03.2017)
  www.einkaufszentrum-riesenbeck.de/artikel/3782/85-jahre-maennerchor-bevergern (Zugriff: 05.03.2016)
- www.gedenkstaette-esterwegen.de/geschichte/lager-esterwegen/konzentrations-und-strafgefangenenlager (Zugriff: 21.03.2018)
- www.gladbeck.de/Kultur_Tourismus/Stadtportrait/ReferenzStadtgeschichte.asp?highmain=2&highsub=4&highsubsub=0 (Zugriff: 03.01.2016)
- www.heimatvereine-hoerstel.de/heimatvereine/bevergern (Zugriff: 24.02.2016)
- www.historisches-lexikon-bayerns.de/Lexikon/Allgemeine_Rundschau._Wochenschrift_für_Politik_und_Kultur (Zugriff: 21.03.2017)
- www.lwl.org/westfaelischer-heimatbund. Artikel „Bevergern" (Zugriff: 08.02.2017)
- www.meintgens.de/famzweig/ambu/ambu001.html (Zugriff: 10.12.2015)
- www.pl.wikipedia.org/wiki/Sompolno (Zugriff: 16.03.2016)
- www.riesener-gymnasium.de/die-geschichte-des-riesener-gymnasiums-in-gladbeck (Zugriff: 11.12.2015)
- www.roncalli-realschule.de/index.php/unsere-schule/geschichte-der-schule (Zugriff: 08.02.2016)
- www.sankt-lamberti.de/leben/pfarreigeschichte (Zugriff: 07.01.2016)
- www.stadtmuseum-ibbenbueren.de/ibbenbueren_gestern_heute_roggenkampstrasse (Zugriff: 04.10.2017)
- www.sv-grossemast-klosterhook.de (Zugriff: 15.02.2016)
- www.verkehrsverein-hoerstel.de (Zugriff: 08.02.2017)
- www.wikipedia.de/org/wiki/Mordfall_Helmut_Daube (Zugriff: 02.02.2016)
- www.wikipedia.de/org/wiki/Gottgläubig (Zugriff: 12.02.2017)
- „Zehn Jahre Pax Romana Ibbenbüren mit festlicher Stunde begangen." In: „Ibbenbürener Volkszeitung", 09.11.1961

Anmerkungen

1 PA Bistum: Schreiben des Bischofs von Münster an August Ströhmer vom 09.02.1971
2 Vgl. PA Bistum: Personalkarte. Seit dem 20. Februar 1964 durfte Ströhmer diesen Titel führen.
3 Lars Boesenberg, Jürgen Düttmann, Norbert Ortgies, Machtsicherung. Ausgrenzung.Verfolgung. Nationalsozialismus und Judenverfolgung in Ibbenbüren. Mit einem Beitrag von Marlene Klatt und Rita Schlautmann-Overmeyer, hrsg. vom Historischen Verein Ibbenbüren e.V., 1. Aufl., Ibbenbüren 2010 (Ibbenbürener Studien, Bd. 6)
4 www.stadtmuseum-ibbenbueren.de/ibbenbueren_gestern_heute_roggenkampstrasse.htm (Zugriff: 04.10.2017)
5 www.stadtmuseum-ibbenbueren.de/stadtgeschichte_chronik_amt_ibbenbueren.htm (Zugriff: 27.01.2016)
6 Vgl. Rosen 1959, S. 58
7 PA Bistum: „Westfälische Nachrichten" und „Ibbenbürener Volkszeitung" vom 15.02.1971
8 So der Autor des Nachrufs in den „Westfälischen Nachrichten" vom 15.02.1971

9 Ströhmer 1959, S. 6; Hilgemann 1983, Nr. 19, o.S. ; Pries 1989, S. 19-22
10 PA Ströhmer: Beurlaubungsantrag an PSK Münster durch Dr. Kösters vom 16.05.1920, Schreiben an PSK Münster vom 18.05.1928 und 17.03.1938
11 Vgl. Ströhmer 1959, S. 3
12 Vgl. zum Beispiel PA Ströhmer: Personalblatt A
13 Ströhmer 1959, S. 33 a
14 Ströhmer 1959, S. 33 a
15 Offiziell galt Gladbeck erst seit 1919 als Stadt. Vgl.www.gladbeck.de/Kultur_Tourismus/Stadtportrait/ReferenzStadtgeschichte.asp? highmain=2&highsub=4&highsubsub=0 (Zugriff: 03.01.2016)
16 PA Ströhmer: Schreiben an PSK Münster vom 18.05.1928 und 17.03.1938
17 Vgl. Ströhmer, August, 10.06.1882. BBF/DIPF/Archiv, Gutachterstelle des BIL - Personalbögen der Lehrer höherer Schulen Preußens. BBF/DIPF/Archiv, Gutachterstelle des BIL - Personalkartei der Lehrer höherer Schulen Preußens. Bestellsignatur: GUT LEHRER (Personalunterlagen von Lehrkräften), 167905
18 Vgl. zum Beispiel PA Ströhmer: Personalblatt A
19 www.riesener-gymnasium.de/die-geschichte-des-riesener-gymnasiums-in-gladbeck (Zugriff: 11.12.2015). Damals eine höhere Mädchenschule mit den Klassen 5 bis 9 nach heutiger Zählweise.
20 Vgl. PA Ströhmer GLA: Schreiben des Gladbecker Amtmanns Korte als Kuratoriumsvorsitzender an August Ströhmer vom 02.02.1916
21 Vgl. allgemein PA Ströhmer GLA : Mehrere Schreiben des Jahres 1916
22 PA Ströhmer GLA: Schreiben von Dr. Kösters an Amtmann Korte vom 26.06.1916
23 PA Ströhmer GLA: Schreiben von Dr. Kösters an Amtmann Korte vom 26.06.1916
24 Vgl. PA Ströhmer GLA: Auszug aus dem Protokollbuch Gladbecks vom 05.07.1916
25 PA Ströhmer: Preußischer Minister für geistliche und Unterrichtsangelegenheiten an PSK Münster, Schreiben vom 12.09.1916
26 PA Ströhmer: Schreiben von Schwester Leggewie an PSK Koblenz vom 05.08.1916
27 Vgl. PA Ströhmer: Schreiben PSK Münster an den preußischen Minister für geistliche und Unterrichtsangelegenheiten vom 16.08.1916
28 PA Ströhmer: Schreiben PSK Münster an den preußischen Minister für geistliche und Unterrichtsangelegenheiten vom 16.08.1916
29 Bescheinigung im Nachlass Ströhmer
30 Ströhmer wird bisweilen auch in Gladbeck als „Oberlehrer" tituliert. Laut Personalblatt A und Lehrerkartei war er aber mit Wirkung vom 1. Oktober 1916 zum Studienrat ernannt worden. - Vgl. Ströhmer, August, 10.06.1882. BBF/DIPF/Archiv, Gutachterstelle des BIL - Personalbögen der Lehrer höherer Schulen Preußens. BBF/DIPF/Archiv, Gutachterstelle des BIL - Personalkartei der Lehrer höherer Schulen Preußens. Bestellsignatur: GUT LEHRER (Personalunterlagen von Lehrkräften), 167905
31 Vgl. PA Kösters: so genannte R-Nachweisung mit Angaben zu Dienstzeiten und Dienstorten; Höhere Mädchenschule Gladbeck: Urschriftliche Antwort des PSK Koblenz auf Anfrage des PSK Münster vom 19.03.1913
32 Schuljahresberichte Gladbeck sowie PA Ströhmer: Schreiben von Dr. Kösters und Dr. Erfurth im Bericht Dr. Erfurths an PSK Münster vom 26.03.1917
33 Der gesamte Vorgang ist enthalten in dem Bericht Dr. Erfurths an PSK Münster vom 26.03.1917, der neben den beiden Schreiben von Dr. Kösters und Dr. Erfurth ein von diesen beiden und August Ströhmer unterschriebenes Protokoll mit Datum vom 26.03.1917 beinhaltet. In diesem findet sich auch Ströhmers Darstellung und Sichtweise.
34 Vgl. PA Ströhmer: Schreiben Dr. Kösters an PSK Münster im Bericht Dr. Erfurths vom 26.03.1917 sowie Stellungnahme Ströhmers im Protokoll einer Unterredung mit Dr. Köster und Dr. Erfurth als Teil des Berichts an PSK Münster vom 26.03.1917

Anmerkungen

35 Vgl. PA Kösters: Personalblatt A [ohne Datierung]

36 PA Ströhmer: Schreiben von Dr. Kösters an PSK Münster vom 22.03.1917

37 PA Ströhmer: Schreiben PSK Münster an Dr. Kösters vom 24.03.1917

38 PA Ströhmer: Protokoll der Besprechung vom 26.03.1917

39 PA Ströhmer: Schreiben Dr. Erfurths an PSK Münster vom 26.03.1917

40 PA Ströhmer: Schreiben Dr. Erfurths an PSK Münster vom 26.03.1917

41 PA Ströhmer: Schreiben Ströhmers an PSK Münster vom 28.03.1917

42 Ströhmer 1959, S. 40

43 PA Ströhmer: Schreiben PSK Münster an Dr. Kösters vom 28.03.1917

44 Kuratorium Gladbeck: Schriftwechsel Dr. Kösters, Hochwürden Professor Verronnen (damals kurzzeitig kommissarischer Schulleiter/Schulleiter des ältesten Gladbecker Gymnasiums), Amtmann Dr. Jovy und Dr. Berdtmann vom PSK Münster. Letzterer erteilte mit Schreiben vom 22.02.1919 Dr. Kösters einen Rüffel. Eine Kopie ging an Dr. Jovy. Dieser hatte sich über Dr. Kösters geäußert, er berichte über kleinste Kleinigkeiten und mische sich in Dinge ein, die ihn gar nichts angingen, weil er wegen des Heeresdienstes gar nicht Schulleiter sei.

45 Vgl. PA Kösters: Schreiben von Dr. Kösters an PSK Münster vom 02.12.1918;

46 Vgl. Lehrer Gladbeck: Schreiben Ströhmers an PSK Münster vom 30.07.1917: nach den Sommerferien wieder Meuskens; PA Ströhmer: Antrag des Königlichen Provinzialschulkollegiums Münster an das stellvertretende Generalkommando des VII. Armeekorps in Münster vom 29.06.1917 mit urschriftlich zurückgesandter Ablehnung vom 11.07.1917

47 „Frau Jovy schreibt für die WAZ". In: Gladbecker Tageblatt, 25.01.1969. Artikelsammlung enthalten in: StA Gladbeck, Bestand III-9, Erinnerungen Fr. [Eleonore] Jovy

48 „Frau Jovy schreibt für die WAZ". In: Gladbecker Tageblatt, 22.02.1969. Artikelsammlung enthalten in: StA Gladbeck, Bestand III-9, Erinnerungen Fr. [Eleonore] Jovy

49 Schuljahresberichte Gladbeck: Schuljahresbericht 1923/24

50 Lehrer Gladbeck: Schreiben des nach Telgte geflüchteten Studienrats Hübner an PSK Münster vom 18.04.1923, Rückkehrmeldung von Dr. Kösters mit Schreiben vom 02.11.1923 an PSK Münster. - Dementsprechend mussten die anderen Lehrkräfte seinen Unterricht mitübernehmen.

51 Vgl. von Westphalen 1976, S. 95-96

52 Von Westphalen 1976, S. 96

53 Vgl. von Westphalen 1976, S. 96

54 Vgl. das entsprechende Kapitel dieser Schrift. Auch hielt Ströhmer z.B. die Festrede anlässlich der Verfassungsfeier in der Schule am 09.08.1922 – kurz nach dem Mord an Außenminister Rathenau durch rechtsextreme Terroristen. Dabei war Geschichte/Politik nicht eines seiner studierten Fächer. Wohl aber war Dr. Kösters Fachlehrer für Geschichte. Vgl. hierzu: Schuljahresberichte Gladbeck

55 PA Ströhmer: Abschrift Konferenzprotokoll vom 02.08.1919 als Anlage zum Schreiben Dr. Kösters' an PSK Münster vom 30.12.1924; Disziplinarfälle Gladbeck: Schreiben Dr. Kösters' an PSK Münster vom 06.03.1923

56 PA Ströhmer: Chronologische Beilage mit behaupteten Verfehlungen Ströhmers seit 1917 zum Schreiben Dr. Kösters' an PSK Münster vom 26.11.1924 [Schreibfehler in Quelle: 1926]

57 PA Ströhmer: Abschrift Konferenzprotokoll vom 04.08.1919 als Anlage zum Schreiben Dr. Kösters' an PSK Münster vom 30.12.1924

58 PA Ströhmer: Abschrift Konferenzprotokoll vom 04.08.1919 als Anlage zum Schreiben Dr. Kösters' an PSK Münster vom 30.12.1924

59 PA Ströhmer: Abschrift Konferenzprotokoll vom 23.11.1923 als Anlage zum Schreiben Dr. Kösters' an PSK Münster vom 30.12.1924

60 PA Ströhmer: Chronologische Beilage mit behaupteten Verfehlungen Ströhmers seit 1917 zum Schreiben Dr. Kösters' an PSK Münster vom 26.11.1924 [Schreibfehler in Quelle: 1926]

61 Disziplinarfälle Gladbeck: Schreiben Dr. Kösters' an PSK Münster vom 06.03.1923

62 Vgl. ENA Ströhmer: Military Government of Germany - Fragebogen vom 30.06.1946, S. 13

63 Vgl. ENA Ströhmer: Military Government of Germany - Fragebogen vom 30.06.1946, S. 13

64 www.kkv-bund.de (Zugriff:26.10.2015)

65 PA Ströhmer: Aussage Ströhmers vor Justitiar Heinemann vom PSK Münster am 13.01.1925.

66 Vgl. Protokollbuch Gladbeck: Niederschrift der Sitzung vom 30.07.1924

67 PA Ströhmer: Schreiben Dr. Kösters' an PSK Münster vom 29.10.1924. Kösters teilt hier mit, Pfarrer Effing sei „ostentativ hartnäckig" geblieben.

68 Erläuterung: paritätisch

69 Höhere Mädchenschule Gladbeck: Schreiben von Dr. Kösters an Königliche Regierung Münster/Abteilung für Kirchen- und Schulwesen vom 04.02.1914

70 Vgl. PA Kösters: Fragebogen vom 06.07.1933

Anmerkungen

71 Vgl. Protokollbuch Gladbeck: Niederschrift vom 30.07.1924

72 Vgl. PA Kösters: Schreiben von Dr. Johanna Meuskens an PSK Münster vom 30.06.1924; Attest Dr. Rochas vom 10.07.1924

73 PA Ströhmer: Schreiben Dr. Kösters' an PSK Münster vom 31.07.1924. Jemand aus Gladbeck dürfte dem vorgewarnten Dr. Kösters telefonisch oder telegrafisch sofort die Wahl mitgeteilt haben – vermutlich sein kommissarischer Stellvertreter Prof. Dr. Bause vom Realgymnasium.

74 Mehr noch als die verpatzte „Damenwahl" mit Dr. Meuskens empörte Studiendirektor Dr. Kösters jedoch, dass Ströhmer als Parteimann – nicht als Vertreter des Kollegiums - in ein städtisches Honoratiorengremium gewählt worden war. So die Vermutung von Ströhmer selbst. In: PA Ströhmer: Aussage vor Justitiar Heinemann vom PSK Münster vom 13.01.1925

75 Vgl. PA Ströhmer: Schreiben Dr. Kösters' an PSK Münster vom 31.07.1924

76 Vgl. PA Ströhmer: Schreiben PSK Münster an Oberbürgermeister Gladbeck, Dr. Jovy vom 29.08.1924

77 Vgl. PA Ströhmer GLA: Urschriftliche Antwort Dr. Jovys auf das Schreiben des PSK Münster vom 07.08.1924

78 PA Ströhmer: Protokoll der Aussage von Paula L. vom 16.09.1924

79 PA Ströhmer: Protokoll der Aussage von Paula L. vom 16.09.1924

80 PA Ströhmer: Schreiben Dr. Kösters' an PSK Münster vom 26.11.1924 [Schreibfehler in Quelle: 1926]

81 Vgl. PA Ströhmer: In die Personalakten eingeschlossen ist eine Sonderakte „Disziplinarsache." Hier finden sich die detaillierten Angaben und Beschuldigungen einiger namentlich aufgeführter Gladbecker.

82 PA Ströhmer: Schreiben Dr. Kösters' an PSK Münster vom 26.10.1924

83 PA Ströhmer: Chronologische Beilage mit behaupteten Verfehlungen Ströhmers seit 1917 zum Schreiben Dr. Kösters' an PSK Münster vom 26.11.1924 [Schreibfehler in Quelle: 1926]

84 PA Ströhmer: Schreiben PSK Münster an Dr. Kösters vom 10.01.1925. Zu Heinemann vgl.: von Westphalen 1976, S. 152. Seit 1922 fungierte Gerichtsassessor Friedrich Wilhelm Heinemann als „juristischer Hilfsarbeiter im PSK Münster."

85 PA Ströhmer: Schreiben PSK Münster an Dr. Jovy vom 10.01.1925

86 PA Ströhmer: Mit Postkarte aus Hamburg vom 14.01.1925 teilte Herr M.-B. dem Justitiar Heinemann mit, dass seine gesundheitlich angeschlagene Gattin nicht einmal auf der Durchreise in Münster absteigen könne, um von ihm vernommen zu werden. Er könne sie aber nach ihrer Rückkehr aus Hamburg in der nächsten Zeit in ihrer Wohnung in Gelsenkirchen-Buer aufsuchen. - Die Aktenlage lässt annehmen. dass ihm das Aufwärmen alter Geschichten seiner damals noch ledigen späteren Ehefrau eher lästig oder peinlich war. Der Untersuchungsführer hingegen hätte nun wegen einer einzigen Aussage noch einmal eine Dienstreise ins Ruhrgebiet antreten müssen, auf die er wohl glaubte verzichten zu können.

87 PA Ströhmer: Aussage Ströhmers vor Justitiar Heinemann vom PSK Münster am 13.01.1925

88 PA Ströhmer: Aussage Ströhmers vor Justitiar Heinemann vom PSK Münster am 13.01.1925

89 PA Ströhmer: Aussage Ströhmers vor Justitiar Heinemann vom PSK Münster am 13.01.1925

90 PA Ströhmer: Aussage Paula L.s vor Justitiar Heinemann vom PSK Münster am 13.01.1925

91 PA Ströhmer: Aussage von Gertrud K. vor Justitiar Heinemann vom PSK Münster am 13.01.1925; Aussage von Hildegard R. vor Justitiar Heinemann vom PSK Münster am 14.01.1925

92 PA Ströhmer: Aussage Paula L.s vor Justitiar Heinemann vom PSK Münster am 13.01.1925

93 PA Ströhmer: Aussage Ströhmers vor Justitiar Heinemann vom PSK Münster am 13.01.1925

94 PA Ströhmer: Protokoll der Aussage von Paula L. vom 16.09.1924

95 PA Ströhmer: Aussage von Wilhelmine W. vor Justitiar Heinemann vom 13.01.1925

96 Vgl. PA Ströhmer: Beilage zu einem Schreiben Dr. Kösters' an PSK Münster vom 26.11.1924 [fälschlich angegeben: 1926] mit Notiz von Dr. Kösters über den Inhalt eines Gespräches mit Kaufmann August H., dem Vater einer Schülerin. Außerdem PA Ströhmer: Aussage von August H. – ehemaliger Vorsitzender des Elternbeirats - vor Justitiar Heinemann vom PSK Münster am 14.01.1925

97 1928 wurde die Provinzstadt Gladbeck tatsächlich zur Bühne eines reichsweit wahrgenommenen mysteriösen Mordfalls mit sexuellem Hintergrund im gutbürgerlichen Rektoren-Milieu. Vgl. hierzu www.de.wikipedia.org/wiki/Mordfall_Helmut_Daube (Zugriff: 02.02.2016)

98 PA Ströhmer: Schreiben von Regierungsassessor Heinemann an Dr. Poggenburg vom Bistum Münster vom 24.01.1925. Vgl. hierzu die Aussage von Pfarrer Franz Effing vor Justitiar Heinemann vom PSK Münster am 13.01.1925: Effing, der die Beschuldigungen für aufgebauscht hielt, hatte bereits mit dem Münsteraner Bischof über eine anderweitige Verwendung Ströhmers als Religionslehrer gesprochen. Dieser sei geneigt, einer solchen Regelung zuzustimmen.

99 PA Ströhmer: Aussage von Pfarrer Franz Effing vor Justitiar Heinemann vom PSK Münster am 13.01.1925

100 PA Ströhmer: Aussage von Amtsgerichtsrat August M., ehemaliger Vorsitzender des Elternbeirats und aktuell Mitglied des Elternbeirats, vor Justitiar Heinemann vom PSK Münster am 14.01.1925

101 PA Ströhmer: Schreiben von Regierungsassessor Heinemann an Dr. Poggenburg vom Bistum Münster vom

24.01.1925

102 Vgl. Rektoratschule (1921-22.01.1929). Vorher hatte bereits laut Dr. Müller das Kuratorium der Schule Ströhmer gewählt.

103 PA Ströhmer: Schreiben von RP/Abteilung für Kirchen und Schulen an PSK Münster vom 07.03.1925; Schreiben vom Bistum Münster an PSK Münster vom 10.03.1925. - Am 16.07.1925 teilte die Preußische Regierung/Abteilung für Kirchen und Schulwesen dem zuständigen Minister mit, dass das Kuratorium der Amtsrektoratschule am 28.06.1925 Ströhmers endgültige Anstellung befürwortet habe. Man schließe sich dem Vorschlag an. Vgl. PA Ströhmer

104 Vgl. Ströhmer 1959, S. 43

105 Vgl. EA Ströhmer: Schreiben Ströhmers an den „ Kreissonderhilfsausschuss" in Tecklenburg vom 31.03.1949

106 Vgl. von Westphalen 1976, S. 152

107 ENA Ströhmer: Military Government of Germany -Fragebogen, S. 11-12 vom 30.07.1946

108 Disziplinarfälle Gladbeck: Schreiben Dr. Kösters' an PSK Münster vom 06.03.1923. Dr. Kösters listete unter der Rubrik „Disziplinarfälle" Zusammenstöße mit Ströhmer seit 1919 auf. Schon damals hatte er aktenkundig - aber anscheinend folgenlos - beanstandet, dass Ströhmer eine Schülerin zur Nachprüfung in seine Wohnung bestellt habe und Jahre später als Klassenlehrer Schülerinnen in seine Wohnung gelassen habe. - Außer Ströhmer ist in dieser Akte kein weiterer Lehrer geführt worden, wohl aber finden sich hier einige verhaltensauffällige Schülerinnen.

109 PA Ströhmer: Aussage Martha H. vor Justitiar Heinemann vom PSK Münster am 13.01.1925

110 PA Ströhmer: Aussage von Amtsgerichtsrat August M., ehemaliger Vorsitzender des Elternbeirats und aktuell Mitglied des Elternbeirats, vor Justitiar Heinemann vom PSK Münster am 14.01.1925

111 Vgl. PA Kösters: Fragebogen vom 06.07.1933

112 www.gladbeck.de/Kultur_Tourismus/Stadtportrait/ReferenzStadtgeschichte.asp?
highmain=2&highsub=4&highsubsub=0 (Zugriff: 03.01.2016)

113 Katholische Volksschule Stadt: Mitteilung von AB Dr. Müller an Regierung Münster/ Abteilung für Kirchen- und Schulwesen vom 15.03.1928

114 Schulchroniken Evangelische Stadtschule (1831-1945). Signatur: D 3303

115 Eingabe von AB Dr. Müller an RP Münster vom 13.06.1933, S. 2 in: Gymnasien. Verfügungen

116 Vgl. Schule Ibbenbüren B: Schreiben von Sr. Longina Kalberg an PSK Münster vom 29.09.1938

117 Chronik, S. 3 und S. 5-6; Rosen 1959, S. 13-14 und S. 20

118 Schüler Ibbenbüren: Schreiben Dr. Müllers an den Leiter der Abteilung für höhere Schulen,Oberschulrat Dr. Bolle, vom 18.04.1940. - Dr. Müller sah den Vorwurf als ungerechtfertigt an. Doch anscheinend haftete auch noch dem „Amtsgymnasium" der Nachkriegszeit dieser Ruf an. Vgl. Wie Heinrich Staudigl sich gegen den Vorwurf der „Standesschule" wehrte. In: „Ibbenbürener Volkszeitung", 19.02.1977

119 Weichel 1986, S. 10

120 Vgl. Schulfreunde und Schulfreunde Protokolle. - Die Umstände sprechen dafür, dass Pfarrer Pricking über Münster den Kontakt zum Gladbecker Pfarrer Effing gefunden und mit diesem die Einsetzung Ströhmers als neuer Schulleiter eingefädelt hatte.

121 Rektoratschule: Bericht des Oberregierungs- und Schulrates Dr. Kranold vom 26.10.1924

122 Vgl. Schulfreunde, Schreiben Dr. Müllers an Rektor Potthoff vom 17.04.1923

123 Niederschriften Amtsvertretung 1, 12.02.1925

124 Niederschriften Amtsvertretung 1, 12.11.1925 und 10.03.1925

125 Niederschriften Amtsvertretung 1, 30.06.1925; Rosen 1969, S. 45. 1928 verließ er die Amtsrektoratschule wieder. Vgl. Rosen 1959, S. 106

126 Rosen 1959, S. 45. Nebenamtlich tätig waren Kreisvikar Wähning für katholische Religionslehre und Lehrer Rodenkirchen. für Musik.

127 Bärtels 2000, S. 263. - Heribert Bärtels' Onkel Martin Bärtels (Jg. 1895) war Absolvent der Rektoratschule in früheren Jahren. Auf seine Erzählungen dürfte diese Wertung zurückgehen.

128 Niederschriften Amtsvertretung 1, 30.06.1925; Rosen 1959, S. 41

129 Rektoratschule: Unterrichtsverteilung für das Schuljahr 1928/29. Dr. Stephan wechselte im laufenden Schuljahr an das Gymnasium in Ahlen. - Später übernahm wohl Wilhelm Grimme den Stellvertreter-Posten. In einem Schreiben des RP/Abteilung für Kirchen und Schulen an den Reichserziehungsminister vom 23.03.1940 wird Grimme „Rektoratschulkonrektor" genannt.. Vgl. auch Chronik, S. 74

130 Vgl. Friedrich E. Hunsche, „Von Ibbenbürens Heimatmuseum ist fast nichts übriggeblieben. Viele alte Häuser sind leider verschwunden." In: „Ibbenbürener Volkszeitung", 14.12.1985

131 Rosen 1959, S. 42

132 Rosen 1959, S. 42

133 Vgl. allgemein Chronik für die Jahre 1925-1932

134 Vgl. Chronik, S. 80

Anmerkungen

135 Vgl. „Amtsrektoratschule", „Ibbenbürener Volkszeitung", 18.02.1929

136 Vgl. Rektoratschule zu Ibbenbüren (1879- [1939]). Signatur: 1070: Schreiben des Amtmanns des Amtes Ibbenbüren an den Tecklenburger Landrat vom 07.02.1927 und dessen Antwort vom 10.02.1927

137 Vgl. Ströhmer/Dr. Müller 1928

138 Vgl. Rosen 1959, S. 40

139 Vgl. Weichel 1986, S. 13

140 Schule Ibbenbüren A: Bericht des Tecklenburger Schulrats Kemmerich vom 22.02.1932

141 Schule Ibbenbüren A: Bericht des Tecklenburger Schulrats Kemmerich vom 22.02.1932

142 Schule Ibbenbüren A: Bericht des Tecklenburger Schulrats Kemmerich vom 22.02.1932

143 Vgl. Rosen 1959, S. 105

144 Schule Ibbenbüren A: Bericht des Tecklenburger Schulrats Kemmerich vom 22.02.1932

145 Schule Ibbenbüren A: Bericht des Tecklenburger Schulrats Kemmerich vom 22.02.1932

146 PA Utsch: Personalblatt A vom 04.03./14.03.1941; Gutachten des Tecklenburger Schulrats Kemmerich vom 01.07.1932; Schule Ibbenbüren A: Schreiben Ströhmers' an Schulrat Kemmerich, 24.02.1932

147 Rektoratschule: Schreiben Ströhmers an Amtmann Dr. Müller vom 12.02.1925

148 Ströhmers erst 1926 gefundener Nachfolger in Gladbeck, Religionslehrer Theodor Markfort aus Bottrop, sah sich bald dem Vorwurf der Unschicklichkeit ausgesetzt, weil er im Unterricht „jugendgefährlich(e)" Literatur lesen lasse. Markfort verhalte sich uneinsichtig gegenüber Kösters' Kritik, die von allen anderen im Kollegium geteilt werde. Vgl. Kuratorium Gladbeck: Schreiben Dr. Kösters' an PSK Münster vom 30.03.1926; Elternbeirat Gladbeck: Schreiben Dr. Kösters' an PSK Münster vom 30.03.1927

149 Fast alle Personalakten im BA Münster sind durch Kriegseinwirkung verbrannt. Die Pfarrarchive scheinen über keine besonderen Akten zu seiner Person zu verfügen.

150 Vgl. „Der Politische Diskussionsabend der Zentrumspartei Ibbenbüren", „Ibbenbürener Volkszeitung", 12.11.1929

151 Vgl. ENA Ströhmer: Military Government of Germany-Fragebogen vom 30.07.1946, S. 13

152 Vgl. „Volksverein für das Katholische Deutschland". In: „Ibbenbürener Volkszeitung", 11.10.1926

153 Ströhmer 1959, S. 26 + 38; Mitteilung M. Ströhmer, 26.11.2015

154 Vgl. Nachlass Ströhmer: Military Government of Germany-Fragebogen vom 24.02.1946; Ströhmer 1959, S. 26

155 Vgl. 50 Jahre DJK Arminia Ibbenbüren e.V. 1929 – 1979, Ibbenbüren 1979, S. 16 und S. 19

156 Vgl. 50 Jahre DJK Arminia Ibbenbüren e.V. 1929 – 1979, Ibbenbüren 1979, S. 15

157 Vgl. ENA Ströhmer; Military Government of Germany-Fragebogen vom 30.07.1946, S. 13

158 Bärtels 2000, S. 282

159 PA Heemann: Schreiben Dr. Hahns von der Regierung Münster/Schulabteilung an Fritz Heemann vom 10.05.1937; PA Dr. Scharlach: Dienstantrittsmeldung vom 19.04.1939 durch Schulleiter Ströhmer.

160 Vgl. PA Brandt und PA Wilhelm

161 Chronik, S. 106

162 Mitteilung M. Ströhmer, 26.11.2015. - Auch seine Kinder besuchten „Ströhmers" Schule. Vgl. Rosen 1959, S. 146 und S.151

163 PA Ströhmer: Schreiben des Kreisleiters der NSDAP Knolle an die Regierung Münster/Schulabteilung vom 10.05.1933. Ein Sachbearbeiter ergänzte Knolles Schreiben mit der Bemerkung: „St. ist anscheinend verbohrt und somit m..E. als Rektor nicht geeignet."

164 Ströhmer 1959, S.51

165 Ströhmer 1959, S. 50-51

166 Vgl. Hubert Mockenhaupt, Artikel „Franz Hitze." In: Lexikon für Theologie und Kirche, hrsg. von Walter Kasper, 3., völlig neu bearb. Aufl., Bd. 5, Freiburg im Breisgau/Basel/Rom/Wien 1996, S. 172

167 Vgl. Hans J. Münk, Artikel „Georg Schreiber." In: Lexikon für Theologie und Kirche, hrsg. von Walter Kasper, 3., völlig neu bearb. Aufl., Bd. 9, Freiburg im Breisgau/Basel/Rom/Wien 2000, S. 250

168 Ströhmer 1959, S. 16

169 Vgl. Ströhmer 1959, S. 16

170 Ströhmer 1959, S. 16

171 Ströhmer 1959, S. 16-17

172 Ströhmer 1959, S.17

173 www.documentarchiv.de/ns/beamtenges.html (Zugriff: 29.10.2015)

174 PA Ströhmer: Bericht der Untersuchungskommission vom 11.07.1933 [Durchschrift] als Anlage zum Schreiben des RP/Abteilung für Kirchen und Schulen an den Preußischen Minister für Wissenschaft, Kunst und Volksbildung vom 08.08.1933

175 Lehrpersonal Ibbenbüren: Schreiben des Kreisleiters der NSDAP Knolle an Gaupersonalamtsleiter Beyer vom 23.08.1940

176 Vgl. PA Pöpel: Schreiben des Ortsgruppenführers des „Stahlhelms" Ibbenbüren an den Führer des Stahlhelm-Gaus

Osnabrück vom 10. 04.1933 sowie Schreiben des Führers des Stahlhelm-Gaus Osnabrück vom 11. 04.1933 an das preußische Kultusministerium

177 PA Pöpel: Schreiben des Ortsgruppenführers des „Stahlhelms" Ibbenbüren an den Führer des Stahlhelm-Gaus Osnabrück vom 10. 04.1933. Vgl. auch PA Pöpel: Vernehmung des Rektors Pöpel in Ibbenbüren durch den Schulrat Dr. Sandmann aus Rheine vom 22.08.1933

178 Vgl. PA Pöpel: Schreiben des Ortsgruppenführers des „Stahlhelms" Ibbenbüren an den Führer des Stahlhelm-Gaus Osnabrück vom 10.04.1933

179 PA Pöpel: Schreiben der Staatlichen Untersuchungskommission bei der Regierung Münster, Abteilung Schulen an das Preußische Ministerium für Wissenschaft, Kunst und Volksbildung, Berichterstatter Friedrich Reimpell [Entwurf] vom 26.08.1933/abgesandt am 29.08.1933

180 Vgl. PA Pöpel: Schreiben von Dechant Pricking an den Landrat des Kreises Tecklenburg vom 22.08.1933 sowie Schreiben von Landrat Dr. Schultz an Herrn von Schönfeld vom 29.08.1933 (wohl Dr. Karl von Schönfeld, 1934/35 Münsteraner Oberregierungsrat. Vgl. Einwohnerbuch Münster 1934/1935, S. 302)

181 PA Pöpel: Urkunde vom 19.09.1933 (Abschrift)

182 PA Pöpel: Schreiben von RP Münster, Abteilung für Kirchen und Schulen an Karl Pöpel vom 01.12.1933 (Abschrift)

183 www.sv-grossemast-klosterhook.de (Zugriff: 15.02.2016)

184 Die anderen wurden nach § 2 wegen angeblich nicht genügender Vorbildung und Qualifikation entlassen. - Nach § 3, dem rassistischen „Arierparagraphen", der – von einigen Ausnahmen abgesehen - die Entlassung sogenannter „nichtarischer" Lehrkräfte bestimmte, wurde niemand aus dem Dienst entfernt. Vgl. Durchführung BBG: Schreiben von Minister für Wissenschaft, Kunst und Volksbildung Berlin an RP Münster mit anliegender Statistik Nr. 1 vom 13.04.1934. In einer Aufstellung des Bottroper Stadtschulrates für den RP/Abteilung für Kirchen und Schulen vom 02.08.1933 findet sich allerdings der Name einer Lehrerin, die eventuell vom § 3 betroffen war. Vgl. Durchführung BBG

185 Vgl. Durchführung BBG: Schreiben von Minister für Wissenschaft, Kunst und Volksbildung Berlin an RP Münster mit anliegender Statistik Nr. 1 vom 13.04.1934

186 Vgl. Detlef Dreßler/Hans Galen/Christoph Spieker, Greven 1918-1950. Republik. NS-Diktatur und ihre Folgen, Bd. 1: 1918-1939, Greven 1991; S. 257-258 sowie für den Gelsenkirchener Lehrer den handschriftlichen Zusatz zur Statistik im Schreiben von Minister für Wissenschaft, Kunst und Volksbildung Berlin an RP Münster mit anliegender Statistik Nr. 1 vom 13.04.1934. In: Durchführung BBG

187 Vgl. PA Pöpel: Schreiben des Kreisleiters der NSDAP an den Rheinenser Schulrat Dr. Sandmann vom 13.06.1933

188 Weichel/Suer, Oral History 02, Kopie des Flugblatts von ca. 1935 im Dokumentenanhang

189 Vgl. Katholische Volksschule Stadt: Schreiben des stellvertretenden Tecklenburger Kreisschulrates Sundermann an RPS vom 05.04.1939. Vgl. auch PA Stake: Anmerkungen Stakes im Fragebogen des „Military Government of Germany" vom 26.10.1945

190 Weichel/Suer, Oral History 01: Gespräch mit Dr. F. S. und C.S.

191 PA Pöpel: Durchschlag einer Urkunde zur Wiederernennung des Lehrers Pöpel zum Rektor mit Vermerk auf der Rückseite: Ab 01.01.1946 Leitung der katholischen Volksschule Ibbenbüren.

192 Vgl. zum Wirken Lenforts in Heimatverein und Männergesangverein die Beiträge in www.heimatvereine-hoerstel.de/heimatvereine/bevergern (Zugriff: 24.02.2016); www.verkehrsverein-hoerstel.de (Zugriff: 08.02.2017); www.dorfgespraech-recke.de (Zugriff: 08.02.2017); Artikel „Bevergern." In: www.lwl.org/westfaelischer-heimatbund (Zugriff: 08.02.2017)

193 Vgl. insbesondere PA Pöpel: Bericht Knolles sowie Schreiben des Rheinenser Schulrats Sandmann an RPS vom 15.07.1933 sowie www.archivdatenbank.bbf.dipf.de: Lenfort, August, 26.08.1890. BBF/DIPF/Archiv, Gutachterstelle des BIL - Preußische Volksschullehrerkartei, Regierungsbezirk Münster, GUT LEHRER (Personalunterlagen von Lehrkräften), 106374

194 Vgl. insbesondere PA Pöpel: Bericht Knolles sowie Schreiben des Rheinenser Schulrats Sandmann an RPS vom 15.07.1933 sowie www.archivdatenbank.bbf.dipf.de: Lenfort, August, 26.08.1890. BBF/DIPF/Archiv, Gutachterstelle des BIL - Preußische Volksschullehrerkartei, Regierungsbezirk Münster, GUT LEHRER (Personalunterlagen von Lehrkräften), 106374

195 www.dionysianer.de/chron/1929main3.php(Zugriff: 14.03.2017). Jahrgangsseite 1929, Nr.4: Ludwig Bitter: Vgl. auch: „Reifeprüfung am Dionysianum in Rheine". In: „Ibbenbürener Volkszeitung", 22.03.1929

196 Vgl. allgemein Universitätsarchiv Münster: Rektor (1902-1970), Sachakten; Bestand 004 – Studentische Angelegenheiten - Freier Sozialistischer Studentenbund an der Westfälischen Wilhelms-Universität (Juli 1929-1933). Signatur: 733

197 Gymnasien. Lehrkräfte (1933-1950): Schreiben von Dr. Steck vom RP/Abteilung für Kirchen und Schulen an Amtsbürgermeister Dr. Müller vom 14.09.1933

198 Gymnasien. Lehrkräfte (1933-1950): Schreiben von Dr. Steck vom RP/Abteilung für Kirchen und Schulen an

Anmerkungen

Amtsbürgermeister Dr. Müller vom 14.09.1933

199 Vgl. [Anton] Rosen, Schreiben an die St. Mauritius-Kirchengemeinde vom 11.12.1964 mit Aufstellung der Namen von Personen, die in der Zeit des Nationalsozialismus verfolgt wurden. In: 1 Generalvikar, Materialsammlung Drittes Reich, Ibbenbüren/Kirchhellen. Signatur: A 101-10 R.

200 Mitteilung Hubert Bitter, 16.04.2018

201 Vgl. Gymnasien. Lehrkräfte (1933-1950): Mitteilung von RP/Abteilung für Kirchen und Schulen an den Schulrat in Rheine vom 28.12.1933 [Abschrift]

202 Gymnasien. Lehrkräfte (1933-1950): Schreiben von RP/Abteilung für Kirchen und Schulen an Ludwig Bitter vom 28.12.1933, gezeichnet von [Friedrich] Reimpell, der zeitgleich die Position des Gauamtsleiter des NS-Lehrerbundes bekleidete. Vgl. außerdem Gymnasien. Lehrkräfte (1933-1950): Mitteilung von RP/Abteilung für Kirchen und Schulen an den Schulrat in Rheine vom 28.12.1933 [Abschrift]

203 www.volksbund.de/graebersuche.html/Ludwig Bitter, Ibbenbüren, 05.03.1908 - 27.09.1942, Kr. Laz.2/500 (509) Kursk. Vgl. auch Rosen 1959, S. 134, Nr. 1137

204 Vgl. Buchholz 2003, S. 36, insbesondere auch Anm. 54

205 Mitteilung K.-H. Mönninghoff, 17.03.2016. Carl Dyckhoff war sein Taufpate, sein Vater Chauffeur Dyckhoffs. - Zur Drangsalierung Dyckhoffs vgl. auch: Weichel/Suer, Oral History 01: Gespräch mit Dr. F. und C. S.

206 Vgl. „Die Wahlvorschläge zu den Kommunalwahlen". In: „Ibbenbürener Volkszeitung", 28.02.1933

207 PA Utsch: Personalblatt A vom 04.03./14.03.1941

208 PA Utsch: Lebenslauf vom 23.08.1921

209 PA Utsch: Antwort im „Fragebogen" der britischen Besatzungsbehörden vom 09.06.1946

210 Vgl. PA Heemann: Schreiben der Schulabteilung beim RP Münster an Fritz Heemann vom 24.04.1934 sowie www.archivdatenbank.bbf.dipf.de: Hohendorff, Arthur Albert Traugott, 08.04.1893, BBF/DIPF/Archiv, Gutachterstelle des BIL - Preußische Volksschullehrerkartei, Regierungsbezirk Münster, GUT LEHRER (Personalunterlagen von Lehrkräften), 109797

211 PA Heemann: Schreiben Heemanns an Amtsbürgermeister Dr. Müller vom 26.04.1937

212 PA Heemann: Bescheinigung von NSDAP-Kreisamtsamtsleiter Meyer vom 02.05.1939

213 PA Utsch: Personalblatt A vom 14.03.1941; PA Heemann: Geburtsurkunde des Sohnes B. - Utsch war um 1938 mitsamt Frau und erwachsener Tochter zur „Gottgläubigkeit" übergetreten - so NSDAP-Kreisleiter Knolle in seinem Schreiben vom 23.08.1940 an den Leiter des Gaupersonalamtes. In: Lehrpersonal Ibbenbüren. - Heemanns Frau war evangelisch geblieben. Vgl. PA Heemann: Geburtsurkunde des Sohnes B.

214 www.de.wikipedia.org/wiki/Gottgläubig (Zugriff: 12.02.2017)

215 Eckart Conze, Norbert Frei, Peter Hayes, Moshe Zimmermann: Das Amt und die Vergangenheit. Deutsche Diplomaten im Dritten Reich und in der Bundesrepublik, München 2010, S. 157. Nach: www.de.wikipedia.org/wiki/Gottgläubig (Zugriff: 12.02.2017)

216 Stelbrink 2003, S. 76

217 Schon am 25.01.1936 hatte sich NSDAP-Kreisleiter Knolle in einem Schreiben an die Amtsverwaltung dafür verwandt,dass Brandt, der im Schuljahr 1935/36 mit ungefähr der Hälfte einer vollen Lehrerstelle beschäftigt war, den evangelischen Religionsunterricht von Pastor Knebel übernehmen könne. Rektor Ströhmer regte mit Schreiben vom 14.02.1936 an Dr. Müller an, die Festanstellung Brandts einzuleiten, der im Schuljahr 1936/37 mit 28 Wochenstunden voll unterrichten werde. Dr. Müller notierte als Vermerk, er sei ebenfalls für Brandts Festanstellung. Momentan seien ihm aber wegen verschiedener strenger Auflagen die Hände gebunden. Vgl. Gymnasien. Lehrkräfte (1933-1950). Ein Jahr später forderte Schulleiter Ströhmer wiederum mit Schreiben vom 12.02.1937 Amtsbürgermeister Dr. Müller auf, die Festanstellung Walter Brandts auf den Weg zu bringen. Gegenüber dem RP befürwortete Dr. Müller Ströhmers Vorschlag am 10.03.1937. Zwei Tage zuvor hatte Dr. Müller einen „Beschluss" erlassen: An der Amtsrektoratschule wird eine weitere feste Stelle geschaffen und mit Brandt besetzt.- Stattdessen verließ Brandt am 20.04.1937 die Schule Richtung Ruhrgebiet, wo er an wechselnden Orten bis zu seiner tatsächlichen Festanstellung in Bielefeld 1940 unterrichtete. Seltsam genug findet sich der o.g. Schriftwechsel in den Akten der privaten katholischen Mädchenschule. Vgl. Katholische höhere Mädchenschule. Sechs Tage nach Brandts Fortgang bewarb sich Heemann direkt bei Dr. Müller. Vgl. PA Heemann, Schreiben Heemanns an Dr. Müller vom 26.04.1937

218 PA Brandt: Bescheinigung der Kreisleitung der NSDAP Krs. Tecklenburg für OP/Abteilung für höheres Schulwesen vom 03.03.1937

219 Vgl. ENA Deiting: Military Government of Germany-Fragebogen vom 10.01.1946

220 PA Deiting: Schreiben Dr. Deitings an RP/Abteilung für Kirchen und Schulen vom 09.12.1938

221 Vgl. ENA Deiting: Military Government of Germany-Fragebogen vom 10.01.1946

222 PA Deiting: Schreiben des NSDAP-Gaupersonalamts an RP/Abteilung für Kirchen und Schulen vom 23.10.1937

223 Dies ergibt sich aus einem Schreiben von Oberschulrat Sanden an das NSDAP-Gaupersonalamt vom 15.10.1940. Vgl. Schule Ibbenbüren B. - Im Landesarchiv Münster ließen sich keine Personalakten zu Wilhelm Grimme

auffinden. Das Gaupersonalamt der NSDAP sah Grimme - ähnlich wie schon vorher Knolle - in seinem Schreiben vom 09.09.1940 an OP Münster/Abteilung für Höheres Schulwesen als politisch unzuverlässig an. Vgl. Lehrpersonal Ibbenbüren. - Dennoch bezeichnet ihn der amtierende stellvertretende Schulleiter Dr. Deiting in zwei Dokumenten vom 12.01.1946 und 23.01.1946 als NSDAP-Mitglied (Pg./PG). Vgl. Gymnasien Wiedereröffnung. - Dr. Deiting musste bald darauf nach Maßgabe der Briten die Schulleitung abgeben und die Einrichtung verlassen, während Wilhelmine Schulze – die NSDAP-Mitglied gewesen war - und Wilhelm Grimme nebst Anton Rosen an der Schule bleiben durften, Grimme nun sogar als stellvertretender Schulleiter.

224 PA Ströhmer: Mitteilung Ströhmers an RP/Abteilung für Kirchen und Schulen vom 08.12.1938. Die Mitgliedschaft im NSLB bekräftigte er in einer eidesstattlichen Erklärung vom 27.09.1935.

225 PA Ströhmer: Ströhmer trug gegenüber dem Schulkollegium vor, er sei weder Mitglied der NSDAP noch einer ihrer Gliederungen gewesen. Vgl. Schreiben des Schulkollegiums an die Kultusministerin NRW vom 31.10.1952

226 Ströhmer 1959, S. 20

227 Vgl. Wissenschaftliche Fortbildungskurse für Lehrerinnen und Lehrer: Schreiben des Kreisschulrates Ahaus an RP/Abteilung für Kirchen und Schulen vom 21.07.1937 sowie vom 23.01.1938. Vgl. allgemein auch die Berichte der Kreisschulräte. Laut Bericht des Tecklenburger Kreisschulrates vom 20.07.1937 und vom 17.12.1937 waren damals bereits alle Lehrkräfte in seinem Schulaufsichtsbezirk NSLB-Mitglieder – mit Ausnahme von an Privatschulen unterrichtenden Nonnen.

228 Vgl. Durchführung BBG: Schreiben des Landrats des Kreises Ahaus an RP/Abteilung für Kirchen und Schulen vom 21. Juli 1934

229 Vgl. PA Heese: Drei Personalfragebögen; Fragebogen zur Durchführung des Gesetzes zur sogenannten Wiederherstellung des Berufsbeamtentums vom 13.07.1933; Erklärungen der Schüler K. [im Original ausgeschrieben] und W. [im Original ausgeschrieben] vom 25.09.1935 und des Lehrers E. [im Original ausgeschrieben] vom 24.10.1935.

230 Vgl. Chronik, S. 116-117

231 ENA Utsch: Leumundszeugnis Ströhmers vom 15.10.1946. Dabei entging Ströhmer sogar, dass Utsch der evangelischen Kirche längst Lebewohl gesagt hatte.

232 Muncke 1986, S. 201

233 Vgl. hierzu allgemein Weichel/Suer, Oral History 01+02. Vgl. auch Mitteilung M. Ströhmer, 26.11.2015

234 Rosen 1959, S. 41

235 Unterricht Ibbenbüren: Schreiben Dr. Deitings an PSK vom 01.05.1942

236 Vgl. Gymnasien. Lehrkräfte (1933-1950): Schreiben von Kreisleiter Knolle an Amtsbürgermeister Dr. Müller vom 25.01.1936 sowie Schreiben Ströhmers an Dr. Müller vom 23.04.1936 über das Ausscheiden der Geistlichen als Religionslehrer zum 01.04.1936

237 Allerdings beklagte Kaplan Daldrup unmittelbar nach dem Krieg, dass Ströhmer den Religionsunterricht nur mit vielen Einschränkungen habe erteilen können. Ebenso wie Vikar Surkamp, der als einziger katholischer Geistlicher noch die Schülerinnen der privaten Höheren Mädchenschule im Josefstift unterrichten durfte. Vgl. Daldrups Bericht in: Materialsammlung 1946, S. 1

238 Vgl. ENA Ströhmer: Military Government of Germany-Fragebogen vom 30.07.1946, Beiblatt

239 Mitteilung M. Ströhmer, 26.11.2015. Sie hatten in der Kapelle des St. Elisabeth-Krankenhauses stattgefunden. Vgl. Chronik, S. 90

240 Vgl. Chronik, S. 101-104

241 Vgl. EA Ströhmer: Schreiben Ströhmers an die „Berufungskammer" beim Regierungspräsidenten Münster vom 06.07.1949

242 Vgl. Bauer 2014, S. 11-14, 25-31, 73-91

243 Vgl. EA Ströhmer: Schreiben Ströhmers an die „Berufungskammer" beim Regierungspräsidenten Münster vom 06.07.1949

244 Vgl. z.B. Dreidemy 2014, S. 38-39 sowie Bauer 2014, S. 246

245 Vgl. EA Ströhmer: Schreiben Ströhmers an die „Berufungskammer" beim Regierungspräsidenten Münster vom 06.07.1949

246 Vgl. Gesperrte Vermögen Hohnhorst. Undatierter Zeitungsausriss mit Artikel „Gericht über Bürgermeister Hohnhorst",. In: „Westfälische Rundschau"

247 Vgl. BMA MS, Generalvikariat, 1 Generalvikar, Materialsammlung Drittes Reich, A 101-11. Bericht „Laggenbeck" vom 14.04.1946. Vgl. auch Sicherheitspolizei (1934-1935): Predigtabschrift vom 24.05.1934 (Durchschlag)

248 Vgl. Chronik, S. 108

249 Vgl. Chronik, S. 108, 110-111, 114 und 119

250 Vgl. Schreiben des Tecklenburger Schulrates Wolf an RPS Münster vom 02.08.1937 sowie vom 17.11.1937

251 Vgl. Chronik, S. 117-119

Anmerkungen

252 Chronik, S. 118

253 Chronik, S.118

254 Chronik, S. 118

255 Chronik, S. 119

256 Weichel/Suer, Oral History 01: Gespräch mit H. E.

257 Ströhmer 1959, S. 18

258 EA Ströhmer: Schreiben an den Kreissonderhilfsausschuss in Tecklenburg vom 31.03.1949

259 ENA Deiting: Anlage Nr. 1 zum Fragebogen Dr. Deiting (2.Blatt) vom 05.06.1946

260 ENA Deiting: Anlage Nr. 3 zum Fragebogen Dr. Deiting vom 08.03.1946

261 Weichel/Suer, Oral History 01: Gespräch mit H. B.

262 Vgl. Chronik, S. 100-101

263 Chronik, S. 111-112

264 Vgl. Chronik, S. 101-102, 109, 111, 114-116, 122,124-125

265 Weichel/Suer, Oral History 01: Gespräch mit Dr. F. S. und C. S.

266 Vgl. ENA Deiting: Entlastungszeugnis von Bernhard Börger (Ibbenbüren) für Dr. Deiting vom 01.03.1946. Anlage Nr. 18 zum Entnazifizierungs-Fragebogen Dr. Deitings. - Börger erinnert sich an gemeinsame Flak.Zeiten mit Dr. Deiting und dem „überzeugten Nazi-Notz". Diesem hätten beide an historischen Beispielen erklärt, dass auch „Volksbeglücker", denen man heute zugejubelt habe, morgen verflucht worden seien. „Wie grauenhaft wahr ist diese Äußerung geworden. Aber damals wackelten unsere Köpfe recht bedenklich, und wir müssen es Herrn Notz hoch anrechnen, dass er uns nicht vor den Kadi brachte." Vgl. zu Notz auch Weichel/Suer, Oral History 01: Gespräch mit H. B. Dieser erinnert sich: „Und in der Grundschule machte uns der Lehrer Notz die schreckliche Jazzmusik vor, die Negermusik aus Amerika. Wer Notz nicht richtig grüßte, bekam es mit dem Rohrstock. Auch auf der Straße mußte der Lehrer richtig schön zackig gegrüßt werden. Und dazu Heil Hitler!"

267 Vgl. Weichel/Suer, Oral History 01: Gespräch mit J.R.

268 Kassebrock wurde zum Schuljahr 1943/44 von der Herbert-Norkus-Schule, der ehemaligen Katholischen Volksschule Laggenbeck , an die Hauptschule Ibbenbüren, das letzte NS-Schulprojekt vor dem Ende der NS-Herrschaft, abgeordnet. Diese sollte mit zwei Lehrkräften beginnen. Vgl. Gymnasien. Lehrkräfte (1933-1950): Schreiben von RP/Abteilung für Kirchen und Schulen an Oskar Kassebrock vom 11.08.1943 sowie Öffentliche Mittelschule: Beschluss des Vertreters des Amtsbürgermeisters Ibbenbüren vom 14.07.1943.

269 Vgl. PA Scholmeyer: Undatierter, von Friedrich Scholmeyer ausgefüllter Fragebogen für die britische Militärregierung.

270 Zu Josef Richter: Vgl. die folgenden Ausführungen zur Oberschule Ibbenbüren im Zweiten Weltkrieg. - Zu Hermann Nickolay: Vgl. PA Nickolay und PA Fikuart.- Nominell war Hermann Nickolay zwar seit Mitte 1943 Rektor in Hamm-Bockum, de facto wohnte und unterrichtete er seit Mitte 1942 in Lengerich, dann kurz in Ibbenbüren an der Stadtschule und etwas länger seit Sommer 1943 an der neuen Mittelschule.Außerdem scheint er an der neuen Hauptschule – vermutlich als zweiter Lehrer neben Oskar Kassebrock – unterrichtet zu haben. Am 1. April 1945 wurde er zum Rektor der Hans-Schemm-Schule Ibbenbüren ernannt. Allerdings hatte er Ibbenbüren schon zum Schuljahresbeginn 1944/45 zum Kampfeinsatz als HJ-Führer an der Westfront verlassen.

271 Vgl. Weichel/Suer, Oral History 01: Gespräch mit J.R. sowie auch Mitteilung K.-H. Mönninghoff, 17.03.2016

272 Landesarchiv NRW, Bestand Kreis Tecklenburg, Landratsamt. Schulwesen (Juli 1939-[November1939]). Signatur: 1024: Stellungnahme Paul Kleins vom 28.07.1938 zu einer Beschwerde über ihn seitens der Waldbauernschaft/Kreisbauernschaft vom 03.07.1938

273 Vgl. Gauschulungsamt, Kaul: Lebenslauf Erwin Kauls vom 16.05.1936

274 Gauschulungsamt, Kaul: Lebenslauf Erwin Kauls vom 16.05.1936

275 www.archivdatenbank.bbf.dipf.de: Kaul, Erwin, 03.03.1900. BBF/DIPF/Archiv. Gutachterstelle des BIL - Preußische Volksschullehrerkartei, Regierungsbezirk Münster, GUT LEHRER (Personalunterlagen von Lehrkräften), 110543

276 Vgl. Lehrervereine: Kauls Einladungsschreiben vom 10.12.1935 zur NSLB-Kreistagung in Lengerich am 18.12.1935

277 „Aus dem Tätigkeitsbericht des Gausachbearbeiters für Rassefragen im NSLB Westfalen-Nord für das 2. Vierteljahr 1935." In: Kuropka 1992, S. 353. Vgl. auch: ENA Utsch: Wilhelm Stake, Gutachten über den Studienrat L. Utsch vom 16.02.1947 und „Der 21. März in Ibbenbüren", in: „Ibbenbürener Volkszeitung", 22.03.1933

278 Vgl. PA Peters: Anlage zur „Erklärung unter Diensteid" von Heinrich Peters vom 01.09.1935.

279 „Aus dem Tätigkeitsbericht des Gausachbearbeiters für Rassefragen im NSLB Westfalen-Nord für das 2. Vierteljahr 1935." In: Kuropka 1992, S. 354

280 „Aus dem Tätigkeitsbericht des Gausachbearbeiters für Rassefragen im NSLB Westfalen-Nord für das 2. Vierteljahr 1935." In: Kuropka 1992, S. 354

281 PA Reimpell: Aus den Erinnerungen von Willi F. in einem Schreiben an RP Münster/Schulaufsicht vom

Anmerkungen

30.11.1947.

282 PA Elbertzhagen: Auszug aus den Erläuterungen zum Fragebogen Dr. Pickel (ohne Datierung)

283 Vgl. Rolf 2009, S. 16-17

284 Vgl. hierzu allgemein Weichel/Suer, Oral History 01+02

285 Vgl. Weichel/Suer, Oral History 01: Gespräch mit F.W.

286 Vgl. Rolf 2009, S. 17

287 Vgl. Schlautmann-Overmeyer/Klatt, Ibbenbüren, S. 424 und das Schülerverzeichnis in Rosen 1959, S. 109-135

288 Vgl. Boesenberg/Düttmann/Ortgies 2010, S. 72-73

289 Pries 1989, S. 19

290 Ströhmer 1959, S. 9

291 Vgl. Ströhmer 1959, S. 9

292 Vgl. Ströhmer 1959, S. 10

293 Vgl. Pennälererinnerungen, S. 1 im Nachlass

294 Vgl. Ströhmer 1959, S. 27. Ströhmer nennt nur seinen Nachnamen und statt eines Vornamens den vermutlichen Spitznamen „Dackel". Von den Lebensdaten her dürfte am ehesten Richard Cohen gemeint sein (geb. 1883, Schüler des Arnoldinums, Abitur 1892, gest. in Nahariya/Israel). Vgl. Karl Friedrich Herhaus, Die jüdisch-christliche Episode des 1853 wiederbegründeten Gymnasium Arnoldinum in Burgsteinfurt 1853 – 1937, Münster (2013, aktualisiert 2014), S. 41-42

295 Vgl. Ströhmer 1959, S. 33 a

296 Vgl. Schlautmann-Overmeyer/Klatt 2008. In: Boesenberg/Düttmann/Ortgies 2010, S. 163-164; Rolf 2009, S.24-29; Stefan Buchholz 2003, S. 90-94

297 Ströhmer 1959, S. 19

298 Feld/Starosta 1990, S. 90

299 Vgl. Feld/Starosta 1990, S. 88-90. Dort ist von drei Personen die Rede. Vgl. auch Regierung Münster. Judenschulen (1936-1943). Signatur 9272: Aufstellungen vom 05.11.1936 sowie vom 31.08.1937 aus der Feder des Tecklenburger Landrats bzw. des Kreisschulrates für Tecklenburg

300 Vgl. Volks- und Hilfsschulen. Schulverwaltung. Allgemein. Statistik. Eröffnung der Schulen. Rassentrennung (1934-1948). Signatur: D 1750: Schreiben von Amtsbürgermeister Dr. Müller an den Landrat des Kreises Tecklenburg samt Nachweisungen der Rassezugehörigkeit vom 15.10.1935

301 Krs. TE LRA 1306 Sicherheitspolizei: Liste des Polizeimeisters Hartmann vom 30.07.1938

302 Trütken-Kirsch 1996, S. 210

303 Trütken-Kirsch 1996, S. 211

304 Vgl. Materialsammlung Drittes Reich I, S. 1

305 Vgl. Materialsammlung Drittes Reich I, S. 2-3

306 Vgl. Materialsammlung Drittes Reich I, S. 3

307 Vgl. Boesenberg/Düttmann/Ortgies 2010, S. 44-57; Trütken-Kirsch 1996

308 Vgl. z.B. Steinweis 2011, S. 23-122 und Gross 2013, S. 11-76

309 Vgl. Schlautmann-Overmeyer/Klatt, Ibbenbüren; Rolf 2009, S. 38-53; Schlautmann-Overmeyer/Klatt 2008, in: Boesenberg/Düttmann/Ortgies 2010, S. 165-166; Buchholz 2003, S. 95-99; Bärtels 2000, S. 152-154; Feld 1993, S. 102-103

310 Vgl. von Borries 1997, S. 80-94

311 Vgl. Aschoff/Möllenhoff 2007, S. 171 und S. 178

312 Die Familie Börger wurde öfter von den Rosenthals ins Haus gebeten, um Dienstleistungen für sie zu verrichten, die ihnen als Juden am Sabbat untersagt waren. Auch die Mutter von Herrn E. war in dieser Funktion für die Rosenthals tätig gewesen. - Vgl. den Augenzeugenbericht von Herbert Börger, in: Vera Konermann, „Mama, wieso löscht die Feuerwehr denn nicht?" Ibbenbürener erinnern sich an den Brand der Synagoge vor 70 Jahren/Kinder und Jugendliche wurden damals Augenzeugen. In: „Ibbenbürener Volkszeitung", 08.11.2008; Gespräch mit Herrn E. in Weichel/Suer, Oral History 01

313 Vgl. Bärtels 2000, S. 152

314 Vgl. Ströhmer 1959, S. 19; EA Ströhmer: Schreiben Ströhmers an den „Kreissonderhilfsausschuss" in Tecklenburg vom 31.03.1949

315 Rika Rosenthal benutzte z. B. den Hintereingang der Familie Drees, die ein Geschäft am Oberen Markt besaß. - Vgl. Augenzeugenbericht von Carola Scholmeyer, geb. Drees, i n: Vera Konermann. „Mama, wieso löscht die Feuerwehr denn nicht?" Ibbenbürener erinnern sich an den Brand der Synagoge vor 70 Jahren/Kinder und Jugendliche wurden damals Augenzeugen. In: „Ibbenbürener Volkszeitung", 08.11.2008

316 Vgl. Ströhmer 1959, S. 19

317 Ströhmer 1959, S.19

318 August Ströhmer, „Das alte Haus und die Juden in Ibbenbüren.".In: „Ibbenbürener Volkszeitung", 22.05.1962

Anmerkungen

319 Aussage des ehemaligen NSDAP-Kreisleiters Knolle vom 01.02.1951. Protokoll des Amtsgerichts Bad Münder (Deister), S. 78. In: Boesenberg/Düttmann/Ortgies 2010, S. 96

320 Vgl. Rolf 2009, S. 38-53; Schlautmann-Overmeyer/Klatt 2008, in: Boesenberg/Düttmann/Ortgies 2010, S. 165-166; Buchholz 2003, S. 96-97; Bärtels 2000, S. 152-154; Feld 1993, S. 102-103 und die Erinnerungen von Zeitzeugen in Weichel/Suer, Oral History 01 sowie den im Literaturverzeichnis aufgeführten Zeitungsartikeln.

321 Augenzeugenbericht von Herbert Börger, in: Vera Konermann, „Mama, wieso löscht die Feuerwehr denn nicht?" Ibbenbürener erinnern sich an den Brand der Synagoge vor 70 Jahren/Kinder und Jugendliche wurden damals Augenzeugen. In: „Ibbenbürener Volkszeitung", 08.11.2008

322 Vgl. Boesenberg/Düttmann/Ortgies 2010, S. 101: Reproduktion eines Schreibens von Amtsbürgermeister Dr. Müller an den Landrat in Tecklenburg mit Bezug auf „Beschädigung nichtjüdischen Eigentums" vom 16.12.1938. In: Landesarchiv NRW, Abteilung Westfalen, Münster; Bestand Kreis Tecklenburg, Landratsamt, Nr. 1896a

323 Rolf 2009, S. 43

324 Rolf 2009, S. 52-53. Vgl. Krs. Tecklenburg, Juden: Schreiben der Staatspolizeistelle Münster an den Landrat des Kreises Tecklenburg vom 29.11.1938.

325 Augenzeugenbericht von Carola Scholmeyer, geb. Drees, in: Vera Konermann, „Mama, wieso löscht die Feuerwehr denn nicht?" Ibbenbürener erinnern sich an den Brand der Synagoge vor 70 Jahren/Kinder und Jugendliche wurden damals Augenzeugen. In: „Ibbenbürener Volkszeitung", 08.11.2008; Schlautmann-Overmeyer/Klatt 2008. In: Boesenberg/Düttmann/Ortgies 2010, S. 165; Rolf 2009, S. 43

326 Augenzeugenbericht von Carola Scholmeyer, geb. Drees, in: Vera Konermann, „Mama, wieso löscht die Feuerwehr denn nicht?" Ibbenbürener erinnern sich an den Brand der Synagoge vor 70 Jahren/Kinder und Jugendliche wurden damals Augenzeugen. In: „Ibbenbürener Volkszeitung", 08.11.2008

327 Vgl. Rolf 2009, S. 51-52

328 Rolf 2009, S. 44

329 Vgl. Krs. Tecklenburg, Juden: Schreiben des Tecklenburger Landrats an Stapo-Leitstelle Münster vom 10.11.1938

330 Ströhmer 1959, S. 19

331 Vgl. z.B. die entsprechenden Berichte bei Weichel/Suer, Oral History 01+02

332 Ströhmer schreibt in seinem Zeitungsartikel „Das alte Haus und die Juden in Ibbenbüren" („Ibbenbürener Volkszeitung", 22.05.1962) von der Gefahr, die Rosenthal drohte, „abgeführt" zu werden. - Die genaue Zeitangabe findet sich nur in Ströhmers schriftlichen Erinnerungen. Vgl. Ströhmer 1959, S. 18

333 Ströhmer 1959, S. 18-19

334 Vgl. August Ströhmer, „Das alte Haus und die Juden in Ibbenbüren.." In: „Ibbenbürener Volkszeitung", 22.05.1962. Ströhmer schreibt „Hof." Vgl. auch Mitteilung M. Ströhmer, 26.11.2015: „Garten." Von einer „Zuflucht" Rosenthals in seiner „Wohnung" ist in Ströhmers Schreiben an den „Kreissonderhilfsausschuss" in Tecklenburg vom 31.03.1949 die Rede. In: EA Ströhmer

335 August Ströhmer, „Das alte Haus und die Juden in Ibbenbüren.". In: „Ibbenbürener Volkszeitung", 22.05.1962

336 Vgl. Schlautmann-Overmeyer/Klatt 2008. In: Boesenberg/Düttmann/Ortgies 2010, S. 165

337 Vgl. das Interview mit der Zeitzeugin M. L. vom 12.12.2008 im Anhang zu Rolf 2009: Die Zeitzeugin, damals Schülerin der Quart an der katholischen Höheren Mädchenschule, gibt die Erzählung eines ihr bekannten – um ein Jahr jüngeren - Jungen wieder. Er sei mit anderen – am 9. oder 10. November - in der Synagoge gewesen. Sie hätten dort mit den Füßen die Thorarollen angestoßen und mit ihnen herumgespielt – anscheinend aus eigener Initiative bzw. nicht angeleitet von Lehrkräften.

338 Vgl. Schlautmann-Overmeyer/Klatt 2008. In: Boesenberg/Düttmann/Ortgies 2010, S. 165 sowie „Schüler mussten SS-Schergen bei Synagogenbrand helfen." In: „Westfälische Nachrichten", 10.11.1978. Vgl. auch Rolf 2009, S. 48, der von Oberstufenschülern der Hans-Schemm-Schule schreibt, die er eventuell mit der Amtsrektoratschule verwechselt.

339 Schlautmann-Overmeyer/Klatt 2008. In: Boesenberg/Düttmann/Ortgies 2010, S. 165. Die zugrundeliegende Quelle ist der Bericht (in Weichel/Suer, Oral History 01) der Augenzeugin C.S., die als Kind den Brand der Ibbenbürener Synagoge beobachtete. Sie nennt zuvor vom Hörensagen den Namen des Lehrers, nämlich Vollbert bzw. Volbert. - Dr. Bernhard Anton Volbert war Studienrat am Rheinenser Dionysianum. Er war in Rheine wohnhaft und NSDAP-Mitglied. Außerdem bekleidete er seit Anfang 1939 den Rang eines Oberscharführers der SA, deren Mitglied er seit 1933 war. Volberts Aktion fand bestimmt nicht in Ibbenbüren, sondern wahrscheinlich in Rheine statt. - Volbert wurde nach dem Krieg bei der Entnazifizierung in die Kategorie IV/Anlage 1 eingestuft und trat 1948 in Ruhestand, jedoch mit nur der Hälfte der zu erwartenden Versorgungsbezüge. Im entsprechenden Verfahren war seine Teilnahme am Novemberpogrom nicht zur Sprache gekommen; es ging allein um Mitgliedschaften in diversen NS-Gliederungen und dort ausgeübten Funktionen. Vgl. hierzu allgemein: PA Volbert

340 Augenzeugenbericht von Dr. Fritz Scholmeyer, in: Vera Konermann, „Mama, wieso löscht die Feuerwehr denn nicht?" Ibbenbürener erinnern sich an den Brand der Synagoge vor 70 Jahren/Kinder und Jugendliche wurden damals Augenzeugen. In: „Ibbenbürener Volkszeitung", 08.11.2008

Anmerkungen

341 Weichel/Suer, Oral History 01: 5.c) Gespräch mit Herrn E.

342 Weichel/Suer, Oral History 01: Gespräch mit H. E.

343 Vgl. ENA Utsch und Heemann. Letzterer wurde nur von Anton Rosen entlastet, aber auch vom Rektor der evangelischen Volksschule Ibbenbüren-Stadt, Friedrich Scholmeyer, dessen Sohn Schüler Heemanns gewesen war.

344 Vgl. ENA Heemann: Schreiben Dr. Lutterbeys an den Berufungsausschuss für Entnazifizierungen in Burgsteinfurt vom 10.06.1947

345 „Schüler mußten SS-Schergen bei Synagogen-Brand helfen." In: „Westfälische Nachrichten", 10.11.1978. - Der anonyme Augenzeuge des Jahres 1978 könnte identisch sein mit dem Interviewpartner H. B. in Weichel/Suer, Oral Hstory 01. In den zwei unterschiedlichen Transkripten des dortigen Interviews spricht er in der kürzeren Fassung von „Schülern der höheren Jahrgänge der Rektoratschule", in der längeren Interview-Fassung von „Schüler[n] höherer Jahrgänge". derselbe Augenzeuge spricht später von SA-Leuten die in die Synagoge eindrangen, Rollen - eventuell Tora-Rollen – herausholten und zerrissen, bevor sie das Gebäude anzündeten. Vgl. Vera Konermann, „Mama, wieso löscht die Feuerwehr denn nicht?" Ibbenbürener erinnern sich an den Brand der Synagoge vor 70 Jahren/Kinder und Jugendliche wurden damals Augenzeugen. In: „Ibbenbürener Volkszeitung", 08.11.2008

346 Vgl. das Schreiben von Dr. Müller an Regierung Münster/Abteilung für Kirche und Schulen vom 19.05.1939. In: Katholische Volksschule Stadt.

347 Vgl. PA Scholmeyer: Undatierter, von Friedrich Scholmeyer ausgefüllter Fragebogen für die britische Militärregierung.

348 Vgl. Weichel(Suer, Oral History 01: Gespräch mit Dr. F.S. und C.S.

349 (Anonymer Autor), „Als in Ibbenbüren die Synagoge brannte." In: „Ibbenbürener Volkszeitung", 24.12.1996. Vgl. Rolf 2009, S. 58. - Der Autor war damals Schüler der Sexta (Kl. 5) der Amtsrektoratschule. Gemeinsam mit seinem Schulfreund Theo Trompeter sollte er die Tafel wischen, bevor sie beide zu den Mitschülern auf den Pausenhof heruntergingen. Rektor Ströhmer hatte sie dabei überrascht, wie sie allein vom ersten Stock aus den Brand der Synagoge beobachteten.

350 Ströhmer 1959, S. 18

351 Rolf 2009, S. 57-58

352 Hürten 1992, S. 434

353 Vgl. Hürten 1992, S. 434-438

354 Vgl. hierzu allgemein Lustiger, Arno, Rettungswiderstand. Über die Judenretter in Europa während er NS-Zeit, Göttingen 2011

355 Vgl. Homberg 2008, S. 11

356 Vgl. Homberg 2008, S. 13-15

357 Homberg 2008, S. 13

358 Vgl. Homberg 2008, S. 13

359 Vgl. Ströhmer 1959, S. 18. Im Juli 1934 stattete Bischof von Galen der Mauritius-Gemeinde Ibbenbüren seinen Antrittsbesuch ab. Am 14. Juli 1934 besuchte er die katholischen Lehrer und Schüler der Amtsrektoratschule und nahm an einer Feierstunde anlässlich seines Besuches teil. Vgl. Pfarrchronik, St. Mauritius, S. 29 und Chronik, S. 104

360 Vgl. Ströhmer 1959, S. 17-18 und S. 25

361 Vgl. von Hehl, Priester, 2. Aufl. 1985, S. LI. Nach: Hürten 1992, S. 44

362 Vgl. hierzu allgemein Frieling 1993

363 von Hehl 1996, I, S. 115

364 Mitteilung H. Jaspers, 05.10.2015

365 Mitteilung M. Ströhmer, 26.11.2015. Er wurde allerdings fortgeschickt, wenn etwas Brenzliges zu besprechen war.

366 Vgl. Adressbuch 1939, S. 87 und S. 122

367 Mitteilung Marlis Ströhmer, 13.09.2017

368 Vgl. Chronik, S. 106 und S.113; Adressbuch 1939, S. 68; 50 Jahre DJK Arminia Ibbenbüren e.V. 1929 – 1979, Ibbenbüren 1979, S. 16 und S. 19.

369 August Ströhmer, „Das alte Haus und die Juden in Ibbenbüren.". In: „Ibbenbürener Volkszeitung", 22.05.1962.

370 August Ströhmer, „Das alte Haus und die Juden in Ibbenbüren." In: „Ibbenbürener Volkszeitung", 22.05.1962.

371 Ströhmer 1959, S. 19

372 Mitteilung M. Ströhmer, 26.11.2015

373 Vgl. Rückerstattungsakte Meyer Rosenthal: Kaufvertrag Nr. 195/1938 Urkundenrolle vom 12.12.1938 – einfache Abschrift des Kaufvertrages als Anlage zu einem Schreiben des Amtsdirektors Ibbenbüren an das Wiedergutmachungsamt beim Landgericht Münster.

374 Rückerstattungsakte Meyer Rosenthal: Kaufvertrag Nr. 195/1938 Urkundenrolle

375 So wird er im Kaufvertrag über sein Elternhaus vom 12.12.1938 tituliert. Vgl. Rückerstattungsakte Meyer Rosenthal

Anmerkungen

376 Ströhmer 1959, S. 19

377 Bärtels 2000, S. 155

378 Augenzeugenbericht von Herbert Börger, in: Vera Konermann, „Mama, wieso löscht die Feuerwehr denn nicht?" Ibbenbürener erinnern sich an den Brand der Synagoge vor 70 Jahren/Kinder und Jugendliche wurden damals Augenzeugen. In: „Ibbenbürener Volkszeitung", 08.11.2008

379 Vgl. August Ströhmer, „Das alte Haus und die Juden in Ibbenbüren." In: „Ibbenbürener Volkszeitung", 22.05.1962.

380 Juden I: Schreiben von Amtsbürgermeister Dr. Müller an den Landrat in Tecklenburg vom 05.01.1939

381 Vgl. Juden I: Schreiben von Amtsbürgermeister Dr. Müller an den Landrat in Tecklenburg vom 20.12.1938 und vom 05.01.1939

382 Im Original ausgeschrieben.

383 Juden I: Schreiben von Amtsbürgermeister Ibbenbüren/Abtl. IV an Landrat Tecklenburg vom 03.05.1939. Vgl. zum gesamten Komplex dieses Schreiben und ein Schreiben von Dr. Müller an die Geschwister S. vom 18.03.1939 sowie den Schriftverkehr zwischen Dr. Müller und dem Landrat zwischen dem 28.04.1939 und dem 04.05.1939

384 Jedenfalls wird Meyer Rosenthal in einer Vermögensaufstellung der Juden im Tecklenburger Land als Immobilienbesitzer mit Grundvermögen aufgeführt. Vgl. LRA TE Nr. 917: Mitteilung des Amtsbürgermeisters Ibbenbüren an Landrat Tecklenburg vom 12.10.1939

385 Vgl. Devisenstelle Meyer Rosenthal: Schreiben der Kreissparkasse Tecklenburg, Hauptstelle Ibbenbüren an die Devisenstelle bei der Oberfinanzdirektion Münster vom 06.11.1939 sowie den Entwurf einer Anweisung der Devisenstelle bei der Oberfinanzdirektion Münster an die Kreissparkasse Tecklenburg in Ibbenbüren vom 08.11.1939 und die sogenannte Sicherungsanordnung der Devisenstelle – Überwachungsabteilung – bei der Oberfinanzdirektion Münster gegenüber Meyer Rosenthal vom 24.11.1939

386 Vgl. Devisenstelle Meyer Rosenthal: Angaben Meyer Rosenthals im Formblatt zur Sicherungsanordnung der Devisenstelle vom 02.12.1939

387 Vgl. Devisenstelle Meyer Rosenthal: Schreiben der Kreissparkasse Tecklenburg, Hauptstelle Ibbenbüren an die Devisenstelle bei der Oberfinanzdirektion Münster vom 27.11.1939

388 Vgl. Devisenstelle Meyer Rosenthal: Angaben Meyer Rosenthals im Formblatt zur Sicherungsanordnung der Devisenstelle vom 02.12.1939 und Entwurf der Devisenstelle zur Festsetzung des monatlichen Freibetrages vom 08.12.1939

389 August Ströhmer, „Das alte Haus und die Juden in Ibbenbüren." In: „Ibbenbürener Volkszeitung", 22.05.1962

390 Vgl. Boesenberg/Düttmann/Ortgies 2010, S. 150-153

391 Vgl. Devisenstelle Meyer Rosenthal: Angaben Meyer Rosenthals im Formblatt zur Sicherungsanordnung der Devisenstelle vom 27.02.1942 und Entwurf der Devisenstelle zur des Festsetzung des monatlichen Freibetrages

392 Vgl. August Ströhmer, „Das alte Haus und die Juden in Ibbenbüren." In: „Ibbenbürener Volkszeitung", 22.05.1962

393 Vgl. Zentrale Datenbank der Namen der Holocaustopfer: Eintrag „Meier [Falschschreibung wie im Original] Rosenthal, geb. am 07.04.1869 in Ibbenbueren." (Zugriff: 18.09.2017). Die Archivdatenbank von Yad Va Shem stützt sich auf zwei Transportlisten. Transport XI/1, Zug Da 77 ging am 31.07.1942 von Münster i. Westf. in das Ghetto Theresienstadt. Von dort ging am 23.09.1942 der Transport Bq in das Vernichtungslager Treblinka. Meyer Rosenthal trug die Deportationsnummer Bq-1339. Unter dem Eintrag „Rika Rosenthal, geb. am 17.03.1875 in Ankum" finden sich dieselben Daten und Transportziele, allerdings ohne Angabe der Nummern. Laut der tschechischen Datenbank www.holocaust.cz/de/opferdatenbank trug Meyer Rosenthal beim Transport XI/1 von Münster nach Theresienstadt die Nummer 864, seine Gattin Rika die Nummer 865. Der Transport soll am 01.08.1942 von Münster abgegangen sein. Beide sollen dann als Nummer Bq-1339 und 1340 am 23.09.1942 mit Transport Bq nach Treblinka verbracht und dort ermordet worden sein – so die Einträge unter „Meier [Falschschreibung wie im Original] Rosenthal, geb. 07.04.1869" und „Rika Rosenthal, geb. Prag, geb. 17.03.1875." Vgl. auch Theresienstädter Gedenkbuch. Die Opfer der Judentransporte aus Theresienstadt 1942-1945, herausgegeben vom Institut Theresienstädter Initiative, Prag 2000, S. 51-52 sowie S. 79

394 Theresienstädter Gedenkbuch. Die Opfer der Judentransporte aus Theresienstadt 1942-1945, herausgegeben vom Institut Theresienstädter Initiative, Prag 2000, S. 52

395 JTC Vermögen Meyer Rosenthal: Schreiben des Vorstehers des Finanzamts Ibbenbüren an das Wiedergutmachungsamt Münster beim Landgericht Münster vom 28.01.1952. Vgl. auch ebendort die Erklärung des Oberfinanzpräsidenten Westfalen in Münster vom 11.10.1948

396 Ströhmer 1959, S. 20. Vgl. auch WGA Ströhmer, Beilage zu Fragebogen Ströhmer

397 Vgl. Weichel/Suer, Oral History 02: Gespräch mit Dr. F.S. und C.S.

398 Schreiben August Ströhmers an RP/Abteilung für Kirchen und Schulen vom 06.10.1934

399 Schule Ibbenbüren B: So Ströhmer selbst in der „Niederschrift 'Err. Mittelschule'", Besprechung vom 16.12.1938

400 Der Gebrauch der Begriffe Mittelschule, höhere Schule und Oberschule in der damaligen Zeit führt leicht zu Verwirrungen. Eine höhere Schule, die nur die Unter- und Mittelstufe des gymnasialen Bildungsganges abdeckte,

wurde öfter auch Mittelschule genannt. Auch die Oberschule, die nur die Klassen 1-5 oder 1-6 abdeckte, war nach diesem Sprachgebrauch eine Mittelschule.

401 Vgl. Schule Ibbenbüren B: Dr. Müller in der „Niederschrift 'Err. Mittelschule'", Besprechung vom 16.12.1938. - Schon am 17.04.1937 hatte der Schulrat des Kreises Tecklenburg dem RP/Abteilung für Kirchen und Schulen mitgeteilt, dass sowohl die Ibbenbürener NSDAP als auch die Stadt eine „staatliche oder städtische voll ausgebaute höhere Schule" wollten. Vgl. Katholische höhere Mädchenschule. Diese angestrebte neue Schule wird in den Quellen aber öfter auch Mittelschule genannt.

402 Schule Ibbenbüren B: Ströhmer in der „Niederschrift 'Err. Mittelschule'", Besprechung vom 16.12.1938. Vgl. auch Rosen 1959, S. 49, der ihn als „Retter der höheren Schule in Ibbenbüren" apostrophiert.

403 Der Begriff scheint eigentlich eher eine „Deutsche Oberschule (im Aufbau)" zu meinen. Denn als „Zubringeschule" im eigentlichen Wortsinne hatte die Amtsrektoratschule mit dem Rheinenser Gymnasium schon länger kooperiert. In der Sitzung der Amtsvertretung vom 15.11.1938 hatte Dr. Müller mitgeteilt, es solle neben einer „Mädchenmittelschule", die auch Jungen aufnehmen könne, die Amtsrektoratschule als „Zubringeschule" bestehen bleiben. Allerdings nur so lange, wie die „Deutsche Oberschule" noch nicht realisiert sei.

404 Schule Ibbenbüren B: Ströhmer in der „Niederschrift 'Err. Mittelschule'" , Besprechung vom 16.12.1938

405 Vgl. Chronik, S. 119-120

406 Chronik, S. 120

407 Vgl. Landesarchiv NRW, Abteilung Westfalen, Münster. Bestand: Umwandlung von Rektoratschulen (1939). Signatur: PSK 6514 sowie Erlasse über die Anerkennung der Zubringeschulen. Signatur: PSK 7473

408 Schule Ibbenbüren B: Dr. Müller in der „Niederschrift 'Err. Mittelschule'", Besprechung vom 16.12.1938. Er hatte selbst schon am 21.11.1938 den Landrat des Kreises Tecklenburg wissen lassen, dass die „Zubringerschule" (also Rektoratschule) ohnehin mit der Gründung einer „neuzeitlichen" Mittelschule mittelfristig überflüssig werde.

409 Vgl. Chronik, S. 119-120

410 Schule Ibbenbüren B: Dr. Müller in der „Niederschrift 'Err. Mittelschule'", Besprechung vom 16.12.1938

411 Schule Ibbenbüren B: Schreiben von RP/Abteilung für Kirchen und Schulen an Reichsminister für Wissenschaft, Erziehung und Volksbildung vom 23.03.1940

412 Vgl. Altes Judenhaus: Mitteilung von Amtsbaumeister Ibbenbüren an Amtsbürgermeister Ibbenbüren vom 17.11.1939

413 Evangelische höhere Mädchenschule: Abschrift der Genehmigung einer „grundständigen öffentlichen gemischten Mittelschule" stufenweise ab Schuljahr 1939/40 durch das Reichsministerium für Wissenschaft, Erziehung und Volksbildung für RP; Schule Ibbenbüren B: Schreiben von RP/Abteilung für Kirchen und Schulen an Reichsminister für Wissenschaft, Erziehung und Volksbildung vom 23.03.1940. Vgl. auch www.roncalli-realschule.de/index.php/unsere-schule/geschichte-der-schule (Zugriff: 08.02.2016): Zwar waren zum Schuljahresbeginn 1939/40 noch 24 Schülerinnen neu angemeldet für die Eingangsklasse, doch durften sie nicht mehr aufgenommen werden. Die verbliebenen Schülerinnen der oberen Klassen wurden massiv bearbeitet, auf die „neue staatliche Wirtschaftsschule" zu wechseln.

414 Evangelische höhere Mädchenschule: Mitteilung von Rektor Peters über die Auflösung der privaten (früher evangelischen) höheren Mädchenschule Ibbenbüren, deren Fortführung mit lediglich 15 Schülerinnen unmöglich sei.- Mitteilung des Kreisschulrates Sundermann an RP/Abteilung für Kirchen und Schulen vom 15.04.1940 über Auflösung zum 01.04.1940

415 Katholische höhere Mädchenschule: Bericht des Kreisschulrats Sundermann an RP/Abteilung für Kirchen und Schulen vom 15.01.1940. Aus einer Abschrift eines Schreibens von RP/Abteilung für Kirchen und Schulen an den ehemaligen Führer des Ibbenbürener Zentrums, Karl Dyckhoff, vom 08.05.1941 geht hervor, dass zumindest im Schuljahr 1941/42 die „dort noch vorhandenen Klassen" der katholischen höheren Mädchenschule „ auch nach Anmietung des Josefstiftes" weiterliefen. - Vgl. auch Schüler Ibbenbüren: Aus einem Schreiben Dr. Deitings an das Münsteraner PSK vom 30.11.1945 geht hervor, dass die Ordensschwestern die katholische höhere Mädchenschule nach Kriegsende fortführten.

416 Öffentliche Mittelschule: Schreiben Dr. Müllers an den Vorstand der katholischen Kirchengemeinde vom 22.12.1938

417 Katholische höhere Mädchenschule: Bericht des Kreisschulrats Sundermann an RP/Abteilung für Kirchen und Schulen vom 15.01.1940

418 Vgl. den Schriftwechsel von Februar bis Juli 1941. In: Öffentliche Realschule. - Grundsätzlich hielt die Wehrmacht an ihrem Anspruch auf das Gebäude fest, auch wenn sie nun de facto die schulische Nutzung nicht mehr behinderte.

419 Vgl. Gymnasien. Verfügungen: Schreiben Pastor Knebels im Auftrag der Evangelischen Kirchengemeinde Ibbenbüren an Bürodirektor Röttger vom 23.05.1944 sowie Mietvertrag vom 23.05.1944, unterschrieben von Pastor Knebel und NSDAP-Ortsgruppenleiter Reinhold Flecks.

420 Nach der Einberufung Dr. Scharlachs hatten Dr. Konerding und Erich Nölle bereits kurzfristig an der Oberschule

für Jungen ausgeholfen, bis Dr. Thea Klasen diesen vertrat. Vgl. Schreiben Dr. Deitings an Amtsbürgermeister Ibbenbüren vom 04.12.1942. In: Gymnasien. Lehrkräfte (1933-1950)

421 PA Peters: Schreiben von Heinrich Peters an RP/Abteilung für Kirchen und Schulen vom 02.03.1953

422 Vgl. Katholische Volksschule Ibbenbüren-Stadt: Schreiben von Amtsbürgermeister Dr. Müller zur „Einführung der Gemeinschaftsschule" an RP/Abteilung für Kirchen und Schulen vom 19.05.1939

423 Vgl. Schulwesen. Stellen, Bauten, Schülerzahlen (1938-Juli 1939). Signatur: 1027: Entwurf eines Schreibens von Dr. Müller an den Landrat in Tecklenburg vom 07.01.1939

424 Öffentliche Mittelschule: Bescheid des OP/Abteilung für höheres Schulwesen vom 26.08.1941 mit rückwirkender Anerkennung zum 01.08.1941. Auch in: Gymnasien. Verfügungen .- Rosen 1959, S. 49 datiert den Wandel schon auf Ostern 1939, was ursprünglich als frühestmöglicher Zeitpunkt angesehen wurde. So sah es auch Ströhmer in Chronik, S. 125. Am 14.01.1939 hatte Amtsbürgermeister Dr. Müller dem Tecklenburger Landrat drei Beschlussvorlagen übersandt. Eine von ihnen sah die Umwandlung der Amtsrektoratschule in eine „Zubringerschule" [so im Original] für Jungen und Mädchen" zu Ostern 1939 vor, gegebenenfalls aber auch erst ab Ostern 1940. Vgl. Öffentliche Mittelschule. Am 21-05.1940 notierte die Schulabteilung beim OP in Münster, die Amtsrektoratschule Ibbenbüren sei fernmündlich am selben Tage genehmigt worden. Der Ministererlass sei in Aussicht gestellt, aber noch nicht eingegangen. Eine förmliche Genehmigung wie für die meisten anderen in Frage kommenden Schulen fehlt im einschlägigen Ordner der Behörde. Vgl. Erlasse über die Anerkennung der Z Zubringeschulen. Signatur: PSK Nr. 7473

425 Lehrpersonal Ibbenbüren: Schreiben Dr. Müllers an OP Münster/Provinzialschulkollegium vom 26. April 1939. Notiz des Bearbeiters vom 12.05.1939: Nach Rücksprache gegebenenfalls Antrag Ostern 1940 erneut stellen. - Die Aufstockung gelang erst in der Nachkriegszeit.

426 Chronik, S. 125

427 Rosen 1959, S.49. Für deren Unterricht in Leibesübungen – mit fünf Wochenstunden! - und Handarbeit sollte „Fräulein" Hülsbusch als „technische" Lehrkraft mit 6 Wochenstunden eingestellt werden – so Ströhmer an Dr. Müller am 19.04.1939. In: Gymnasien. Lehrkräfte (1933-1950)

428 Z.B. Oberschule für Jungen (Kl. 1-5), Deutsche Oberschule, Zubringeschule, Zubringerschule, Städt. Oberschule für Jungen u. Mädchen (1-5), Oberschule für Jungen (5 Klassen), Deutsche Oberschule für Knaben und Mädchen, Deutsche Oberschule für Jungen und Mädchen, Städtische Oberschule für Jungen (1-5), Oberschule für Jungen, Kl. 1-5, Oberschule für Jungen, Kl. 1-5 (Zubringeschule), Staatliche Oberschule für Jungen im Aufbau.

429 Diese Auffassung vertrat z.B. NSDAP-Kreisleiter Knolle. Vgl. sein Schreiben an den Leiter des Gaupersonalamts der NSDAP Beyer vom 23.08.1940: Schule Ibbenbüren B

430 Schule Ibbenbüren B: Reisebericht der Münsteraner Oberschulräte Goldmann und Sanden vom 21.06.1940

431 Schule Ibbenbüren B: Bericht des Oberschulrats Sanden vom 12.10.1940 an Oberregierungsrat Wening und Oberschulrat Dr. Bolle. Letzterer leitete 1939-1945 die Abteilung für höhere Schulen beim OP Münster. Vgl. von Westphalen 1976, S. 148. - Vgl. auch Rosen 1959, S. 49. Er bezieht sich allerdings nur auf den 19. Oktober 1940, als auch Oberstudiendirektor Dr. Humborg aus Rheine zugegen gewesen sein soll. Unter diesem Datum finden sich jedoch keine Hospitationen in den Akten.

432 Unterricht Ibbenbüren: Schreiben Ströhmers an Oberschulrat Sanden vom OP/Abteilung für höheres Schulwesen vom 21.06.1940 mit zehn Unterrichtsskizzen der sechs hauptamtlichen Lehrkräfte an der Amtsrektoratschule. Die Kommentare und Noten Sandens finden sich am Rand der Skizzen. - Ströhmers Note stand in deutlichem Kontrast zu besseren Bewertungen bei vorangegangenen Hospitationen.

433 Schule Ibbenbüren B: Schreiben des Kreisleiters der NSDAP Knolle an den Leiter des Gaupersonalamts der NSDAP Beyer vom 23.08.1940. Die Voreingenommenheit der Münsteraner Schulaufsicht wird durch Knolles rückblickende Feststellung erhellt: „Der Oberpräsident der Provinz Westfalen, Abtlg. Höheres Schulwesen, ... will nun eine Änderung des Lehrkörpers vornehmen. Der Rektor Ströhmer, der Theologe ist, kann an der Schule nicht verbleiben, was auch für uns eine Selbstverständlichkeit ist."

434 Schule Ibbenbüren B: Niederschrift einer Besprechung zwischen Amtsbürgermeister Dr. Müller und Oberschulrat Sanden vom 11.10.1940. Einigkeit bestand darüber, dass die „Leitung der Schule möglichst bald in die Hände einer fachlich, charakterlich und weltanschaulich voll geeigneten Persönlichkeit übergehen" müsse. - Von angeschlagener Gesundheit und/oder hohem Alter als Schwächen Ströhmers ist nichts zu lesen. - Stattdessen klagte Oberschulrat Sanden schon am nächsten Tag (12.10.1940) in einem Bericht über den Rektor: „Im Bewusstsein, die Leitung der Schule in absehbarer Zeit abgeben zu müssen, scheint Rektor Ströhmer das Interesse an der Schule und die wirkliche Führung von Lehrern und Schülern immer mehr zu verlieren." - Die mehrmonatige „Bearbeitung" durch die Machthaber könnte tatsächlich diese Wirkungen erzielt haben. Dann wären die Tatsachen, die eine vorzeitige Pensionierung Ströhmers rechtfertigen sollten, aber erst im Nachhinein geschaffen worden. - Für die an seiner Schule festgestellten Mängel gerade auch weltanschaulicher Art (kein NS- Schrifttum in Lehrer- wie Schülerbücherei) zeige er kein Verständnis. Er sei deshalb „dringend" durch eine echte „Leiterpersönlichkeit" zu ersetzen. Den Schlusspunkt setzte das Schreiben der Schulabteilung des Oberpräsidiums Münster an den

Anmerkungen

Reichsminister für Wissenschaft, Erziehung und Volksbildung vom 17.10.1941 mit der Forderung, Ströhmer müsse aus dem Schuldienst ausscheiden. - Ströhmer schreibt rückblickend, er habe schon vorher „unter der Hand" vernommen, dass er nicht länger Schulleiter bleiben könne. Vgl. Ströhmer 1959, S. 20

435 Schule Ibbenbüren B: Reisebericht der Münsteraner Oberschulräte Goldmann und Sanden vom 21.06.1940

436 Schule Ibbenbüren B: Schreiben Dr. Müllers an OP/Schulabteilung vom 29.07.1940 sowie Rückantwort vom 08.08.1940

437 PA Ströhmer: Zusammenfassung des Standes der Wiedergutmachungsangelegenheit Ströhmers durch PSK in Schreiben an Kultusministerium NRW vom 31.10.1952. Ähnlich nachzulesen bei Ströhmer 1959, S. 20 sowie in: ENA Ströhmer, Military Government of Germany-Fragebogen vom 30.07.1946, Beiblatt Nr. 2 sowie EA Ströhmer: Anlage zum Schreiben Ströhmers an den Kreis Tecklenburg vom 08.09.1954 (Antrag auf Entschädigung gemäß Bundesergänzungsgesetz – BEG – zur Entschädigung der Opfer der NS-Verfolgung)

438 Vgl. www.archivdatenbank.bbf.dipf.de:: Signatur:129271 Stenzel, Josef Geburtsdatum: 28.07.1896 BBF/DIPF/Archiv, Gutachterstelle des BIL - Preußische Volksschullehrerkartei, Regierungsbezirk Oppeln. Bestellsignatur:GUT LEHRER (Personalunterlagen von Lehrkräften), 129271. - Stenzel, von dem sich keine Personalakten finden ließen, war laut 1952 letztmalig überarbeiteter Personalkarte damals vom Katholiken zum Gottgläubigen mutiert. Somit dürfte seine Versetzung kaum mit einer Gegnerschaft gegenüber dem NS-Staat zusammenhängen.

439 Vgl. BMA MS, Generalvikariat, 1 Generalvikar, Materialsammlung Drittes Reich, A 101-11. Bericht „Laggenbeck" vom 14.04.1946

440 Vgl. PA Schulz: Lebenslauf vom 12.04.1946. In seinem Personalbogen vom 22.06.1938 ist er lediglich als Parteianwärter (Nr.: 03572) verzeichnet. Die zahlreichen Leumundszeugnisse nach der Niederlage des Nationalsozialismus stammen u.a. aus der Feder weithin anerkannter Gegner der Diktatur. So entlasteten ihn sogar die ehemaligen KZ-Häftlinge Hermann Homann und Pfarrvikar Heinrich Kötter. Vgl. z.B. deren „Zeugnisse" vom 20.08.1945 bzw. 15.05.1946. - Kötter bezeichnet Schulz gar als „Antifaschist(en)." Homann bezeugt, Schulz habe ihn durch eine passende Aussage vor einer drohenden zweiten Einlieferung ins KZ bewahrt.

441 PA Schulz: Schreiben von Karl Markmeyer,/Pfarrer Eligmann i.A. der katholischen Elternschaft bzw. der Pfarrgemeinde Laggenbeck an RP Münster vom 15.01.1946

442 Vgl. Laggenbecker Schulchronik, S. 52. - Im Jahre 1943 wurde Schulz dauerhaft in den Regierungsbezirk Hohensalza (Inowroclaw) übernommen. Vgl. Schreiben des dortigen RP an Felix Schulz vom 04.03.1943. - Er leitete vom 13.06.1941 bis zum 18.01.1945 zunächst eine fünfklassige deutsche Volksschule, dann auch die neue „Hauptschule". Am 1. September 1944 wurde er zum Hauptlehrer befördert. Vgl. PA Schulz: Lebenslauf vom 12.04.1946

443 PA Schulz: Schreiben von Kreisschulrat Sundermann an RPS vom 31.03.1941

444 PA Schulz: Amtsärztliches Zeugnis des Medizinalrates Dr. van Husen vom 05.06.1941

445 Vgl. www.pl.wikipedia.org/wiki/Sompolno (Zugriff: 16.03.2016)

446 PA Schulz: Lebenslauf vom 12.04.1946

447 PA Schulz: Schreiben von Felix Schulz an RP/Abteilung für Kirchen und Schulen vom 12.05.1946

448 Vgl. Weichel/Suer, Oral History 01: Gespräch mit H. B. - Laut Adressbuch des Kreises Tecklenburg von 1952 war eine mit der Schülerin, die auch im Namensverzeichnis der Schule aufgeführt ist, namensgleiche Person wieder in Ibbenbüren wohnhaft. Sie dürfte also wieder an ihren Heimatort zurückgekehrt sein.

449 Vgl. Rita Schlautmann-Overmeyer, Von der Öffentlichen Volksbücherei 1938 zur Stadtbücherei Ibbenbüren im 21. Jahrhundert. Eine Chronik, Ibbenbüren 2003, S. 48

450 Vgl. PA Notz: Schreiben der Personalabteilung des Münsteraner Gauamtes für Erzieher an die Abteilung für Kirchen und Schulen beim RP Münster vom 20.10.1942. Notz hatte sich demzufolge unmittelbar an das Posener Gauamt in den besetzten polnischen Westgebieten gewandt.

451 Vgl. PA Notz: Bericht des Kreisschulrates Sundermann über Josef Notz vom 07.09.1943. - Der Ärger begann laut diesem Bericht schon 1940.

452 Vgl. PA Notz: Undatierter Lebenslauf sowie Lebenslauf vom 15.12.1948; Meldeblatt (Merkblatt) der ZfF – Zonenerziehungsrat – Zentralstelle für Flüchtlingslehrer der britischen Zone, Hannover für Josef Notz vom 12.12.1948.

453 PA Ströhmer: Klageschrift an das Landesverwaltungsgericht Münster vom 13.08.1951, eingereicht durch die Rechtsanwälte Prof. Dr. Erler/Groepper („Wiedergutmachungs-Personal-Akte")

454 Vgl. ENA Ströhmer: Military Government of Germany-Fragebogen vom 30.07.1946, Beiblatt Nr. 2

455 Vgl. Weichel/Suer, Oral History 01: Gespräch mit H. B.

456 Vgl. Bärtels 2000, S. 274-277

457 PA Ströhmer: Zusammenfassung des Standes der Wiedergutmachungsangelegenheit Ströhmers durch PSK in Schreiben an Kultusministerium NRW vom 31.10.1952

458 Lehrpersonal Ibbenbüren: Vermerk des Oberschulrats Sanden vom OP/Abteilung für höheres Schulwesen vom

Anmerkungen

06.09.[1940]

459 Lehrpersonal Ibbenbüren: Schreiben Dr. Müllers an OP/Abteilung für höheres Schulwesen vom 23.09.1940

460 Schule Ibbenbüren B: Niederschrift einer Besprechung zwischen Amtsbürgermeister Dr. Müller und Oberschulrat Sanden vom 11.10.1940

461 PA Richter: Schreiben des PSK an Reichsminister für Wissenschaft, Erziehung und Volksbildung vom 14.11.1938.

462 Vgl. PA Richter: Schreiben von Josef Richter an Oberpräsidium Westfalen durch den Direktor der Aufbauschule in Tecklenburg vom 06.11.1940

463 Vgl. Bärtels 2000, S. 174

464 Vgl. Rosen 1959, S. 131, Nr. 1030

465 Vgl. PA Richter: Lebenslauf vom 24.02.1930

466 PA Richter: Lebenslauf vom 24.02.1930

467 PA Richter: Beurteilung durch die Kreisleitung der NSDAP vom 17.07.1934

468 PA Richter: Beurteilung durch die Gauleitung der NSDAP in Münster vom 27.09.1935

469 Vgl. PA Richter: Beurteilung durch die Kreisleitung der NSDAP vom 17.07.1934 und Fragebogen vom 24.05.1937

470 Vgl. PA Richter: Bericht des Studienassessors Josef Richter über seine Tätigkeit in der Bewegung und ihren Organisationen vom 01.09.1936

471 Vgl. den Schriftwechsel der beteiligten Instanzen vom Oktober 1940 bis zur sogenannten U.K.- Stellung Richters durch das Wehrbezirkskommando Münster zum 01.02.1941. In: PA Richter und Lehrpersonal Ibbenbüren

472 Rosen 1959, S. 49. - Wann genau Ströhmer in den Ruhestand trat, lässt sich nicht mit letzter Sicherheit feststellen. Mit einer wohl verschollenen Verfügung vom 9. September 1940 (VI 120 A) war Ströhmers Pensionierungsdatum auf den 1. Januar 1941 gelegt worden. Das Pensionierungsdatum war zwischenzeitlich auf den 1. Februar, dann auf den 1. März 1941 verschoben worden. Vgl. Lehrpersonal Ibbenbüren: Schreiben Dr. Müllers an OP/Abteilung für höheres Schulwesen vom 23.09.1940; Schreiben des Oberschulrats Sanden an Dr. Müller vom 15.10.1940; Schreiben Dr. Müllers an OP/Abteilung für höheres Schulwesen vom 18.10.1940 sowie Vermerk des Oberschulrats Sanden vom 17.01.[?] 1941, demzufolge Ströhmer vom Amtsbürgermeister Ibbenbüren zum 1. März 1941 in den Ruhestand versetzt worden ist. Schließlich bestätigt Dr. Müller dieses Datum in einem Schreiben vom 17.01.1941 an OP/Abteilung für höheres Schulwesen, bezieht sich aber auf einen beigefügten – in den Akten nicht auffindbaren – Erlass des Oberpräsidenten von Westfalen. - Ströhmer hingegen hatte von Anfang an darauf gedrungen, ihn erst zum 1. April 1941 zu pensionieren: „Eine frühere Pensionierung entspricht weder meinem Willen noch meiner Arbeitskraft." Außerdem setze sein Pensionierungsantrag voraus, daß „die Angabe des Herrn Bürodirektors Röttger richtig ist, nach der ich zweiunddreißig Dienstjahre und die Höchstpension erreicht habe." In: Gymnasien. Lehrkräfte (1933-1950), Schreiben Ströhmers an Dr. Müller vom 12.09.1940. - Am 27.08.1940 noch hatte Dr. Müller Ströhmer mitgeteilt, er könne nach Eintritt in den Ruhestand bis zum 01.04.1941 Schulleiter mit vollem Gehalt bleiben (Pension und Ausgleichszahlung zusammengenommen). Am 19. November 1940 versetzte Dr. Müller jedoch Ströhmer mit Wirkung zum 01.02.1941 in den Ruhestand, nachdem dieser gegen eine vorhergehende Verfügung Dr. Müllers vom 17.10.1941 keinen Widerspruch erhoben hatte. Die Schreiben Dr. Müllers an Ströhmer befinden sich in dessen Nachlass.

473 Gymnasien. Lehrkräfte (1933-1950): Brief Dr. Müllers an August Ströhmer vom 25.03.1941

474 Lehrpersonal Ibbenbüren: Schon mit Schreiben vom 24.02.1941 beantragte Schulleiter Richter beim OP Münster/Abteilung für höheres Schulwesen die Weiterbeschäftigung Ströhmers mit vier Stunden wöchentlich. - Die Stundendeputate Ströhmers lagen später meist deutlich höher, kurzfristig blieb es schon mal bei lediglich zwei Wochenstunden. - Vgl. die Meldungen der Schulleiter nach Münster in: Lehrpersonal Ibbenbüren

475 Vgl. Chronik, S. 132

476 Fragebogen, Military Government of Germany, 24.02.1946. In: Nachlass Ströhmer

477 Vgl. ENA Deiting: Anlage Nr. 11 zum Fragebogen Dr. Deiting/Erklärung des geistlichen Rektors i.R. [Johannes] Schanz vom 12.03.1946; von Hehl 1996 II, S. 1085 mit früherer Datierung

478 PA Heemann: Bewerbung auf dem Dienstweg auf Stelle an „neueinzurichtender" Mittelschule in Ibbenbüren vom 18.04.1939

479 PA Heemann: Mitteilung Ströhmers an RP/Abteilung für Kirchen und Schulen vom 09.05.1939

480 PA Wilhelm: Kurt Wilhelm war wie Heemann SA-Mitglied (seit 1933, sei 1935 als Scharführer) und NSDAP-Mitglied (seit 1937).

481 PA Heemann: Entwurf eines Schreibens von OP/Abteilung für höheres Schulwesen an Friedrich Heemann vom 09.06.1943

482 Vgl. PA Heemann. Noch am selben Tage, mit Schreiben vom 20.03.1945, forderte der OP/Abteilung für höheres Schulwesen den Ibbenbürener Amtsbürgermeister auf, die Ernennungsurkunde zur Bestätigung durch die Schulaufsicht vorzulegen. Vgl. Lehrkräfte H – Ko (1935-1967)

483 Mitteilung M. Ströhmer, 26.11.2015. - Die dienstlichen Beurteilungen des Bauernsohns Heemann bemängeln (auch zur Nazizeit) sprachliche Defizite (mundartliche Einschläge im Hochdeutschen, fehlende Darstellungskraft

im Deutschen), geringe geistige Wendigkeit und Schwerblütigkeit im Denken und Sein. Somit sei sein Einsatz in den oberen Klassen problematisch. Vgl. zum Beispiel das vorläufige Gutachten des Staatlichen Pädagogischen Bezirksseminars Münster vom 10.11.1939. In: PA Heemann

484 Mitteilung M. Ströhmer, 26.11.2015

485 Vgl. allgemein PA Scharlach

486 Unterricht Ibbenbüren: Schreiben Ströhmers an Schulrat Sanden OP/Abteilung für höheres Schulwesen vom 21.06.1940 mit zehn Unterrichtsskizzen der sechs hauptamtlichen Lehrkräfte an der Amtsrektoratschule. Die Kommentare und Noten Sandens finden sich am Rand der Skizzen. - Besser als Dr. Scharlach schnitt nur Anton Rosen ab.

487 Vgl. PA Scharlach: Schreiben des Amtsbürgermeisters i.V. an Scharlach vom 22.10.1941

488 PA Scharlach: Schreiben Dr. Deitings an OP/Abteilung für höheres Schulwesen vom 02.11.1943. Vgl. auch Rosen, 1959, S. 51

489 Schüler Ibbenbüren: Schreiben Dr. Deitings an OP/Abteilung für höheres Schulwesen vom 30.08.1944

490 Schule Ibbenbüren B: Reisebericht der Oberschulräte Sanden und Goldmann vom 21.06.1940

491 Von zwei Unterrichtsstunden war die eine mit „nicht ausreichend", die andere gar mit „ungenügend" bewertet worden. In: Unterricht Ibbenbüren: Schreiben Ströhmers an Schulrat Sanden OP/Abteilung für höheres Schulwesen vom 21.06.1940 mit zehn Unterrichtsskizzen der sechs hauptamtlichen Lehrkräfte an der Amtsrektoratschule. Die Kommentare und Noten Sandens finden sich am Rand der Skizzen.

492 Vgl. allgemein PA Utsch. - Die Finanzlage besserte sich auch später nicht. Noch Jahre nach seiner Beförderung zum Studienrat beantragte und begründete Utsch eine Notstandsbeihilfe in zwei Schreiben an das Amt Ibbenbüren (23.03.1944 und 07.04.1944). Seine Ehefrau sei schon 1932 wegen vieler Operationen aus der Krankenkasse ausgesteuert worden. - Seine Witwe befand sich nach seinem Tod 1948 „in großer Notlage" - so das Schreiben des OP/Abteilung für höheres Schulwesen an den Ibbenbürener Amtsdirektor vom 03.06.1948

493 Schule Ibbenbüren B: Der Münsteraner Regierungsdirektor Elbertzhagen ließ Amtsbürgermeister Dr. Müller mit Schreiben vom 03.09.1940 wissen, dass Utsch „aus denselben Gründen, die ihn für die Übernahme an die Oberschule nicht geeignet erscheinen" ließen, „auch für die Mittelschule nicht geeignet" sei. Dann erst ließ er die Katze aus dem Sack: „Auch auf Grund des Inhalts der Personalakten ist eine Übernahme an die Mittelschule nicht möglich."

494 Knolles Kinder besuchten übrigens die ehemalige Amtsrektoratschule laut Mitteilung von M. Ströhmer, 26.11.2015. Vgl. auch Weichel/Suer, Oral History 01; Gespräch mit H. E. sowie Rosen 1959, S. 146 und S.151

495 Lehrpersonal Ibbenbüren: Schreiben des NSDAP-Kreisleiters Knolle an den Gaupersonalamtsleiter Beyer vom 23.08.1940

496 Lehrpersonal Ibbenbüren: Schreiben des NSDAP-Kreisleiters Knolle an den Gaupersonalamtsleiter Beyer vom 23.08.1940

497 Lehrpersonal Ibbenbüren: Schreiben des Gaupersonalamtsleiters Beyer an OP/Abteilung für höheres Schulwesen vom 09.09.1940

498 Schreiben von OP/Abteilung für höheres Schulwesen an Gauleitung Westfalen-Nord-NSDAP-Gaupersonalamt- vom 15.10.1940. Vgl. auch Schreiben von OP/Abteilung für höheres Schulwesen an den Reichserziehungsminister vom 17.10.1940

499 Lehrpersonal Ibbenbüren: Am 04.03.1941 übersandte Josef Richter als stellvertretender Schulleiter das jeweilige „Personalblatt A" an den OP/ Abteilung für höheres Schulwesen „für die Studienräte Grimme, Utsch, Deiting".

500 Weichel/Suer, Oral History 01: Gespräch mit H. D. vom 11.03.1999

501 In: Unterricht Ibbenbüren: Schreiben Ströhmers an Schulrat Sanden OP/Abteilung für höheres Schulwesen vom 21.06.1940 mit zehn Unterrichtsskizzen der sechs hauptamtlichen Lehrkräfte an der Amtsrektoratschule. Die Kommentare und Noten Sandens finden sich am Rand der Skizzen. - Alle anderen Pädagogen außer Dr. Scharlach waren in ihren Stunden mit Bewertungen von „noch ausreichend" und schlechter bedacht worden.

502 PA Rosen: Schreiben von OP/Abteilung für höheres Schulwesen an RP/Abteilung für Kirchen und Schulen vom 15.10.1940. - Schon früh hatte Rosen z.B. zusammen mit Schülern ein Relief des Kreises Tecklenburg angefertigt. Schulleiter Ströhmer bot es der Schulabteilung beim Regierungspräsidenten mit Schreiben vom 04.01.1929 zur Begutachtung an. Man könne es doch bei als Reproduktion bei einer Auflage von 30 Exemplaren für 35 Reichsmark pro Stück verkaufen. Die Schulabteilung lehnte dieses Ansinnen aus grundsätzlichen Erwägungen ab. Vgl. Rektoratschule: Schreiben Ströhmers und Rückantwort

503 Lehrpersonal Ibbenbüren: Entwurf eines Schreiben des RP/Abteilung für Kirchen und Schulen an OP/Abteilung für höheres Schulwesen vom 03.01.1941

504 Lehrpersonal Ibbenbüren: Schreiben Anton Rosens an den Reichsminister für Unterricht, Erziehung und Volksbildung vom 29.12.1940

505 Lehrpersonal Ibbenbüren: Entwurf eines Schreibens von OP/Abteilung für höheres Schulwesen an Dr. Müller vom 09.01.1941, abgesandt am 13.01.1941; Schreiben Rosens an OP/Abteilung für höheres Schulwesen vom 24.06.1940

Anmerkungen

506 PA Rosen: Ernennungsurkunde des Amtes Ibbenbüren vom 03.02.1941. - Kurz nach Kriegsende focht Rosen mit Schreiben vom 03.12.1945 diese Benachteiligung an. Er forderte den OP/Abteilung für höheres Schulwesen auf, seine Beförderung zum Studienrat auf den Weg zu bringen. Bereits 1940 hätten ihm die beiden Schulräte Goldmann und Sanden sowie Dr. Humborg seine Beförderung versprochen. Dann erst habe Regierungsdirektor Elbertzhagen gegenüber Schulleiter Ströhmer trotz allem Lob verlauten lassen, dass Rosen nach einer früher getroffenen Entscheidung nicht an der Schule bleiben könne. Hierfür machte er NSDAP-Kreisleiter Knolle verantwortlich, der öffentlich seine politische Unzuverlässigkeit als Hinderungsgrund für eine Übernahme angesprochen habe.

507 Rosen 1959, S. 49

508 Rosen 1959, S. 49 meint, schon zu Ostern 1939 sei die Rektoratschule Zubringeschule geworden. Der Schriftverkehr zwischen den Beteiligten liefert hierfür keine Bestätigung. In seinem Schuljahresbericht 1940/41 schreibt der neue kommissarische Schulleiter Richter: „Mit Wirkung vom 1.8.41 wurde die frühere Rektoratschule als Oberschule für Jungen (Zubringeschule) anerkannt." In: Schule Ibbenbüren B

509 PA Richter: (Vermutlich) OP/ Abteilung für höheres Schulwesen in einem Schreiben an das Wehrbezirkskommando Tecklenburg vom 23.11.1940 zur Begründung des Einsatzes Richters als Schulleiter.

510 Vgl. PA Richter: Leistungsbericht über Richter vom 27.01.1942. Vgl. auch Chronik, S. 29-30: „Im November 1941 kamen Vertreter der Eltern zum Schulleiter, um gegen die Verbreitung der nationalsozialistischen Ideen durch Herrn Richter zu protestieren." - Fraglich bleibt, wen der Autor der Schul-Chronik mit „Schulleiter" meinte. Eigentlich konnte nur Ströhmer gemeint sein, eventuell auch der spätere kommissarische Leiter Dr. Deiting.

511 Vgl. PA Richter: Schreiben der Schulabteilung beim OP Münster an Reichsminister für Unterricht, Erziehung und Volksbildung vom 23.02.1942

512 Schule Ibbenbüren B: Jahresbericht 1940/41. - Dabei hatte er noch am 06.05.1941 an OP/Abteilung für höheres Schulwesen von „erebliche(n)" Mängeln einiger Klassen in Deutsch, Englisch, Latein und Mathematik berichtet, die das „Ansehen der Anstalt" belasteten. Vgl. Unterricht Ibbenbüren

513 Vgl. Rosen 1959, S. 50. Die Kosten für die Neuanschaffungen beliefen sich auf 4000 Reichsmark. Die dafür benötigten Mittel in Höhe von ursprünglich 5000 Reichsmark hatte allerdings bereits Dr. Müller nach den Ergebnissen der Unterrichtsbesuche durch die Schulaufsicht 1940 avisiert, bevor Richter Nachfolgekandidat Ströhmers wurde.- Erstaunlicherweise schreibt Rosen in seiner Geschichte der Schule von „wertvolle(n)" Büchern, was sich eigentlich nur auf den Materialwert beziehen kann, nachdem vorher schon Oberschulrat Sanden das gänzliche Fehlen von NS-Schrifttum in der Lehrer- und der Schülerbibliothek bemängelt hatte. Vgl. Schule Ibbenbüren B: Bericht des Oberschulrats Sanden vom 12.10.1940

514 Schreiben Richters an PSK vom 08.08.1941

515 PA Richter: Leistungsbericht vom 27.01.1942

516 PA Richter: Leistungsbericht vom 27.01.1942

517 Weichel/Suer, Oral History 01: Gespräch mit H. E. Vgl. auch Weichel/Suer, Oral History 01; Gespräch mit H. B.: „1940 kam ich auf die Oberschule. Dort mußten wir zuerst richtig Grüßen lernen. …. Und mit Rektor Richter hatten wir einen stolzen, schönen und richtig knackigen Nazi. …. Richter war ein stolzer Nazi, aber ansonsten ein prima Kerl." Hier klingt noch – bei aller sonstigen Kritik auch etwa beim Thema Synagogenbrand – einige Bewunderung eines ehemaligen Schülers nach. Auch der damalige Sextaner Heribert Bärtels verhehlt im Rückblick nach einigen Jahrzehnten nicht, wie und wodurch ihn Richter beeindruckte: „Herr Richter war figürlich preußisches Gardemaß und stach von den anderen Lehrern unserer Schule … durch seine jugendliche Sportlichkeit ab. Obwohl ich bei ihm das Parteiabzeichen mit dem Hakenkreuz nie am Revers gesehen hatte, vermutete ich in ihm einen überzeugten, engagierten Parteigänger der Nationalsozialisten. Er hatte trotz der von ihm ausgehenden Strenge meine Sympathie, weil er Anbiederungsversuche von Sextanern … verachtete und sich … verbat." Bärtels, Rosenkranzende, S. 174. Der spätere Rektor R. wechselte nach der Lehener Volksschule an die Tecklenburger Graf-Adolf-Schule. Nach seiner Erzählung war „Richter ein überzeugter Nationalsozialist, aber mehr von der Ideologie des arischen Menschen; alles was blond war und blaue Augen hatte." In: Weichel/Suer, Oral History 01: Gespräch mit J.R.

518 PA Richter: Schreiben Richters an OP/Abteilung für höheres Schulwesen vom 19.02.1942

519 Mitteilung Eckart Frieling, 18.03.2016. - Die Beteiligung von SS-Leuten an den „Aktionen" der Osnabrücker Pogromtage ist auch anderweitig belegt. Vgl. Peter Junk/Martina Sellmeyer, Stationen auf dem Weg nach Auschwitz. Entrechtung, Vertreibung, Vernichtung – Juden in Osnabrück 1900-1945, 3. Aufl., Bramsche 2000, S. 98, 119-120 + S. 319, Anm. 3 und 8

520 Bärtels 2000, S. 159

521 Rosen 1959, S. 50

522 Rosen 1959, S. 50 gibt zwar den 1. Oktober 1941 an. Vgl. jedoch PA Richter: Bestätigung seiner Ernennung durch das zuständige Reichsministerium am 21.05.1942 sowie Empfangsbekenntnis Richters aus dem Kriegseinsatz an die Münsteraner Schulbehörde vom 17.06.1942

523 Über den Leiter der Zubringeschule ließ Richter die Schulbehörde am 29.04.1942 wissen, dass er wieder seine

Anmerkungen

UK-Stellung anstrebe. Er sei auch aufgrund seines vorgeschrittenen Alters als Schulleiter besser am Platze. Falls eine Schulleiterstelle andernorts frei werde, wolle er diese auf alle Fälle antreten.

524 PA Richter: Schriftwechsel zwischen dem Gaupersonalamtsleiter der NSDAP und der Schulabteilung beim Oberpräsidenten in Münster vom 30.04.1942 und 08.05.1942

525 Schulchronik, S. 134

526 Vgl. Bärtels 2000, S. 174-175. Diese mehr als erstaunliche Aufforderung aus dem Munde eines überzeugten Parteimitgliedes erklärt Heribert Bärtels nicht zuletzt dem anfänglichen Theologiestudium Richters.

527 www.volksbund.de/graebersuche.html/Josef Georg Richter, 18.04.1904 Ibbenbüren – 21.04.1944 Harasyanow. Vgl. auch PA Richter: Schriftwechsel der Jahre 1942-1945. Laut Rosen 1959, S. 50 war Richter zur Bekämpfung von Partisanen eingesetzt.

528 PA Richter: Schreiben Richters an OP/Abteilung für höheres Schulwesen vom 19.02.1942

529 Rosen 1959, S. 50

530 Rosen 1959, S. 51

531 RP/Abteilung für Kirchen und Schulen an Schulleiter Ströhmer über Amtsverwaltung Ibbenbüren mit Schreiben vom 27.09.1939

532 Rosen 1959, S. 51; Schüler Ibbenbüren: Noch von August Ströhmer verantwortete Statistik für Ostern 1940

533 Rosen 1959, S. 51

534 So die damalige Anrede für die ledigen Lehrerinnen.

535 PA Klasen: Bericht Dr. Deitings an OP/Abteilung für höheres Schulwesen vom 15.02.1943

536 Vgl. Rosen 1959, S. 51 und S. 105; Dr. Deiting meldete mit Schreiben vom selben Tage ihren Dienstantritt am 03.12.1942. In: PA Klasen. - Allerdings hatte Dr. Maria Konerding von der neuen Mittelschule des Amtes schon vor Dr. Klasen als erste weibliche Lehrkraft kurz vertretungsweise unterrichtet.

537 PA Klasen: Schreiben Dr. Deitings an OP/Abteilung für höheres Schulwesen vom 13.03.1943

538 PA Klasen: Vgl. die einander teils deutlich widersprechenden dienstlichen Beurteilungen ihres Charakters.

539 PA Klasen: Bereits am 08.01.1942 forderte die NSDAP-Parteikanzlei in einem Schreiben an OP/Abteilung für höheres Schulwesen, Dr. Klasen müsse in der NS-Bewegung zukünftig „tätig mitarbeiten." - Doch am 16.12.1942 monierte das Gaupersonalamt der NSDAP Westfalen-Süd in einem Schreiben an OP/Abteilung für höheres Schulwesen wiederum Dr. Klasens Untätigkeit, die auf ihre Grundeinstellung schließen lasse.

540 Gymnasien. Verschiedene Angelegenheiten: Schreiben von OP/Abteilung für höheres Schulwesen an Dr. Thea Klasen vom 26.03.1943

541 Dr. Maria Konerding war von 1934 bis 1938 oder 1939 (in den Akten sind Lücken) im Volksschuldienst – zuletzt in Ibbenbüren – tätig gewesen. Danach wechselte sie an die neue öffentliche Mittelschule Ibbenbüren, von wo sie wiederum im Herbst 1943 an die „Oberschule für Jungen" in Ibbenbüren versetzt wurde. Nach nur einem Jahr verließ sie im Herbst 1944 Ibbenbüren, um - mit einer Unterbrechung - in Göttingen, nach Kriegsende in Osnabrück ihre Lehrerausbildung für den höheren Schuldienst abzuschließen. Ihre ehemalige Mitgliedschaft in der NSDAP war im Frühjahr 1947 schon kein Hinderungsgrund mehr bei ihrer Anstellung als Gymnasiallehrerin in Ibbenbüren. Vgl. allgemein PA Konerding sowie Lehrkräfte H – Ko (Dr. Maria Sophia Konerding)

542 Vgl. PA Weber: Schriftwechsel 1942-1944. - Nach Kriegsende wandte sich Hildegard Weber schon am 27.12.1945 an die Abteilung für höheres Schulwesen beim Oberpräsidenten in Münster, um für die britischen Besatzungsbehörden eine Bescheinigung darüber zu erlangen, dass sie nicht aus freien Stücken nach Stift Keppel gegangen und dieses noch nicht zur Heimschule im Sinne der Nazis umgewandelt worden war. Der Sachbearbeiter notierte zwar auf der Rückseite die Richtigkeit ihrer Angaben. Doch erst mit Wirkung vom 27.09.1946 durfte sie mit Genehmigung der Landesmilitärregierung in Düsseldorf wieder an die Ibbenbürener Schule zurückkehren. Dabei hatte der kommissarische Schulleiter Dr. Deiting bereits am 23.01.1946 gemeint,, man dürfe „wohl damit rechnen, dass Assessorin Weber wieder zugelassen wird, da sie nicht PG [Parteigenossin] war u. möglicherweise ein Versehen vorliegt." In: Gymnasien. Wiedereröffnung: Dr. Deiting, „Übersicht über den Lehrkörper der Oberschule" vom 23.01.1943. Viel wahrscheinlicher ist, dass Anhänger des Heimschul-Projektes – ob innerhalb oder außerhalb der NSDAP – unter dem Generalverdacht standen, sich mit Leib und Seele für die nationalsozialistische Ideologie eingesetzt zu haben. Eine bloße Parteimitgliedschaft schlug - wie im Falle Wilhelmine Schulzes – für die Zulassung als Lehrer/in anscheinend weniger negativ zu Buche.

543 An einem der schwärzesten Tage der Schulgeschichte meldete sie den Tod Dr. Scharlachs nach Münster in ihrem undatierten Schreiben an die Münsteraner Schulbehörde, deren Sachbearbeiter die Kenntnisnahme mit Datum vom 28.06.1945 abzeichnete. Vgl. PA Scharlach

544 Rosen 1959, S. 51; Mitteilung M. Ströhmer, 26.11.2015

545 Bereits 1930 bewertete der Tecklenburger Kreisschulrat auch eine Mathematik-Stunde Ströhmers, der dieses Fach nicht studiert hatte.. Vgl. PA Ströhmer: Leistungsbericht des Schulrats Kemmerich vom 19.12.1930, Zu Geschichte als Unterrichtsfach: Mitteilung M. Ströhmer, Datum: 26.11.2015 - In seinem Bewerbungsschreiben an Amtmann Dr. Müller vom 12.02.1925 hatte der Kandidat bereits Geschichte und sogar Erdkunde als seine Unterrichtsfächer

genannt, nicht aber Latein, das er ja voll studiert hatte. In: Rektoratschule (1921-22.01.1929)

546 Lehrpersonal Ibbenbüren: Oberschulrat Sanden schrieb an den kommissarischen Schulleiter Dr. Deiting am 16.09.1944, er solle dafür Sorge tragen, dass Ströhmers vier Wochenstunden Latein baldmöglichst von einer „ordentlichen Lehrkraft" erteilt würden. - Dieses Ansinnen war vor dem Hintergrund der angespannten Situation ideologisch verständlich, aber absolut illusorisch.

547 Gymnasien Verschiedene Angelegenheiten: Am 05.01.1945 meldete Dr. Deiting, Ströhmer habe bis vor kurzem elf Wochenstunden Unterricht erteilt, sei seit 01.12.1944 auf sieben heruntergegangen.

548 Vgl. ENA Ströhmer: Military Government of Germany-Fragebogen Ströhmers vom 30.07.1946

549 Mitteilung M. Ströhmer, 26.11.2015

550 Vgl. Mitteilung H. Jaspers, 05.10.2015

551 Mitteilung M. Ströhmer, 26.11.2015

552 Bärtels 2000, S. 130

553 Vgl. ENA Ströhmer: Military Government of Germany-Fragebogen Ströhmers vom 30.07.1946;

554 Mitteilung H. Jaspers, 05.10.2015

555 Vgl. Laggenbecker Schulchronik, S. 71

556 Mitteilung K.-H. Mönninghoff, 17.03.2016

557 Weichel/Suer, Oral History 02, Gespräch mit J. R.

558 PA Scharlach: Die erste aktenkundige Mitteilung von Dr. Scharlachs Tod stammt aus der Feder Maria Mosekes in ihrem undatierten Schreiben an die Münsteraner Schulbehörde, deren Sachbearbeiter die Kenntnisnahme mit Datum vom 28.06.1945 abzeichnete. - Der Mitteilung zufolge war Dr. Scharlach „am 8. Mai 1945 gestorben." Eine den Akten beigefügte Sterbeurkunde des Ibbenbürener Standesamtes beinhaltet, dass Dr. Scharlach im Buchholzer Forst am 27. Mai 1945 tot aufgefunden wurde. Ein Schreiben Dr. Deitings an die Schulaufsicht vom 15.10.1945 bestätigt den Tod durch Selbstmord.

559 So lautete die Entzifferung der Belastungskategorie III unter den Briten.

560 PA Moseke: Der NSDAP- Kreisleiter des Gaus Württemberg-Hohenzollern verwandte sich mit Schreiben vom 07.07.1937 an den Münsteraner Landeshauptmann Kolbow für Moseke. Der Landeshauptmann sollte sich bei der Schulbehörde für eine Anstellung Mosekes als Lehrerin einsetzen: „Auch in politischer Hinsicht ist sie unbedingt zuverlässig und einsatzfähig."

561 PA Moseke: Schreiben Mosekes an OP/Abwicklungsstelle vom 27.05.1946

562 PA Moseke:: Abschrift eines Schreiben Dr. Vorholts an das Kultusministerium NRW vom 24.03.1947

563 PA Moseke: Laut einer Stellungnahme Dr. Alfred Romains vom 24.11.1946 hatte sie in Athen „echte, bleibende Werte des Deutschtums verkörpert". Vgl. aber hierzu auch Fleischer 2013

564 PA Moseke: Kurz vor ihrer Pensionierung 1970 wurde sie zur Studiendirektorin befördert.

565 PA Utsch: Laut „Einreihungsbescheid" der Militärregierung Deutschland (Britisches Kontrollgebiet) vom 14.11.1947 wurde er nun in die „Kategorie IV, Anlage 1" eingestuft – galt damit als weniger belastet. Kategorie V hätte Entlastung bedeutet. Seiner Weiterbeschäftigung stand theoretisch nichts mehr im Wege.

566 Rat des Amtes (1947-1952): Nicht-öffentliche Sitzung vom 06.02.1948 mit Rückgriff auf Votum des Schulausschusses vom 18.12.1947; Lehrkräfte T – W: Schreiben des Ibbenbürener Amtsdirektors vom 20.12.1947 sowie 11.02.1948 an OP Münster/Abteilung für höheres Schulwesen; PA Utsch: Schreiben des Ibbenbürener Amtsdirektors an PSK vom 11.02.1948;

567 PA Utsch: Todesanzeige mit Todesdatum 06.05.1948. - Ein ärztliches Attest vom 04.03.1948 hatte ihm einen Herzklappenfehler bescheinigt. Ein amtsärztliches Attest vom 05.05.1948 stellte seine Dienstunfähigkeit fest. Einen Tag später starb er, ohne dass das Pensionierungsverfahren abgeschlossen werden konnte. Er galt nun aber als „Härtefall". Seine Pensionierung erfolgte rückwirkend zum 01.01.1948. Vgl. PA Utsch und Lehrkräfte T – W: Schriftwechsel März - August 1948

568 Vgl. die Erklärungen der Genannten und weiterer Personen aus den Jahren 1946 und 1947 in ENA Utsch

569 Vgl. Nachlass August Ströhmer: Erklärung August Ströhmers vom 15.10.1946

570 Lehrkräfte H – Ko (1935-1967): Lebenslauf Heemanns vom 08.08.1948; Antrag Heemanns auf „Notstandsbeihilfe" vom 12.08.1948

571 PA Heemann: 19.12.1946 war Datum der Zustellung seiner Entlassung aus dem höheren Schuldienst. - In einem Schreiben an den Ibbenbürener Amtsdirektor Schotten vom 17.06.1948 datiert Heemann seine Entlassung auf April 1946. Vgl. Gymnasien .Verschiedene Angelegenheiten. - Erstaunlich war, dass ihm vom Amt Ibbenbüren laut Notiz vom 09.05.1946 für Juni 1945 sein Lehrergehalt nachgezahlt wurde. Vgl. Gymnasien.Verschiedene Angelegenheiten. - Die ehemalige Amtsrektoratschule kam als Unterrichtsort nicht in Frage.

572 PA Heemann: Antrag Heemanns auf „Notstandsbeihilfe" vom 12.08.1948

573 Lehrkräfte H – Ko (1935-1967): Lebenslauf Heemanns vom 08.08.1948

574 PA Heemann: Schreiben Pastor Veerhoffs vom 20.07.1948 an OP/Abteilung für höheres Schulwesen

575 Vgl. ENA Heemann: Erklärung von Anton Rosen vom 05.04.1947. Vgl. auch weitere Erklärungen dort, z.B. von

Anmerkungen

Rektor Scholmeyer

576 Lehrkräfte H – Ko (1935-1967): Nichtöffentliche Sitzung der Amtsvertretung am 12.08.1948, Punkt 6. Der Beschluss fiel einstimmig.

577 PA Heemann: Antrag Heemanns auf „Notstandsbeihilfe" vom 12.08.1948. Vgl. auch Lehrkräfte H – Ko (1935-1967): Abschrift des Spruches des Entnazifizierungsausschusses für die Kreise Steinfurt, Tecklenburg und Münster-Land, Ostbevern. Heemann war am 03.06.1948 in Kategorie 5 eingestuft worden.

578 PA Heemann: Ende des 2. Ordners, ohne Datum, nach S. 179. - Auch Kurt Wilhelm, Heemanns Nachfolger bzw. Vertreter, hatte einen ähnlichen Werdegang. Zeitweilig im Kriegseinsatz in der Sowjetunion, besetzte er seit Mitte 1943 eine Vertretungsstelle an der Graf Adolf-Schule Tecklenburg. Die angestrebte Ernennung zum Studienrat verpasste Oberleutnant Wilhelm, weil die Parteikanzlei der NSDAP Ende 1944 noch keine Zustimmung signalisieren wollte. Nach Kriegsende hielt ihn der Oberbürgermeister von Bocholt für nicht geeignet, als Studienrat zu unterrichten. 1946 fand er Unterschlupf an der Graf Adolf-Schule, die seit 1943 seine „Stammanstalt" war.. 1948 wechselte er an das Paulinum bzw. Schiller-Gymnasium in Münster, wo er später Fachleiter wurde. Erst 1949 wurde er im Zuge des Entnazifizierungsverfahrens entlassen. Vgl. allgemein PA Wilhelm und Gymnasien. Verschiedene Angelegenheiten: Mitteilung vom 11.12.1942 sowie Schreiben des OP/Abteilung für höheres Schulwesen an Kurt Wilhelm vom 09.06.1943

579 ENA Utsch: Abschrift eines Schreibens von NSDAP-Ortsgruppenleiter Flecks an Ludwig Utsch vom 03.10.1936

580 Vgl. Schreiben Dr. Erlers an die Amtsverwaltung Ibbenbüren - Schulamt – vom 17.11.1950. In: Nachlass August Ströhmer

581 Vgl. ENA Deiting: Anlagen mit Leumundszeugnissen

582 Vgl. Chronik, S. 141

583 Vgl. PA Goldmann: Schreiben von A. E. , geb. Goldmann an OP Westfalen wegen Verbleib ihres Vaters vom 07.07.1945 sowie Military Government of Germany – Anlagen zum Fragebogen Hermann Goldmann – vom 14.02.1946

584 Vgl. WGA Goldmann: Ansprüche zum BEG/Zentralkartei 445 770. Anlage A zum Entschädigungsregister Nr. 132; Schreiben des Gauamtes für Erzieher, Westfalen-Süd, an Kreisamtsleiter Görge in Brilon vom 23.07.1938; Mitteilung des Reichsministers für Wissenschaft, Erziehung und Volksbildung über Einleitung eines Verfahrens gemäß § 71 Beamtengesetz; Mitteilung des OP Westfalen an Hermann Goldmann über Versetzung in den dauernden Ruhestand „zufolge höherer Weisung" gemäß § 73 und § 74 Beamtengesetz zum 01.04.1941

585 Vgl. WGA Goldmann: Ansprüche zum BEG/Zentralkartei 445 770. Anlage A zum Entschädigungsregister Nr. 132 sowie PA Goldmann: Schreiben des Schulkollegiums Münster an die Kultusministerin NRW vom 05.07.1949 und deren Antwort vom 30.09.1949; Entlassungsurkunde als Anlage zum Schreiben der Kultusministerin NRW an das Schulkollegium Münster vom 12.09.1951. Zum Bundesverdienstkreuz vgl. das Schreiben des Kultusministeriums NRW an das Schulkollegium Münster vom 16.12.1958

586 Bärtels 2000, S. 232

587 Bärtels 2000, S. 232

588 Vgl. PA Sanden: Aktenauszug [Durchschrift] sowie Bericht des Schulkollegiums Münster an die Kultusministerin NRW vom 03.10.1952 und Abschrift des Schreibens der Kultusministerin NRW an das Schulkollegium Münster vom 15.11.1952. Vgl. zu Goldmann und Sanden auch von Westphalen 1976, S. 152 und S. 158. Hier ist an anderer Stelle (S. 101) Goldmanns Frühpensionierung fälschlich auf 1939 datiert worden.

589 Vgl. allgemein hierzu: PA Reimpell, insbesondere aber das Schreiben des Innenministeriums NRW an das Kultusministerium NRW vom 28.08.1959. Vgl. auch ganz neu nach Abschluss der Arrbeit: Philipp Erdmann, Entnazifizierung in Münster : eine Stadt verhandelt ihre Vergangenheit 1945-1952, Münster 2018

590 Bärtels 2000, S. 289

591 Vgl. Gesperrte Vermögen, Nr. 196 Allgemeines. Berichte und Abrechnungen: Liste des PCR Tecklenburg vom 06.09.1946

592 Gesperrte Vermögen, Nr. 196 Allgemeines. Berichte und Abrechnungen: Schreiben von F.G. Chambers, Property Control L/K Steinfurt CCG (BE) an PCR Dr. Bührung in Burgsteinfurt, Dr. Vagedes in Ahaus und Schlichter in Tecklenburg vom 22.08.1946 [Entwurf in deutscher Übersetzung]. Vgl. auch ebenda die Listen des PCR Tecklenburg vom 06.09.1946 sowie vom 27.08.1946

593 Schreiben Dr. Erlers an die Amtsverwaltung Ibbenbüren - Schulamt – vom 17.11.1950. In: Nachlass Ströhmer

594 ENA Ströhmer: Military Government of Germany-Fragebogen, S. 12 vom 30.07.1946

595 Unterricht Ibbenbüren: Schreiben des kommissarischen Schulleiters Grimme an PSK vom 20.05.1946; Lehrpersonal Ibbenbüren: „Reopening Order" vom 14.11.1945 und Vereidigungen der Lehrkräfte. Vgl. Rosen 1959, S. 53, der von einer feierlichen Wiedereröffnung am 19. Februar 1946 berichtet.

596 Lehrpersonal Ibbenbüren: Schreiben des kommissarischen Schulleiters Grimme an PSK vom 17.03.1946

597 EA Ströhmer: Schreiben August Ströhmers an den Kreissonderhilfsausschuss des Krs. Tecklenburg in Tecklenburg vom 31.03.1949

Anmerkungen

598 Unterricht Ibbenbüren: Schreiben des kommissarischen Schulleiters Grimmes an PSK vom 06.10.1946

599 Lehrpersonal Ibbenbüren: Schreiben des Bistums Münster an PSK vom 11.01.1947

600 Unterricht Ibbenbüren: Schreiben Grimmes an PSK vom 27.06.1947

601 Mitteilung M. Ströhmer, 26.11.2015

602 PA Ströhmer: Vgl. die schriftliche Antwort Dr. Müllers an das Amt Ibbenbüren vom 11.06.1951 in einer Zusammenstellung der Aktenlage durch den Sachbearbeiter Klaphecke vom Schulkollegium Münster in „Wiedergutmachungs-Personal-Akte des geistl. Stud.--Rates a. D. August Ströhmer, zuletzt an der Amtsrektoratschule in Ibbenbüren beschäftigt, Schulkollegium Münster -120 – 210", (ca. 70 Bl.)

603 Stelbrink 2003, S. 162

604 Rosen 1952, S. 247; Rosen 1969, S.71; Stelbrink 2003, S. 162

605 Vgl. Gesperrte Vermögen Hohnhorst. Undatierter Zeitungsausriss mit Artikel „Gericht über Bürgermeister Hohnhorst" aus der „Westfälische Rundschau"

606 Vgl. Gesperrte Vermögen Flecks: Schreiben von Reinhold Flecks an die Kreisverwaltung Tecklenburg vom 16.01.1948

607 Vgl. ENA Brandt: Leumundszeugnis Ströhmers vom 14.03.1947

608 Ströhmer 1959, S. 40

609 Vgl. Ströhmer 1959, S. 41. - Neben seinem Nachbarn macht Ströhmer noch weitere Personen als Ehrverletzer namhaft: Felix Uppenkamp, Propst an Lamberti in Münster; Pfarrer Ludwig Kalthoff aus Riesenbeck; Dr. Marré, Studienrat in Gladbeck. Und insbesondere: Bruder Heinz Ströhmer. Vgl. Ströhmer 1959, S. 40-41.

610 Vgl. Festschrift der Freiwilligen Feuerwehr Ibbenbüren zum 100jährigen Bestehen (1877 – 1977), (Ibbenbüren) 1977, S. 23

611 Vgl. Adreßbuch 1952, S. 149: Dr. Müller wohnte Waldfrieden 15. Ströhmer zog ca. 1955 nach Waldfrieden 12. Dort befand er sich in illustrer Gesellschaft. Neben Ordensschwestern und anderen Bewohnern des Klosters Waldfrieden finden sich die Berufsangaben Bankdirektor, Kaufmann, Prokurist, Augenarzt, Arzt usw. Hier wohnten auch der pensionierte kommissarische Schulleiter und Kollege Grimme und Studienrätin Schulze. Nicht vergessen werden sollte die Familie Bärtels, deren Geschichte durch die Erinnerungen von Heribert Bärtels mittlerweile bestens bekannt sein dürfte. Vgl. Adreßbuch (s.o.), S. 207-208.

612 Ströhmer 1959, S. 41

613 Vgl. auch www.archivdatenbank.bbf.dipf.de: Marré, Heinrich, 06.06.1890. BBF/DIPF/Archiv, Gutachterstelle des BIL - Personalbögen der Lehrer höherer Schulen Preußens. Bestellsignatur: GUT LEHRER (Personalunterlagen von Lehrkräften), 146102

614 Vgl. Schreiben von Studiendirektor vom 01.08.1924 an PSK Münster. In: PA Ströhmer

615 Ströhmer 1959, S. 16

616 Ströhmer 1959, S. 16

617 Ströhmer 1959, S. 40

618 Vgl. Rita Schlautmann-Overmeyer, Von der Öffentlichen Volksbücherei 1938 zur Stadtbücherei Ibbenbüren im 21. Jahrhundert. Eine Chronik, Ibbenbüren 2003; S. 47 sowie Mitteilung M. Ströhmer, 26.11.2015

619 Die NS-Schulpolitik ritt in der Endphase des Regimes neben der „Heimschule" ohnehin schon ein neues Steckenpferd: die sogenannte Hauptschule. Nach entsprechender Auslese sollte ca. ein Drittel eines Jahrgangs die „Hauptschule" besuchen. Sie lockte zwar mit Schulgeldfreiheit, konnte sich jedoch in Ibbenbüren nicht mehr durchsetzen, nicht zuletzt wegen Vorbehalten der Eltern gegen die neue Schulform. Sie sahen sie auf einer Linie mit den Adolf-Hitler-Schulen und den Nationalpolitischen Lehranstalten und befürchteten eine Entfremdung ihrer Kinder. Somit schickten sie diese lieber vermehrt zur Deutschen Oberschule Ibbenbüren. Vgl. Schüler Ibbenbüren: Schreiben des Schulrates des Kreises Tecklenburg an RP Münster/Abteilung für Kirchen und Schulen vom 17.07.1943

620 Am 07.11.1945 erließ der Ibbenbürener Amtsbürgermeister eine Bekanntmachung, der zufolge alle Ehemaligen, die auf der Mittelschule bleiben wollten, sich vom 19.11. - 21.11.1945 melden sollten, und zwar – ironischerweise - im Lehrerzimmer der Oberschule in der Roggenkampstraße. Vgl. Gymnasien. Verfügungen. - Erst im Jahr 1953 schiebt die Amtsverwaltung zum zweiten Mal die Gründung einer öffentlichen Realschule an. Vgl. z.B. Öffentliche Realschule: Schreiben von Amtsdirektor Ibbenbüren an RP/Abteilung für Kirchen und Schulen vom 17.04.1953

621 Vgl. www.roncalli-realschule.de/unsere-schule (Zugriff: 20.02.2017)

622 Vgl. hierzu allgemein StA Ibbenbüren: Einrichtung konfessioneller Schulen (1946-1949). Sigantur: D 1597

623 Vgl. Rosen 1959, S. 58

624 Vgl. „Ein wichtiger Tag der Ibbenbürener Oberschule". In: „Ibbenbürener Volkszeitung", 09.06.1950

625 Vgl. Adreßbuch 1952, S. 204; Rosen 1959, S. 105

626 H. Staudigl, „Zum Geleit". In: Rosen 1959, S.3

627 Vgl. „Das Bildungsziel des Gymnasiums." In: „Ibbenbürener Volkszeitung", 26.09.1959

628 So die Formulierung in seiner Beschwerde gegen die erste Instanz. In EA Ströhmer: Schreiben Ströhmers an die

Anmerkungen

„Berufungskammer" beim Regierungspräsidenten Münster vom 06.07.1949

629 Vgl. EA Ströhmer: Abschrift des Bescheides des KSHA [Kreissonderhilfsausschusses] Tecklenburg an August Ströhmer vom 16.06.1949. - Der Ausschuss war mit ebenso kompetenten wie prominenten Persönlichkeiten besetzt. Den Vorsitz führte der Ibbenbürener Amtsdirektor Schotten, als Beisitzer fungierten „Vorsthove" und „Reingenheim". Bei Vorsthove dürfte es sich um den Ibbenbürener Theodor Vorsthove handeln, der als KPD-Mitglied im KZ gesessen hatte. Vgl. Rolf 2009, S. 53-54 sowie S.56, Anm. 102. „Reingenheim" könnte Selma Reingenheim, geb. Isenberg oder ihre Tochter Helga Reingenheim aus Hopsten gewesen sein. Die beiden als Jüdinnen vom NS-Regime verfolgten Frauen hielten sich seit September 1945 wieder im Kreis Tecklenburg auf. Helma Reingenheim emigrierte am 26.09.1949 in die USA, kurz darauf auch ihre Mutter Selma Reingenheim. Im August 1950 kehrten sie noch einmal vorübergehend nach Hopsten zurück. Vgl. Althoff, Hopsten, S. 400

630 EA Ströhmer: Entscheidung der Bezirksberufungskammer Münster vom 07.10.1949

631 Vgl. im Einzelnen in PA Ströhmer: „Wiedergutmachungs-Personal-Akte des geistl. Stud.-Rates a. D. August Ströhmer, zuletzt an der Amtsrektoratschule in Ibbenbüren beschäftigt, Schulkollegium Münster -120 – 210", (ca. 70 Bl.). Am 23.08.1954 erklärt der Ibbenbürener Amtsdirektor gegen über dem Schulkollegium Münster die finanzielle Seite der Angelegenheit Ströhmer für erledigt. Am 29.11.1954 teilt der Regierungspräsident Münster dem Schulkollegium Münster mit, dass Ströhmer einen Entschädigungsantrag gemäß „Bundesergänzungsgesetz" vom 18.09.1953 gestellt habe. Vgl. hierzu auch EA Ströhmer. - Erst am 06.06.1956 ist mit der Rückgabe seiner Personalakten durch den Regierungspräsidenten Münster an das Schulkollegium Münster sein Fall endgültig abgeschlossen.

632 Rosen 1959, S. 49

633 Vgl. „Was sagen Sie dazu?" In: „Ibbenbürener Volkszeitung", 17.05.1972

634 Das erste auffindbare - nicht für die Öffentlichkeit bestimmte - Schriftzeugnis ist Ströhmers Schreiben an den „Kreissonderhilfsausschuss" in Tecklenburg vom 31.03.1949. In: EA Ströhmer. - Selbst in der umfangreichen und mehrfach erweiterten Untersuchung Ulrich von Hehls u.a. „Priester unter Hitlers Terror" (zuletzt 1998 erschienen) bleibt Ströhmer unerwähnt.

635 Eine juristische Aufarbeitung des Ibbenbürener Novemberpogroms fand allerdings nicht statt.

636 Vgl. „Wie damals jüdische Mitbürger in Ibbenbüren gelebt haben". In: „Ibbenbürener Volkszeitung", 08.11.1985

637 Vgl. Jaspers, S. 20; PA Bistum: "Prälat August Ströhmer". Nachruf. In „„Ibbenbürener Volkszeitung"", 15.02.1971

638 Vgl. Ströhmer 1947

639 Mitteilung M. Ströhmer, 26.11.2015

640 Sackarndt 1990, S. 14

641 Vgl. PA Bistum: Durchschrift eines Schreibens des Bischöflichen Generalvikariates Münster an August Ströhmer vom 13.11.1963

642 Vgl. PA Bistum: "Prälat August Ströhmer". Nachruf. In „„Ibbenbürener Volkszeitung"", 15.02.1971

643 Vgl. „Zehn Jahre Pax Romana Ibbenbüren mit festlicher Stunde begangen." In: „Ibbenbürener Volkszeitung", 09.11.1961

644 Vgl. „Das Soziale Seminar in Ibbenbüren eröffnet." In: „Ibbenbürener Volkszeitung", 23.11.1951; „Drei Jahre Soziales Seminar Ibbenbüren." In: „Ibbenbürener Volkszeitung", 16.11.1954; „Fünfzig Jahre Priester und Erzieher." In: „Ibbenbürener Volkszeitung", 20.06.1955

645 Mitteilung K.- H. Mönninghoff, 17.03.2016

646 Mitteilung K.- H. Mönninghoff, 17.03.2016

647 „Katholische Jugend als Parlamentarier". In: „Ibbenbürener Volkszeitung", 01.03.1952

648 Vgl. „Zehn Jahre Pax Romana Ibbenbüren mit festlicher Stunde begangen." In: „Ibbenbürener Volkszeitung", 09.11.1961; „Fünfzig Jahre Priester und Erzieher." In: „Ibbenbürener Volkszeitung", 20.06.1955

649 Vgl. „Programm der Pax Romana 1968/69." In: „Ibbenbürener Volkszeitung", 08.10.1968

650 Mitteilung K.- H. Mönninghoff, 17.03.2016

651 Mitteilung H. Hinse, 19.10.2015

652 Mitteilung K. - H. Mönninghoff, 17.03.2016, der dies von ihm bekannten Messdienern gehört hatte.

653 Mitteilung J. Mohrmann, 24.05.2016

654 Mitteilung J. Broker, 23.10.2017

655 PA Bistum: Schreiben Viktor Ströhmers an das Bischöfliche Generalvikariat Münster vom 06.04.1971. - Den Akten ist nicht zu entnehmen, wer schließlich nachgab.

656 Mitteilung M. Ströhmer, 26.11.2015

657 Ströhmer 1958, S. 38

658 Mitteilung M. Ströhmer, 26.11.2015

659 Mitteilung K.- H. Mönninghoff, 17.03.2016

660 Mitteilung M. Ströhmer, 26.11.2015. Vgl. Hermann Jaspers, „Meine erste Stelle als Kaplan an St. Mauritius in Ibbenbüren von 1952 bis 1957.", S. 20. In: www.alt.heiligkreuz.info/gemeinde/download (Zugriff: 11.01.2016)

Anmerkungen

661 Vgl. Ströhmer 1959, S. 2

662 Vgl. Hermann Jaspers, „Meine erste Stelle als Kaplan an St. Mauritius in Ibbenbüren von 1952 bis 1957.", S. 20. In: www.alt.heiligkreuz.info/gemeinde/download (Zugriff: 11.01.2016)

663 Mitteilung M. Ströhmer, 26.11.2015

664 Vgl. Hermann Jaspers, „Meine erste Stelle als Kaplan an St. Mauritius in Ibbenbüren von 1952 bis 1957.", S. 20. In: www.alt.heiligkreuz.info/gemeinde/download (Zugriff: 11.01.2016); Mitteilung M. Ströhmer, 26.11.2015

665 Mitteilung H. Jaspers, 23.09.2015

666 Ströhmer 1959, S. 2

667 Vgl. Ströhmer 1959, S. 4-5

668 Vgl. Ströhmer 1959, S. 4-5 sowie Ströhmers Eintragungen vom 09.07.1933 im „Fragebogen" zur Durchführung des „Gesetzes zur Wiederherstellung des Berufsbeamtentums". In: PA Ströhmer

669 Vgl. Ströhmer 1959, S. 3-4 sowie Ströhmers Eintragungen vom 09.07.1933 im „Fragebogen" zur Durchführung des „Gesetzes zur Wiederherstellung des Berufsbeamtentums". In: PA Ströhmer

670 Vgl. PA Bistum: Nachruf auf August Ströhmer in den „Westfälischen Nachrichten" vom 15.02.1971

671 60 Jahre CDU-Kreisverband Steinfurt (1945-2005). Die Geschichte des CDU-Kreisverbandes Steinfurt. Erzählt und kommentiert von Franz Abels. In: www.cdu-kreis-steinfurt.de/index.php/ber-uns-mainmenu-30/geschichte-mainmenu-42www.cdu-kreis-steinfurt.de/chronik2005 (Zugriff:18.06.2018)

672 Vgl. Mitteilung J. Mohrmann, 22.03.2016 und Mitteilung J. Mohrmann, 24.05.2016

Zeitfracht Medien GmbH
Ferdinand-Jühlke-Straße 7
99095 Erfurt, Deutschland
produktsicherheit@kolibri360.de